民航服务专业新形态系列教材

民航危险品运输

马颖培 主编

清华大学出版社
北京

内 容 简 介

本书以职业能力培养为核心,以危险品行业的操作要求为主线,以案例教学为导向而编写。教材内容融入了课程思政元素,结合了中国民用航空局对危险品各类操作人员的培训要求,充分考虑了目前行业发展动态,突出了实用性和先进性。本书选取大量案例和图片,全面系统地阐述了危险品的基础知识和分类、危险品的识别、包装和标记标签,危险品的运输文件、操作、限制、应急处置等知识。教材内容丰富,注重运用图片和案例解读知识点,结合每章的习题,帮助读者深入浅出地领悟民航危险品运输的重要知识点和操作技能。本书可作为高等院校民航运输、航空物流相关专业的专业教材,也可作为航空货物运输有关职业的培训教材用书。

本书封面贴有清华大学出版社防伪标签,无标签者不得销售。
版权所有,侵权必究。举报: 010-62782989, beiqinquan@tup.tsinghua.edu.cn。

图书在版编目(CIP)数据

民航危险品运输/马颖培主编. —北京: 清华大学出版社,2023.2(2024.8重印)
民航服务专业新形态系列教材
ISBN 978-7-302-62713-5

Ⅰ.①民… Ⅱ.①马… Ⅲ.①民用航空－危险货物运输－教材 Ⅳ.①F560.84

中国国家版本馆 CIP 数据核字(2023)第 026832 号

责任编辑: 聂军来
封面设计: 常雪影
责任校对: 袁 芳
责任印制: 曹婉颖

出版发行: 清华大学出版社
    网 址: https://www.tup.com.cn, https://www.wqxuetang.com
    地 址: 北京清华大学学研大厦 A 座 邮 编: 100084
    社 总 机: 010-83470000 邮 购: 010-62786544
    投稿与读者服务: 010-62776969, c-service@tup.tsinghua.edu.cn
    质量反馈: 010-62772015, zhiliang@tup.tsinghua.edu.cn
    课件下载: https://www.tup.com.cn, 010-83470410
印 装 者: 三河市人民印务有限公司
经 销: 全国新华书店
开 本: 185mm×260mm 印 张: 16 字 数: 387 千字
版 次: 2023 年 4 月第 1 版 印 次: 2024 年 8 月第 2 次印刷
定 价: 52.00 元

产品编号: 096416-02

前 言

改革开放以来,我国经济呈现出快速增长态势。一方面,经济全球化与一体化趋势逐渐增强,产品制造与商品采购全球化特征日益凸显,我国航空货运市场需求日益增长,"十三五"期间,全行业航空货邮运输量年均增速为4.6%,高于全球平均水平;另一方面,制造业与零售业的不断转型升级,带来了电商、快递、冷链等现代物流业态的快速发展,使航空货运市场迅速扩张,这其中也包括了危险品航空运输量的增长。

危险品航空运输具有很强的专业性,要求从业人员在包装时做标记标签、收运货物邮件时严格核查相关文件、及时确认包装完好,切实把好"收运关",避免危险品货物包装破损、泄漏、起火等情况。

本书编写充分考虑了目前新的行业动态,以国际民航组织的《危险品航空运输技术细则》和国际航空运输协会出版的《危险品规则》为主线,兼顾了中国民航局《中国民用航空危险品运输管理规定》《国际民用航空公约·附件18》的内容,并充分结合了我国航空运输的实际情况,全面系统地阐述了危险品航空运输的专业知识,对危险品航空货运实践具有较强的指导意义。本书共分十一章,包括民航危险品运输概述、危险品的分类、危险品的识别、危险品包装、危险品包装的标记标签、危险品的运输文件、危险品的操作、危险品运输的限制、放射性物质、锂电池及锂电池设备的运输、危险品事故的应急处置等内容。本书适用于航空物流专业及其相关专业的本科、专科教学,也可以作为航空运输有关的托运人、机场、航空公司、货运代理公司的职业培训教材和业务参考用书。

党的二十大报告指出:"教育、科技、人才是全面建设社会主义现代化国家的基础性、战略性支撑。"本书紧扣党的二十大精神和民航精神,在案例和实训中融入思政元素,旨在帮助读者深入理解民

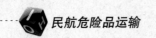

航运输安全第一的理念,在日常工作中养成敬畏规章、敬畏职责的习惯,牢固树立安全生产意识,为现代化建设作出贡献。

由于编者水平有限,难免会出现疏漏、错误,敬请各界人士批评、指正。

编 者
2022 年 12 月

目 录

1 第一章 民航危险品运输概述

第一节 危险品的概念 …………………………………………………… 3
第二节 民航危险品运输的法律法规 …………………………………… 4
第三节 托运人及运营人的责任 ………………………………………… 7
第四节 培训要求 ………………………………………………………… 8
第五节 危险品的保安 …………………………………………………… 11
思考与练习 ………………………………………………………………… 12

14 第二章 危险品的分类

第一节 爆炸品 …………………………………………………………… 16
第二节 气体 ……………………………………………………………… 21
第三节 易燃液体 ………………………………………………………… 25
第四节 易燃固体、自燃物质、遇水释放易燃气体的物质 …………… 27
第五节 氧化性物质和有机过氧化物 …………………………………… 30
第六节 毒性物质与感染性物质 ………………………………………… 31
第七节 放射性物质 ……………………………………………………… 37
第八节 腐蚀性物质 ……………………………………………………… 38
第九节 杂项危险品 ……………………………………………………… 39
第十节 具有多重危险性物质的分类 …………………………………… 42
思考与练习 ………………………………………………………………… 44

50 第三章 危险品的识别

第一节 危险品品名表 …………………………………………………… 51
第二节 运输专用名称的选用 …………………………………………… 57
思考与练习 ………………………………………………………………… 61

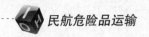

64　第四章　危险品包装

- 第一节　危险品包装的基础知识 …… 65
- 第二节　包装说明的使用 …… 71
- 思考与练习 …… 74

77　第五章　危险品包装的标记标签

- 第一节　危险品包装件的标记 …… 78
- 第二节　危险品包装件的标签 …… 81
- 思考与练习 …… 86

90　第六章　危险品的运输文件

- 第一节　危险品申报单 …… 91
- 第二节　货运单 …… 101
- 第三节　其他文件 …… 104
- 思考与练习 …… 105

110　第七章　危险品的操作

- 第一节　危险品的收运 …… 112
- 第二节　危险品的储存 …… 117
- 第三节　危险品的装载 …… 119
- 思考与练习 …… 121

123　第八章　危险品运输的限制

- 第一节　禁止航空运输的危险品 …… 124
- 第二节　隐含的危险品 …… 126
- 第三节　旅客或机组人员携带危险品的规定 …… 137
- 第四节　危险品的邮政运输 …… 144
- 第五节　运营人财产中的危险品（COMAT） …… 144
- 第六节　例外数量的危险品 …… 145
- 第七节　有限数量的危险品 …… 148
- 第八节　危险品运输的差异条款 …… 150
- 思考与练习 …… 155

158　第九章　放射性物质

- 第一节　放射性物质基础知识 …… 160

第二节　放射性物质的识别 …………………………………………… 164
　　第三节　放射性物质的包装 …………………………………………… 167
　　第三节　放射性物质的标记标签 ……………………………………… 170
　　第四节　放射性物质的运输文件 ……………………………………… 174
　　第五节　放射性物品的操作 …………………………………………… 182
　　思考与练习 ………………………………………………………………… 186

189 第十章　锂电池及锂电池设备的运输

　　第一节　锂电池基础知识 ……………………………………………… 190
　　第二节　锂电池及锂电池设备的运输需求 …………………………… 193
　　思考与练习 ………………………………………………………………… 202

207 第十一章　危险品事故的应急处置

　　第一节　危险品事故处置概述 ………………………………………… 208
　　第二节　空中危险品事故的应急处置 ………………………………… 210
　　第三节　地面危险品事故的应急处置 ………………………………… 214
　　第四节　各类危险品的应急处置措施 ………………………………… 216

221 附录 A　IATA《危险品规则》品名表节选

237 附录 B　IATA《危险品规则》"包装说明"节选

242 附录 C　IATA《危险品规则》"特殊规定"节选

244 附录 D　IATA《危险品规则》C.1 表节选第 4.1 项的自反应物质

245 附录 E　IATA《危险品规则》C.2 表节选

248 参考文献

第一章
民航危险品运输概述

知识要求

(1) 掌握民航危险品的概念。
(2) 了解危险品航空运输的国内、国际法律法规。
(3) 掌握托运人及运营人在危险品运输中的责任及义务。
(4) 掌握危险品培训的相关规定。
(5) 了解各类人员培训的最低要求。

技能要求

具有运用危险品航空运输法律法规分析事故案例的能力。

思政园地

通过对危险品航空运输国际法规发展历程的学习,让学生认识到危险品航空运输国际规则制定的参与度方面,国内跟国外比还有很大差距,激发学生的危机意识和敢于质疑和完善规则的勇气。通过学习国内法规的发展历程,感受航空危险品运输发展的艰辛历程,体会中国民航总局规范危险品运输的高瞻远瞩,增强专业认同感。

赛璐珞运输的"前世今生"

赛璐珞是第一种被广泛使用的人工合成的商用塑料,原商标名称是塑料(plastic)。赛璐珞富有创造力,不同的时代赋予我们日常不一样的体验,只是我们现在习以为常罢了!赛璐珞虽贵为早期塑料之王,但具有易燃和耐久性差的缺陷,导致其在许多领域被新的合成高分子材料所取代。目前,除乒乓球和火棉的材料仍在使用赛璐珞,眼镜架、钢笔杆、弹子球等也使用赛璐珞且还在继续生产。

一、赛璐珞的由来

纤维素分子中的羟基与硝酸反应,生成纤维素硝酸酯或硝化纤维素,再经过塑化而成的材料,被称为赛璐珞(celluloid)。

在赛璐珞的反应方程式中硝化纤维素的氮含量是14.14%。而工业生产的硝化纤维素氮含量总是要比这一理论值低,这是因为纤维素分子中不是所有的羟基都与硝酸酯化。由于硝酸酯化程度越高,含氮量也越高,也越发易燃烧和爆炸,所以含氮量在12.6%~13.4%的硝化纤维素称为火棉(guncotton),是无烟火药的主要原料,也用来生产硝基漆;含氮量在10%~11%的硝化纤维素称为火棉胶纤维素,其乙醇或乙醚溶液即商品化的火棉胶。

二、赛璐珞的危险性

赛璐珞极易燃烧,遇明火、高热迅速燃烧,引燃温度180℃。燃烧过程会释放有毒气体。随着储存时间的加长而逐渐发热,如果蓄积的热量散不掉会引起自燃。

三、赛璐珞与乒乓球

19世纪末,一种"桌上的网球"(table tennis)游戏开始兴起。赛璐珞乒乓球具有圆、脆、白、硬、沉、牢的特点,性能稳定,其直径一般在38mm,也就是常说的"小球",打起来发出"乒""乓"的清脆声音,乒乓球名称由此而来。赛璐珞乒乓球的使用,使乒乓球运动发生了质的飞跃。然而,赛璐珞易燃的特性,导致其生产、存储、运输过程事故较多。国际乒联在1984年提出使用新材料的乒乓球。

四、赛璐珞运输规则的演变

乒乓球运动深受各国民众的喜爱,但是赛璐珞乒乓球却一直是作为危险品来运输。一位乒乓球制造商打趣说"乒乓球甚至比冻肉、雪糕更难运输,虽然后者只需要保持低温便可,但乒乓球却连飞机都上不了。"赛璐珞乒乓球的海运、陆运与铁路运输,必须在5℃以下的冷柜中运输。

Tsukasa Yoshizawa在2007年国际民航组织危险品专家组第7次会议提交了一份提案(DGP-WG/07-WP/51),讨论比赛用球的压力和材质问题,尤其指出乒乓球是否应该归类为UN2000(当时UN2000还没有特殊规定A205)。因为有大量旅客携带或托运比赛用球。该提案建议UN2000增加特殊规定对乒乓球进行例外,建议UN1956和UN1002增加特殊规定对低压力、比赛用球进行例外。

联合国危险货物运输专家分委会采纳了低压力、比赛用球例外的建议,并纳入2.2.2.4章节,但对乒乓球未做进一步的规定。

2014年,联合国危险货物运输专家分委会第45次会议讨论了UN2000的要求(ST/SG/AC.10/C.3/2014/33)。DGAC建议对赛璐珞制日用消费品进行例外。专家分委会考虑了在UN1325或UN2000制定相关规定的可能性,最终倾向于UN2000增加特殊规定,并限定在乒乓球的包装和重量上,不扩展到其他赛璐珞制品。

在联合国危险货物运输专家分委会第46次会议上(ST/SG/AC.10/C.3/2014/92)继续讨论了这一话题。乒乓球销售包装存在多种情况,或3个或6个一组包装,或散装在一个纤维板纸箱,一共144只。经过讨论及文字修改,该次会议同意UN2000增加新的特殊规定:"赛璐珞材质的乒乓球,如每个乒乓球的净重不超过3.0g,每个包装件中所有乒乓球的总净质量不超500g,则无须遵守本规章范本中的要求。"粗略计算:3g×144=432g<500g。至此,便可清晰了解赛璐珞乒乓球特殊规定的由来,一项规定从实际需求到落到法规文字的艰辛,由此可见一斑。

资料来源:浩南. 赛璐珞——充满创造力的塑料[EB/OL].(2020-09-07)[2021-09-05]. https://mp.

weixin.qq.com/s/cKRWGfl4yT2y5Nequ4jj9A.

讨论：

(1) 乘飞机时乘客可以携带赛璐珞材质乒乓球吗？

(2) 该案例中参与乒乓球运输规则制定的国际机构有哪些？

(3) 身为中国人，你认为如何提高危险品航空运输国际规则的参与度？

第一节　危险品的概念

一、危险品的定义

随着人类工业水平的提高，越来越多的危险品通过空运的方式运输，如果不能正确地操作和管理，会直接影响到乘客、机组和飞行器的安全。鉴别、认识危险品是整个运输链的基础环节。通常，危险品是指能引起燃烧、爆炸、中毒、腐蚀、辐射等危害，一旦发生危险，会不同程度地造成人员伤亡、财产损失和环境污染。也就是说，凡具有易燃、易爆、毒害、腐蚀、放射等性质，在运输、保管过程中能引起人身伤亡、财产损毁而需要特备防护的货物，都属于危险品。

危险品的概念及类别

不同的运输方式对于危险品有不同的定义，有些货物在航空运输方式下是危险品，但是在其他运输方式下并不属于非危险品。国际民航组织（ICAO）在《危险物品安全航空运输技术细则》中给出的定义是：能对健康、安全、财产或环境构成危险并在《危险物品安全航空运输技术细则》中列明并分类的物品或物质。

二、危险品的分类

危险品按照危险性不同分为 9 类，其中，第 3、7、8、9 类没有分项，第 1、2、4、5、6 类又被细分为更小的项别。其具体分类为：第 1 类爆炸品（explosives）；第 2 类气体（gases）；第 3 类易燃液体（flammable liquids）；第 4 类易燃固体、易自燃物品、遇水释放易燃气体物品（flammable solids, substances liable to spontaneous combustion, and substances which, in contact with water emit flammable gases）；第 5 类氧化剂和有机过氧化物（oxidize, organic peroxides）；第 6 类毒性物质和感染性物质（toxic substances, infectious substances）；第 7 类放射性物质（radioactive material）；第 8 类腐蚀性物质（corrosives）；第 9 类杂项危险品（miscellaneous dangerous substances and articles）。

三、危险品的包装等级

根据物质或物品的危险程度，人们将除了第 1、2、7 类、4.1 项中的自反应物质、5.2 项和 6.2 项的危险品划分为三个包装等级，即Ⅰ级、Ⅱ级和Ⅲ级。

Ⅰ级适用于较高危险性的危险品。Ⅱ级适用于中等危险性的危险品。Ⅲ级适用于较低危险性的危险品。

第二节　民航危险品运输的法律法规

一、国际组织及有关法律法规

危险品航空运输经过多年的探索发展,形成了一整套完备的法律法规,有了这些法律法规的指导,才保证了各国危险品货运的运输安全和飞行安全。这些国际上的若干统一规定,根据国际上各种新型化工产品和高科技产品层出不穷的变化和航空运输业发生的新情况,经过不断修订和完善,日趋完善,成为了指导各国危险品航空运输正确操作的典范。主要的民航危险品运输的国际组织及有关法律法规如图 1-1 所示。

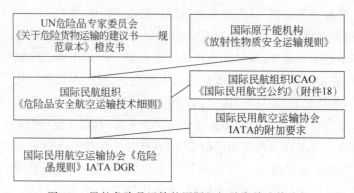

图 1-1　民航危险品运输的国际组织及有关法律法规

1.《关于危险货物运输的建议书——规章范本》

为了保障危险货物运输安全,使各国和国际上对各种运输方式的管理规定能够统一发展,联合国危险货物运输专家委员会根据技术的发展带来的新物质和新材料,结合运输的要求,编写了《关于危险货物运输的建议书——规章范本》(Recommendations on the Transport of Dangerous Goods—Model Regulations),简称《规章范本》。由于《规章范本》的封面是橙色的,所以又称为橙皮书,见图 1-2。《规章范本》对于非放射性的危险品运输制定了若干建议,包括分类原则和各类别、项别的定义、危险品品名表、一般包装要求、试验程序、标记、标签、运输文件。各国政府及组织在修订各自的规章时,都会统一遵守《规章范本》规定的原则。这些建议措施不仅适用于空运,也适用于海、陆运输方式。

2.《放射性物质安全运输规则》

国际原子能机构 IAEA 对于放射性物品运输制定了建议性规则——《放射性物质安全运输规则》(Regulations for the Safe Transport of Radioactive Material),见图 1-3。

图 1-2　《关于危险货物运输的建议书——规章范本》

此规则规定了与放射性物质运输有关的安全要求,包括放射性物质包装的设计、制造、货包的准备、托运、装卸、装载等各方面要求,同样适用于海陆空运输方式。

3.《国际民用航空公约》

国际民航组织(ICAO)是联合国的组织之一,《国际民用航空公约》属于国际性公约,所有缔约国都必须执行。国际民航组织为了统一各国危险品航空运输的要求,将《规章范本》和《放射性物质安全运输规则》内容合并,形成了 ICAO《国际民用航空公约》的附件18《危险品的安全航空运输》(图1-4),并翻译成中文、英文、法文、俄文、西班牙文,这是一个纲领性文件,是危险品国际航空运输的概括性规定。

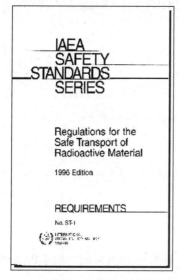

图1-3 《放射性物质安全运输规则》

图1-4 《危险品的安全航空运输》

4.《危险品安全航空运输技术细则》

国际民航组织(ICAO)用《危险物品安全航空运输技术细则》(Technical Instructions for the Safe Transport of Dangerous Goods by Air)来规范航空危险品的运输,如图1-5所示。该文件简称为《技术细则》或 TI,于1983年1月1日生效,文件中有详细的技术资料,提供了一套完备的国际规定,以支持附件18中的各项规定,主要包括危险品分类、包装规则、托运人和承运人的责任、限制等内容,该文件每两年更新发布一次。

5.《与危险品有关的航空器事故征候应急响应指南》

ICAO 发行的《与危险品有关的航空器事故征候应急响应指南》(图1-6),为机组人员提供了危险品运输紧急情况下的应急行动指南,又称为红皮书。红皮书是国际民航组织(ICAO)定期发布的,是根据 ICAO 附件18及 TI 中有关机组紧急情况的应急行动指南要求编制的。

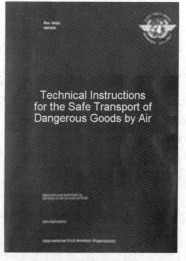

图1-5 《危险品安全航空运输技术细则》

6.《危险品规则》

国际航空运输协会出版了《危险品规则》(Dangerous Goods Regulations)简称 DGR,如图 1-7 所示。该规则是在国际民航组织《技术细则》的基础上增加了国际航空运输协会的附加要求和有关文件,以便在行业中更好地实施某些行业标准。

图 1-6 《与危险品有关的航空器事故征候应急响应指南》

图 1-7 《危险品规则》

IATA《危险品规则》每年更新发行一次,并使用下列符号表示对前一版本的更改之处。

（1）□：表示新增条目。

（2）△：表示本条目有修改。

（3）⊗：表示本条目删除。

（4）☞：表示 IATA 额外规定。

（5）☢：表示本条目与放射性物品运输相关。

新版本于每年的 1 月 1 日生效,基于运营和行业标准实践方面的考虑,在规则中增加了比《技术细则》更具体的规定要求,由于《危险品规则》使用方便,可操作性强,在全球航空危险品运输中作为操作性文件被广泛使用,同时发行英语、德语、法语、西班牙语、中文等多种语言版本。

二、我国的法律法规

1. 法律

我国民航危险品运输目前适用的主要法律主要有:《中华人民共和国民用航空法》(图 1-8)、《中华人民共和国刑法》《中华人民共和国放射性污染防治法》《中华人民共和国行政处罚法》等。其中《中华人民共和国民用航空法》第

图 1-8 《中华人民共和国民用航空法》

一百零一条规定:"公共航空运输企业运输危险品,应当遵守国家有关规定。禁止以非危险品品名托运危险品。禁止旅客随身携带危险品乘坐民用航空器。"第一百一十七条规定:"托运人应当对航空货运单上货物的说明和声明的正确性负责。"

2. 法规

我国民航危险品运输目前适用的法规主要有:《中华人民共和国民用航空安全保卫条例》《病原微生物实验室生物安全管理条例》《中华人民共和国民用爆炸物品管理条例》《国务院关于特大安全事故行政责任追究的规定》《民用机场管理条例》。

3. 规章

危险品航空运输还应当遵守我国民用航空局(简称民航局)及其他一些国家管理职能部门制定的相关规章的要求。这些规章主要有:《中国民用航空危险品运输管理规定》(CCAR-276-R1)、《可感染人类的高致病性病原微生物菌(毒)种或样本运输管理规定》《民用航空器事故和飞行事故征候调查规定》(CCAR-395-R1)、《中国民用航空安全检查规则》(CCAR-339SB)、《民用航空行政检查工作规则》(CCAR-13)、《民用航空行政许可工作规则》(CCAR-15)等。其中,《中国民用航空危险品运输管理规定》(图1-9)简称 CCAR-276 部,在加强民用航空危险品运输管理、保障飞行安全方面起到了重要作用,CCAR-276 规定,从事航空运输活动的单位和个人,使用民用航空器收运危险品的运营人应当接受局方关于危险品航空运输方面的监督和培训,取得局方的危险品航空运输许可,方可运输危险品。该规定于 2004 年 9 月 1 日颁布实施,它是中国

图1-9 《中国民用航空危险品运输管理规定》

空运危险品的主要法规。CCAR-276 对托运人的责任、运营人的责任、保安要求以及危险品的培训都分章节进行了论述,包括12章的内容:第1章 总则;第2章 危险品航空运输的限制和豁免;第3章 危险品航空运输许可程序;第4章 危险品航空运输手册;第5章 危险品的运输准备;第6章 托运人的责任;第7章 运营人的责任;第8章 信息的提供;第9章 训练;第10章 保安要求;第11章 法律责任;第12章 附则。

第三节 托运人及运营人的责任

一、托运人的责任

托运人在航空运输危险品过程中应承担的责任如下。

(1) 托运人应当确保所有办理托运手续和签署危险品航空运输文件的人员已按 ICAO《危险品安全航空运输技术细则》、民航局《中国民用航空危险品运输管理规定》的要求接受

相关危险品培训并考核合格。

（2）将危险品的包装件或合成包装件提交航空运输前，托运人应当按照技术细则和CCAR-276部的规定，保证该危险品不是航空运输禁运的危险品。

（3）正确地进行分类、包装、做标记、贴标签。

（4）提交正确填制的危险品航空运输文件并签字。

（5）禁止以非危险品品名托运危险品。

（6）遵守IATA《危险品规则》，符合始发站、中转站、目的站国家适用的规定，确认所交运的危险品完全符合所有运输规定。

（7）告知其职员在危险品运输中应承担的责任。

（8）托运人的代理人代表托运人从事危险品航空运输活动的，适用本规则有关托运人的规定。

二、运营人的责任

运营人在运输航空运输危险品过程中应承担的责任如下。

（1）运营人应采取检查措施防止普通货物中隐含危险品。

（2）确认危险品航空运输文件已由托运人签字，且签字人已按规定的要求训练合格。

（3）使用收运检查单收运危险品。

（4）检查危险品的包装件、合成包装件和放射性物质专用箱，确认在装机前无泄漏和破损。

（5）保证危险品不装载在驾驶舱或有旅客乘坐的航空器客舱内。

（6）危险品的存储、装载、固定和隔离符合相关的规定。

（7）提供在出现危险品的紧急情况时应采取行动的指南。向局方或事件发生地所在国报告任何危险品事故或事件。

（8）按《技术细则》要求接受危险品知识的训练并考核合格。

在IATA《危险品规则》中的运营人差异里，各运营人可根据自身的条件，从保护自身安全的角度出发，提出各自的运输要求。

第四节　培 训 要 求

危险品运输有关规则的成功应用和实现，很大程度取决于所有有关人员对有关危险品的了解，以及对规则的详尽了解，而这些只能通过对所有从事危险品运输人员进行初训和复训来实现。为了认真执行危险品运输规则，确保危险品的安全运输，要求有关人员除了具有一般航空货运组织、管理及操作知识外，还应具备有关危险品运输的专业知识，培训的作用至关重要，不同岗位的员工的培训要求是不同的，具体的培训内容和难度也有所区别，为此，国际民航组织和国际航协规定，从事危险品航空运输的不同岗位的人员必须接受相应的培训，并提出了最低培训要求。为保证知识更新，必须在前一次培训后的24个月内完成复训并考核合格。

第一章 民航危险品运输概述

一、需要接受培训的人员类型及最低培训要求

1. 人员类型

在危险品航空运输中,相关岗位人员必须接受危险品培训相关岗位人员是指以下 12 类人员。

第 1 类人员:托运人及承担托运人责任的人。

第 2 类人员:包装人员。

第 3 类人员:从事危险物品工作的货运代理人员工。

第 4 类人员:从事货物或邮件(非危险物品)收运工作的货运代理人员工。

第 5 类人员:从事货物或邮件的搬运、储存和装载工作的货运代理人员工。

第 6 类人员:收运危险物品的运营人和地面服务代理机构的员工。

第 7 类人员:运输货物或邮件(非危险物品)的运营人和地面服务代理机构员工。

第 8 类人员:经营人及其地面代理人负责货物或邮件和行李操作、存储和装载的人员。

第 9 类人员:客运服务人员。

第 10 类人员:飞行机组成员、监装员和配载人员、航班运行控制人员及签派员。

第 11 类人员:机组成员(飞行机组以外的成员)。

第 12 类人员:从事对旅客及其行李和货物或邮件安检工作的保安人员。

2. 各类人员的最低培训要求

以上 12 类人员的工作内容不同,要求掌握的危险品航空运输规则的程度也不一样,表 1-1 给出了各类人员培训内容的最低要求。

表 1-1 各类人员培训内容的最低要求

内容要求	人员类型											
	1	2	3	4	5	6	7	8	9	10	11	12
基本原理	×	×	×	×	×	×	×	×	×	×	×	×
限制条款	×		×	×	×	×	×	×	×	×	×	×
托运人的一般要求	×		×									
分类	×	×	×		×							×
危险品品名表	×	×	×			×				×		
一般包装要求	×	×	×			×						
包装说明	×	×	×			×						
标记与标签	×	×	×	×	×	×	×	×		×	×	×
托运人申报单及其他有关文件	×		×	×		×				×		
收运程序						×						
未申报危险品的识别	×	×	×	×	×	×	×	×	×	×	×	×
存储和装载程序					×	×	×	×		×		
机长通知单						×		×		×		
旅客和机组人员的规定	×	×	×	×	×	×	×	×	×	×	×	×
紧急情况的处理	×	×	×	×	×	×	×	×	×	×	×	×

二、承运人不从事危险品运输的员工培训要求

对于不从事危险品相关岗位的员工,也有必要进行相应内容的培训,主要是为了帮助员工从旅客或托运人的众多货物中将隐含的危险品识别出来。这些员工共分为以下 5 类。

(1) 第 13 类人员:收运货物或邮件(非危险物品)的运营人和地面服务代理机构员工。

(2) 第 14 类人员:从事货物或邮件(非危险物品)和行李搬运、储存和装载工作的运营人和地面服务代理机构员工。

(3) 第 15 类人员:客运服务人员。

(4) 第 16 类人员:飞行机组成员、装卸工、配载人员和飞行运行官、飞行签派员。

(5) 第 17 类人员:机组成员(飞行机组以外的成员)。

这几类人员的最低培训要求见表 1-2。

表 1-2 承运人不从事危险品运输的员工培训最低要求

内 容 要 求	人 员 类 别				
	13	14	15	16	17
基本原理	×	×	×	×	×
限制条款	×	×	×	×	×
标记与标签	×	×	×	×	×
危险品运输文件及其他有关文件	×				
未申报危险品的识别	×	×	×	×	×
旅客和机组人员规定	×	×	×	×	×
紧急情况的处理	×	×	×	×	×

三、指定邮政经营人培训课程的最低要求

指定邮政经营人的人员类别分三种:a. 指定邮政经营人从事危险品收运的人员;b. 指定邮政经营人邮件处理人员(危险品除外);c. 指定邮政经营人邮件操作、存储和装载的人员。这三类人员的最低培训要求见表 1-3。

表 1-3 指定邮政经营人培训课程的最低要求

内 容 要 求	指定邮政经营人人员类别		
	a	b	c
基本原理	×	×	×
限制条款	×	×	×
托运人的一般要求	×		
分类	×		
危险品品名表	×		
一般包装要求	×		
包装说明	×		

续表

内容要求	指定邮政经营人人员类别		
	a	b	c
标签与标记	×	×	×
托运人申报单及其他有关文件	×	×	
2.4节危险品的收运程序	×		
未申报危险品的识别	×	×	×
存储及装载程序			×
旅客及机组人员的规定	×	×	×
紧急情况的处理	×	×	×

第五节 危险品的保安

一、保安培训要求

为了防止危险品被偷盗、劫持和滥用,保安培训必不可少。因为危险品只能交给特定的经营人运输,所以从事危险品运输的所有环节的人员都应该接受危险品的保安培训,了解降低保安风险的方法、出现保安漏洞时应采取的行动等内容。同时,培训内容还应涉及与个人责任相当的保安计划意识,以及个人在执行保安当中所起的作用。

二、高危危险品

1. 高危危险品的定义

高危危险品是指那些有可能在恐怖主义事件中被滥用,而可能造成严重后果的危险品。

除第7类危险品外的各类别和项别的高危危险品清单列在表1-4中。

表1-4 高危危险品清单

第1类	1.1项
第1类	1.2项
第1类	1.3项 C配装组
第1类	1.4项 UN0104、UN0237、UN0255、UN0267、UN0289、UN0361、UN0365、UN0366、UN0440、UN0441、UN0455、UN0456、UN0500、UN0512、UN0513
第1类	1.5项
第1类	1.6项
第2类	2.3项毒性气体(不含气溶胶)
第3类	减敏爆炸品

续表

第4类	4.1项减敏爆炸品
第6类	6.1项包装等级Ⅰ级,按照例外数量危险品运输时除外
第6类	6.2项感染性物质A级(UN2814和UN2900)和医疗废弃物A级(UN3549)

2. 保安计划的主要内容

对于高危危险品运输人员,必须执行相应的周密的保安计划。保安计划主要包括以下内容。

(1) 向具有相当专业知识及能够胜任岗位的人员明确告知保安责任,并赋予其行使职责的适当权力。

(2) 做好要运输危险品类、项别记录。

(3) 审查当前运作情况及评估薄弱环节,包括多式联运的转运、中转储存。

(4) 对于所采取的措施有清晰阐述,包括培训方针和操作演练。

(5) 报告和处理保安威胁、保安漏洞的情况。

(6) 评估和检查保安计划的程序,以及定期审查和更新计划的程序。

(7) 确保计划中包含运输信息安全的措施。

(8) 确保运输文件分发的安全性,尽可能限制分发范围。

思考与练习

一、单项选择题

1. 下列(　　)法规是为了使国际航空危险品运输更具有操作性,现已被航协的航空成员公司广泛应用并被普遍接受而成为国际民航危险品运输的参考资料。
　　A. 联合国橙皮书　　　　　　　　B.《危险品的安全航空运输》
　　C. ICAO的《技术细则》　　　　　D. 国际航协的《危险品规则》

2. 禁止将危险品匿报、谎报为普通货物是(　　)的责任。
　　A. 托运人　　　B. 经营人　　　C. 货主　　　D. 运营人及代理人

3. 危险品航空运输行业操作一般参考(　　)手册。
　　A. TI　　　　　　　　　　　　　B. DGR
　　C. 国际民用航空公约　　　　　　D. 橙皮书

4. 从事危险品航空运输岗位的培训是每(　　)年复训一次。
　　A. 1　　　B. 2　　　C. 3　　　D. 4

5. 中国民用航空局规定了从事航空运输工作的(　　)类工作人员必须接收危险品训练。
　　A. 9　　　B. 10　　　C. 11　　　D. 17

二、填空题

1. 根据ICAO-TI规定,DGR每_____年更新一次,每年_____月_____日新版本生效。

2. DGR 把从事危险品运输不同岗位分成_____类人员,各类人员持证上岗、复训必须在前一次培训后的_____个月完成。

3.《危险物品安全航空运输技术细则》简称_____,该文件分别有汉语、英语、法语、俄语、西班牙语,每_____年更新发布一次。

4. _____必须对危险品正确地进行分类、包装、加标记和贴标签。

5.《放射性物质安全运输规则》是由_____制定的,《危险物品安全航空运输技术细则》是由_____制定的,《危险品规则》是由_____制定的。

三、判断题

1. IATA 危险品运输规则比 ICAO 危险品安全航空运输技术细则更具可操作性。
(　　)

2. 中国民用航空局规定从事非危险品航空货运工作的代理员工不用进行危险品培训。
(　　)

3.《危险物品安全航空运输技术细则》的英语缩写是 DGR。 (　　)

4. 危险品相关岗位中第 6 类人员的培训内容最多。 (　　)

5. 中国民用航空危险品运输管理规定,简称 CCAR-276 部,是中国航空运输危险品的主要依据。
(　　)

四、简答题

1. 民航危险品的概念是什么?

2. 托运人在危险品运输中的责任有哪些?简单列举。

3. 在下列危险品运输环节中,分别由谁负有法律责任?
(1)装载、卸载　(2)标记和标签　(3)收运　(4)申报单　(5)包装　(6)识别

4. 保安计划适用于哪些危险品?

5.《中国民用航空危险品运输管理规定》包括哪些内容?

第二章 危险品的分类

知识要求

(1) 掌握九大类危险品的类别名称。

(2) 掌握每类危险品的类别或项别名称。

(3) 了解每类危险品的危险性。

(4) 了解每类危险品常见常运的货物。

(5) 掌握每类危险品的危险性标签。

(6) 熟悉危险品包装等级的划分方法。

技能要求

(1) 具有对常见危险品货物进行类别划分的能力。

(2) 具有识别各种危险性标签的能力。

 思政园地

运用启发式和交互式教学方法教授危险品的基础知识,结合行业发生的事故案例讨论,培养学生分析问题和解决问题的能力,激发学生主动思考和自主探究的兴趣,训练学生的逻辑思维能力。

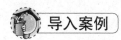

"填补空白"——陕西首班第1类危险品货物国际包机保障顺利完成

2020年10月21日凌晨,装载着12.5吨1.4项危险品——爆炸品货物的VI3786航班由西安机场顺利起飞,该航班由俄罗斯伏尔加第聂伯航空公司IL-76机型(图2-1)执飞,装载油井用射孔弹、电雷管、弹药筒等危险品货物共计847箱。10月22日中午,航班安全飞抵伊拉克。

这是陕西省首班第1类危险品货物国际包机,也是陕西省第一次空运如此量级的民用爆炸品。航空物流公司通过专业、高效的危险品货物保障,填补陕西省空白,得到了行业内

第二章 危险品的分类

图 2-1　IL-76 机型

外的赞誉和肯定。在此之前,此类危险品货物均由上海、大连等沿海城市出境,此次经过多方协调争取,依托西安机场客货运航线优势和保障优势,由西安机场出境,降低了运输成本,助力了企业在海外的发展,也为陕西拓宽了危险品空中运输通道。后续,陕西省还将打通西安至东南亚、中东、欧美地区危险品运输空中通道。

为安全高效地完成此次保障任务,陕西省委、省政府高度重视,民航西北地区管理局、西安机场、机场公安局等单位分别召开会议对货物保障、消防安全、疫情防控等进行部署。公司多方协调、精心准备。抽调持有危险品 6 类和 8 类证书的骨干员工成立保障小组,逐一岗位落实保障人员、设施设备。

2019 年,该公司与深圳航空签署危险品货物运输战略合作协议;推动上海化工研究院危险品检测公司西安营业部落户西安机场,填补了西北地区危险品货物鉴定业务的空白。同年 8 月,公司新开国内危险品收运检查业务,满足了客户订制化、差异化的服务需求,增强了西安机场对手机、笔记本电脑等危险品货物的集散能力。2020 年 4 月,公司新开国际危险品收运检查业务。2020 年,该公司主动承担社会责任,完成免洗洗手液、锂电池等危险品货物收运检查和航空运输保障。目前,公司危险品相关工作岗位 500 余人全部持证上岗,涉及 3、4、5、6、7、8、10 类人员,其中教员 2 人,具有危险品收运检查资质的 6 类人员 24 名,危险品货物保障体系日趋完善。

资料引用:杨旭景,崔雪雍."填补空白"——陕西首班第 1 类危险品货物国际包机保障顺利完成[EB/OL].(2020-10-22)[2021-09-05]. https://news.chinaxiaokang.com/shehuipindao/shehui/20201022/1064377_1.html.

讨论:
(1) 相对于其他运输方式,航空运输爆炸品有什么危险?
(2) 该案例中骨干员工的培训及考核对于安全运输有何意义?
(3) 此案中有关工作人员的工作态度体现了什么样的民航精神?

危险品的种类多样、特性各异,表现出的危险性也千差万别,部分危险品接触后还会互相促进反应。为了便于分类仓储、运输和管理,国际航空运输协会的《危险品规则》将危险品分为九大类,其中的第 1、2、4、5、6 类由于包括的范围很大又被细分为若干项。要注意的是,第1类到第9类危险品的类别编号仅为使用方便,与危险性大小无关。也就是说,从第1类到第9类,危险性并不是依次递减或递增。以下为各类危险品的详细介绍。

第1类 爆炸品。

(1) 1.1项:具有整体爆炸危险性的物质和物品。

(2) 1.2项:具有抛射危险性而无整体爆炸危险的物质和物品。

(3) 1.3项:具有起火危险性、较小的爆炸性和较小的抛射危险性但无整体爆炸危险性的物质和物品。

(4) 1.4项:不存在明显爆炸危险的物质和物品。

(5) 1.5项:具有整体爆炸危险但敏感度极低的物质和物品。

(6) 1.6项:无整体爆炸危险且敏感度极低的物质和物品。

第2类 气体。

(1) 2.1项:易燃气体。

(2) 2.2项:非易燃无毒气体。

(3) 2.3项:毒性气体。

第3类 易燃液体。

第4类 易燃固体、易自燃物质及遇水释放易燃气体的物质。

(1) 4.1项:易燃固体。

(2) 4.2项:易自燃物质。

(3) 4.3项:遇水释放易燃气体的物质。

第5类 氧化性物质和有机过氧化物。

(1) 5.1项:氧化性物质。

(2) 5.2项:有机过氧化物。

第6类 毒性物质和感染性物质。

(1) 6.1项:毒性物质。

(2) 6.2项:感染性物质。

第7类 放射性物质。

第8类 腐蚀性物质。

第9类 杂项危险品。

第一节 爆 炸 品

一、爆炸品的定义

第1类爆炸品包括3个部分。

(1) 爆炸性物质,能与空气混合形成爆炸性混合物的气体、蒸气、薄雾、粉尘和纤维,如TNT(三硝基甲苯)、黑火药等。

注意:物质本身不是爆炸品,但能形成气体、蒸气或粉尘爆炸环境者,不列入第1类,不包括那些太危险以致不能运输或那些主要危险性符合其他类别的物质。

(2) 爆炸性物品,含有一种或多种爆炸性物质的物品,如炸弹、手榴弹等。

注意：不包括此类装置，即其中所含爆炸性物质的数量或特性不会使其在运输过程中偶然或意外被点燃或引发后因迸射、发火冒烟、发热或巨响而在装置外部产生任何影响的装置。

（3）上述两条款中未提及的，为产生爆炸或烟火实际效果而制造的物品和物质，如烟花。

二、爆炸品的分项

（1）1.1项：具有整体爆炸危险性的物质和物品。

整体爆炸是指实际上瞬间影响到几乎全部载荷的爆炸，如起爆药、爆破雷管、硝化纤维（图2-2）、TNT炸药（图2-3）等。

图2-2　硝化纤维，1.1D，UN0340　　　　图2-3　TNT炸药，1.1D，UN0209

（2）1.2项：具有抛射危险性而无整体爆炸危险的物质和物品。

如无引信炮弹、照明弹、枪弹、烟幕弹、催泪弹、增雨防雹火箭弹（图2-4）、手榴弹（图2-5）等均属此项。

图2-4　增雨防雹火箭弹，1.2C，UN0436　　　　图2-5　手榴弹，1.3G，UN0318

（3）1.3项：具有起火危险性和轻微的爆炸危险性或轻微的喷射危险性，或两者兼而有之，但无整体爆炸危险性的物品和物质。

该项包括下列物品和物质：产生大量辐射热，或相继燃烧，产生轻微爆炸和/或喷射效应。

（4）1.4项：不存在明显爆炸危险、不造成重大危险的物品和物质。

本项物质在运输中万一点燃或引发时仅出现较小的危险，其影响主要局限于包装件本身,射出的碎片不大,射程也不远。外部火烧不会引起包装件全部内装物的瞬间爆炸。如演习手榴弹、安全导火索、礼花弹、手操信号装置等。

本项中的物品和物质划归为 S 配装组的条件是,其包装或设计能使偶然引起的任何危险局限于包装件内,除非包装件被烧损;在包装件被烧损的情况下,所有爆炸或喷射效应也有限,不会对救火或采取其他应急措施造成重大妨碍。

例 2-1 枪弹按照图 2-6 所示方式包装或对于弹径大于 9 毫米的枪弹,则按 1.4C UN0339 运输。

例 2-2 对于弹径 9 毫米及以下的子弹(及运动弹),当其按图 2-7 所示方式包装时可按 1.4S UN0012 运输。

图 2-6 弹径大于 9 毫米的枪弹

例 2-3 枪弹包装如图 2-8 所示时,可以按照 1.4S UN0012 运输。

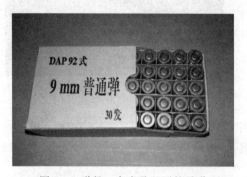

图 2-7 弹径 9 毫米及以下的子弹

图 2-8 1.4S 的枪弹包装

(5) 1.5 项:具有整体爆炸危险而敏感度极低的物质和物品,是指具有整体爆炸危险,但非常不敏感以致在正常运输条件下引发爆炸的可能性非常小的物质。如 E 型或 B 型引爆器、铵油炸药等。

(6) 1.6 项:无整体爆炸危险且敏感度极低的物质和物品,包括主要含有极不敏感物质,并且其意外引发或传播的概率可忽略不计的物品。

三、爆炸品的标签

爆炸品的标签分为有"炸弹"图案的和无"炸弹"图案的两种。区分二者的依据是敏感度,有"炸弹"图案的危险品敏感度高,容易引爆的爆炸品。

(1) 有炸弹图案的标签(图 2-9)适用于 1.1、1.2 和 1.3 项。"＊"的位置填入项别和配装组代号,如"1.1C"。1.1 或 1.2 项的包装件通常禁止空运。

(2) 无炸弹图案的标签(图 2-10),适用于 1.4、1.5 和 1.6 项。"＊"的位置填入配装组,如代号"N"。

图 2-9 有炸弹图案的标签

图 2-10　无炸弹图案的标签

四、爆炸品的配装组及装载

1. 配装组

把不同的爆炸品混装在一起运输，是否会引发安全事故取决于配装组。按照危险性分，爆炸物品可以分为 13 个配装组，被认为可以相容的各种爆炸性物品和物质列为一个配装组。表 2-1 中列出关于每一个配装组的说明及危险性项别。

表 2-1　爆炸品配装组的划分

配装组	危险性项别	拟分类物品或物质的说明
A	1.1	初级爆炸性物质
B	1.1、1.2、1.4	含有初级爆炸性物质而不含有两种或两种以上有效保护装置的物品。某些物品，例如爆破用雷管、爆破和起爆用雷管组件及帽形起爆器，即使这些物品不含有初级炸药，也属于此配装组
C	1.1、1.2、1.3、1.4	推进爆炸性物质或其他爆燃爆炸性物质或含有这类爆炸性物质的物品
D	1.1、1.2、1.4、1.5	次级起爆炸药或黑火药或含有次级起爆炸药的物品，无引发装置和发射药，或含有主要的爆炸性物质和两种或两种以上有效保护装置的物品
E	1.1、1.2、1.4	含有次级起爆炸药的物品，无引发装置，带有发射药（含有易燃液体或胶体或自燃液体的除外）
F	1.1、1.2、1.3、1.4	含有次级起爆炸药的物品，带有引发装置，带有发射药（含有易燃液体或胶体或自燃液体的除外）或不带有发射药
G	1.1、1.2、1.3、1.4	烟火物质或含有烟火物质的物品，或既含有爆炸性物质又含有照明、燃烧、催泪或发烟物质的物品（水激活的物品或含有白磷、磷化物、发火物质、易燃液体，或胶体或自燃液体的物品除外）
H	1.2、1.3	含有爆炸性物质和白磷的物品
J	1.1、1.2、1.3	含有爆炸性物质和易燃液体或胶体的物品
K	1.2、1.3	含有爆炸性物质和化学毒剂的物品
L	1.1、1.2、1.3	爆炸性物质或含有爆炸性物质并且具有特殊危险（例如遇水活化，或含有自燃液体、磷化物或发火物质）需要彼此隔离的物品
N	1.6	主要含有极不敏感的物质的物品
S	1.4	物质或物品的包装与设计使其在偶然引发时，只要包装件未被烧毁就可以把危险限制在包装之内，其爆炸和喷射的影响有限

2. 不同配装组的爆炸品的装载

1.4S 既可以装客机，也可以装货机，1.3 和 1.4 的部分配装组可以装货机，如表 2-2 所示。

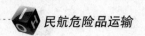

表 2-2 允许客货机装载的爆炸品

客货机	1.4S
仅限货机	1.3C、1.3G 1.4B、1.4C、1.4D、1.4E、1.4G、1.4S

五、爆炸品的例表

爆炸品的名称、代号、标签及其危险性描述如表 2-3 所示。

表 2-3 爆炸品例表

名称/项/代号	危险性标签	危险性描述	示例
爆炸品/1.1/REX	配装组 A、B、C、D、E、F、G、J、L	具有整体爆炸危险性的物质和物品	TNT、起爆药、爆破雷管
爆炸品/1.2/REX	配装组 B、C、D、E、F、G、H、J、K、L	具有抛射危险性而无整体爆炸危险的物质和物品	火箭弹头、装有炸药的炸弹、穿甲弹
爆炸品/1.3/REX、RCX、RGX	配装组 C、F、G、H、J、K、L	具有起火危险性、较小的爆炸性和较小的抛射危险性而无整体爆炸危险性的物质和物品	燃烧弹药、烟幕弹药
爆炸品/1.4/REX、RXB、RXC、RXE、RXG、RXS	配装组 B、C、D、E、F、G、S	不存在明显爆炸危险的物质和物品	演习手榴弹、安全导火索、礼花弹
爆炸品/1.5/REX	配装组 D	具有整体爆炸危险而敏感度极低的物质和物品	铵油炸药
爆炸品/1.6/REX	配装组 N	无整体爆炸危险且敏感度极低的物质和物品	

安 全 气 囊

一、安全气囊的功能

当意外发生时,产生的正面撞击力大于传感器所能感应的信号时,压力信号转化为电信号,进而点燃安全气囊里的气体发生器,产生的气体充满气囊,从而起到保护作用。但是当不是正面撞击,而是斜撞击时,其撞击力就会分解成正撞击分力和平行撞击面的分力。当正撞击面分力的值达不到作用的规定值,就打不开安全气囊。

二、安全气囊危险性大

安全气囊中气体发生器的主要结构由金属外壳、点火管和产气药(或压缩气体,如氩气、氮气)组成。早期的气体发生器的产气组分是氩气、氮气,随着时间推移,对气体的产气量提出了更高的要求。既要气体发生器体积小,又要气体多。鉴于此,人们就想到利用爆炸物爆炸后生成的气体,将气体经过滤和降温后充入气囊(图 2-11)。因此,气体发生器按照作用原理分为纯气体型、烟火型(纯产气药)和混合型。如果按照外形,可分为柱状气体发生器(图 2-12),主要是纯气体型;饼状气体发生器(图 2-13),为烟火型和混合型;微型气体发生器(micro gas generator,MGG)如图 2-14 所示。

图 2-11　安全气囊

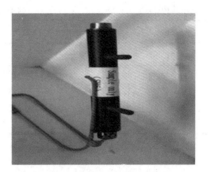

图 2-12　柱状气体发生器

图 2-13　饼状气体发生器

图 2-14　微型气体发生器

柱状的和饼状的用于安全气囊,MGG 用于预紧装置。前面提到的产气药是爆炸物,为了衡量爆炸物的威力,一般都是和另外一种爆炸物 TNT 进行比较,专业术语叫"TNT 当量"。产气药的 TNT 当量是 1.4 左右,也就是说,它的爆炸性能是大于 TNT 的,一个气体发生器的产气药的量有几十克。

第二节　气　体

一、气体的定义

气体是指在 50℃时,其蒸气压力大于 300kPa;或在 20℃,标准大气压力为 101.3kPa 时,完全呈气态的物质。

二、气体的液化

气体只有将温度降低到一定程度时,再增加压强才能被液化,若温度高于一定温度,则无论怎样增大压强都不能使气体液化,而这个温度也称为临界温度。

在临界温度时,使气体液化所需要的最小压强称为临界压强。不同的气体,它们的临界温度和临界压强也不相同,如表 2-4 所示。

表 2-4 不同物质的临界温度和临界压强

气体名称	临界温度/℃	临界压强/大气压
丙烷	96.7	41.9
乙烷	32	49
氮气	−147	34
氯气	144	76
氧气	−118	50

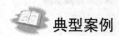

埃及举行盛大游行,将 22 具木乃伊置于氮气盒中转移

2021 年 4 月 3 日,埃及开罗举行盛大游行活动,将 22 具古埃及法老和王后的木乃伊从埃及国家博物馆转移至埃及文明博物馆。当晚,木乃伊被放置于特殊的氮气盒中,以免受外部环境污染。运输车上都装有特殊的减震器,并由包含仿制战车在内的车队护送。开罗美国大学埃及学教授萨利玛·伊克拉姆说:"埃及旅游和文物部已尽最大努力来确保木乃伊的稳定,并被放置在可控的环境中。"

资料来源:鞠峰.埃及举行盛大仪式,将 22 具古埃及王室木乃伊转移至新博物馆[EB/OL].(2022-04-25)[2021-09-07].https://www.sohu.com/a/540931633_121142144.

三、气体运输时的物理状态

通常,少量的气体就可以充满很大的容器,因而为了提高气体运输和储存的效率,通常会把气体以压缩、液化、溶解状态运输。气体压缩、液化最显著的改变是体积,从而容易运输储存。

根据其物理状态,气体的运输状态分为:压缩气体、液化气体、冷冻液化气体、溶解气体、吸附气体。

(1) 压缩气体是指在−50℃时,气体加压包装在容器内运输时,完全呈现气态。它包括临界温度低于或等于−50℃时的所有气体。

(2) 液化气体是指温度高于−50℃时,气体加压包装运输时部分呈现液态。液化气体又分为高压液化气体(即临界温度在−50～65℃的气体)和低压液化气体(即临界温度高于65℃的气体)。

(3) 冷冻液化气体是指运输时由于其温度低而部分呈液态的气体。

(4) 溶解气体是指加压包装运输时溶解于液体溶剂中的气体。

(5) 吸附气体是指包装运输时吸附到固体多孔材料导致内部容器压力在 20℃ 时低于 101.3kPa 和在 50℃ 时低于 300kPa 的气体。

四、气体的分项

根据危险性,气体分为以下三项。

(1) 2.1 项:易燃气体(flammable gas)。如果在温度为 20℃,压力为标准大气压 101.3kPa 的情况下,燃烧下限不超过 13% 时或燃烧范围不小于 12% 的气体,属于易燃气体。

其中,燃烧下限是指可燃气体与空气混合后遇到火花发生燃烧时的最低浓度;燃烧上限是指可燃气体与空气混合后遇到火花发生燃烧时的最高浓度。燃烧范围是指燃烧上限与下限之差。例如,氢气的燃烧下限是 4.0%,燃烧上限是 75.6%,故氢气的燃烧范围是 71.6%。

(2) 2.2 项:非易燃无毒气体(non flammable/non toxic gas)。非易燃无毒气体是指温度在 20℃ 以下,压力不低于 200kPa 运输的气体或深冷冻液化气体,有窒息或助燃的危险。图 2-15 所示的液氮罐有窒息的危险性,图 2-16 所示的液氧钢瓶有助燃的危险性。

图 2-15　航空运输的液氮罐　　　　　图 2-16　液氧钢瓶

(3) 2.3 项:毒性气体(toxic gas)。毒性气体包括已知的其毒性或腐蚀性危害人体健康的气体;或根据实验 LC_{50} 值小于或等于 $5000mL/m^3$(ppm)的气体,例如氯气等。

小知识

专业运动球星比赛后,为何要用液氮冷冻身体

我们普通人运动结束之后,一般会放松一下肌肉,做个拉伸,再冲个澡,就已经觉得一身轻松,非常舒服了。而专业的运动员,往往会使用急冻箱,来帮助他们维持身体的最佳状态。那么急冻箱是什么?它的工作原理是怎样的呢?

我们很多人对急冻箱可能了解并不多,而且基本没有机会使用,甚至都没有见过。但是如果说液氮,大家一定就很熟悉了。氮是我们在初中时就学习过的一种化学元素,它在空气中含量最多,在自然界中也是广泛存在,在生产生活很多活动中,氮都扮演着重要的角色。液氮在常温下能够到达 -196℃,由于其性质特殊,所以在工业上用于快速制冷,在医疗上液氮也被广泛使用。而急冻箱的主要构成,就是液氮。

急冻箱制冷就是依靠液氮的作用。也许有人会担心,运动员身处 -196℃ 的低温,会不会对他们的身体造成伤害?其实不会。因为急冻箱已经对液氮进行了专业的处理,所以在运动员的皮肤表层是接触不到液氮的,也就不会对运动员造成伤害。过去的很多年里,由于还没有成熟的技术,所以即便是有使用液氮快速制冷的想法,也一直不敢用于运动员快速恢复上。随着科学技术得到高速发展,且经过多次科学实验,急冻箱才被真正地利用起来,并且成了如今运动员快速恢复的主流技术。

快速冷却运动员的身体,使得他们的肌肉强度得到巩固,而且低温为运动员消除了许多身体炎症,让一些有害身体的细菌、病毒"望而却步",虽然只是两三分钟的作用时间,但是效果非常理想。

液氮治疗虽然很棒,但是目前没有在体育界完全普及。一方面是没有那么多的专业人员进行监督控制,另一方面是成本巨大。

一场比赛结束之后,立即进入急冻箱,运动员会不会感到很冷呢?其实刚比赛结束,运动员的肌肉还是麻木的状态,三分钟的时间里它们还反应不过来,而且即便后来感受到了极寒,为了保持身体素质,一些运动员也会心甘情愿忍受寒冷的。

五、例外

2.2 项的气体如果在 20℃ 及压力为 200kPa 以下的条件下运输,并且不为液化气或制冷液化气时,则不属于危险品。

以下物品不受危险品规则的约束:食品,包括碳酸饮料(UN1950 气溶胶除外)在内;体育用球;符合 A59 的轮胎(A59 指不能使用的或损坏的轮胎组件,要全部放气;可用轮胎充气未超过最大额定压力,运输中防止轮胎损坏,可以使用保护罩)。

六、气溶胶制品

气溶胶制品是指盛装有压缩气体、液化气体或加压溶解气体在一次性使用的金属、玻璃或塑料制成的容器。无论里面是否装入液体、粉末或糊状物,每个这样的容器都有严密的闸阀,当闸阀开启时,可以喷出悬浮着固体或液体小颗粒的气体,或喷出泡沫、糊状物、粉末、液体或气体,如催泪装置,如图 2-17 所示。气溶胶制品的危险性取决于内装物的性质。

图 2-17 警用催泪器

七、气体主次危险性的判断

根据气体主次危险性的判断,具有 2 个或 2 个以上危险性的气体或气体混合物,判断其危险性的主次顺序如下。

(1) 2.3 项优先于所有其他项。

(2) 2.1 项优先于 2.2 项。

八、常见常运的气体及其类别

常见常运的气体及其类别如表 2-5 所示。

表 2-5　常见常运的气体及其类别

名称/项/代号	危险性标签	危险性描述	举　　例
易燃气体/2.1/RFG		一旦泄漏在空气中,与空气组成混合物,遇高温或明火易燃烧爆炸	液化石油气(液化气罐和一次性打火机的成分)、氢气、乙炔
非易燃无毒气体/2.2/RNG、RCL		有助燃或窒息的危险性	压缩氧气瓶、压缩二氧化碳气罐、液氮
毒性气体/2.3/RPG		泄漏易使人中毒	氯气

第三节　易燃液体

一、易燃液体的相关知识

1. 闪点

闪点是指液体在空气中或液面附近产生蒸汽,其浓度足够被点燃但不足以持续燃烧时的温度。蒸汽之所以不能连续燃烧,是因为产生的蒸汽的量不够多,闪一下就燃尽了。闪点越低,液体易燃的危险性越大。

闪点的测试有闭杯试验和开杯试验两种方法。闭杯试验是指在封闭的容器内测得的闪点;而开杯试验是指在一个开放的容器内做试验,热量会扩散到外面,所以对于同一种液体来说,开杯式闪点比闭杯式闪点要高。

在危险品规则中,如果没有特别说明,闪点都是指闭杯式闪点。

气体的分项

2. 燃点

液体达到闪点以后,如果温度持续上升,释放出的蒸气的量足够多,那么液体就能持续燃烧,这一温度称为燃点。

一般燃点比闪点高出 1~5℃。当易燃液体温度达到燃点时,随时都有被点燃的危险,为了避免事故的发生,运输中应将温度控制在闪点以下,因此我们将闪点作为衡量易燃液体运输的安全参数。

二、易燃液体的定义

易燃液体指在闭杯闪点试验中温度不超过 60℃,或者在开杯闪点试验中温度不超过 65.6℃时,放出易燃蒸气的液体、液体混合物或含有固体的溶液或悬浊液。

易燃液体还包括减敏的液态爆炸品。减敏的液态爆炸品是指为了抑制其爆炸性,将液体溶解或悬浮在水中或其他液体的物质中形成一种均匀的液体混合物。易燃液体不分项。

丙 酮

在我国,丙酮既是危险化学品,也是第 3 类危险品,还是易制毒化学品。购买丙酮的企业或个人应当在购买前将所需购买的品种、数量,向所在地的县级人民政府公安机关备案。取得购买备案证明后,方可购买。公安机关受理备案后,应当于当日出具购买备案证明。购买备案证明一次使用有效,有效期一个月。以下几个方面应引起注意。

(1) 丙酮由于易燃且有毒,所以操作丙酮还有不少值得注意的地方。

(2) 快递寄递丙酮是属于违法行为。

(3) 购买、销售和运输易制毒化学品的单位,应当于每年 3 月 31 日前向所在地县级公安机关报告上年度的购买、销售和运输情况。有条件的购买、销售和运输单位,可以与当地公安机关建立计算机联网,以便及时通报有关情况。

三、包装等级

易燃液体在运输的过程中,包装损坏会导致易燃液体泄漏并很快挥发成气体,与空气组成混合物,引发燃烧或爆炸事故。因此,包装对于安全运输至关重要,易燃液体的包装等级分为三个级别,如表 2-6 所示。

表 2-6 易燃液体的包装等级的划分

包装等级	闪点(闭杯)	初始沸点
Ⅰ	—	≤35℃
Ⅱ	<23℃	>35℃
Ⅲ	≥23℃但≤60℃	

注:以上三个包装等级,包装强度自Ⅰ级到Ⅲ级依次递减。

四、易燃液体的灌装

许多物质都有受热膨胀、受冷收缩的物理特性。易燃液体的受热膨胀系数比较大,再加上易挥发性,受热后蒸汽压也会提高。因此,装满易燃液体的容器,往往会因受热造成膨胀爆炸而酿成事故。例如,某远洋公司一艘远洋轮曾装运一批汽油出口去某港口,该批汽油灌装时没有按规定留有足够的膨胀余位,途中因温度升高而引起大量汽油桶爆裂,进而汽油外溢导致剧烈燃烧。

所以,易燃液体灌装时要留有一定的膨胀余位,一般要留5%的膨胀余位。

五、易燃液体总结列表

易燃液体的名称/项/代号、危险性标签、危险性描述及举例如表2-7所示。

表2-7 易燃液体总结列表

名称/项/代号	危险性标签	危险性描述	举 例
易燃液体/3/RFL	(图)	大多数易燃液体易挥发,挥发的气体与空气组成混合物易燃易爆,对于不溶于水且比水轻的易燃液体,不能用水灭火	汽油、酒精、苯、乙醚、丙酮、香蕉水

第四节 易燃固体、自燃物质、遇水释放易燃气体的物质

一、燃烧的相关知识

1. 燃烧的本质

燃烧是一种放热、发光的剧烈的氧化反应。要正确区分燃烧与非燃烧现象,如电灯、灼热铁块都有光和热,但没有化学变化,所以不是燃烧;金属生锈是氧化反应但没有放热发光,也不是燃烧;生石灰遇水分解是放热的化学反应,但不发光也不是氧化反应,故也不是燃烧。

2. 影响燃烧速度的因素

(1) 同一可燃固体物质的燃烧速度,取决于燃烧表面积对体积的比例,该比例越大,与空气接触的面积越大,供氧越充分,燃烧速度越快;反之,燃烧速度则慢。所以,对同一种易燃固体,颗粒状比块状更容易燃烧,粉末状时燃烧速度最快。

(2) 不同的物质的燃速取决于物质的组成成分。物质中含碳、氢、硫、磷等可燃性元素越多,燃烧速度越快;反之则慢。

(3) 物质的燃烧速度还与其还原性有关。还原性越强,燃烧越快,反之则慢。

3. 燃烧的条件

物质燃烧必须具备以下3个条件。

(1) 可燃物,可以燃烧的物质。

(2) 助燃剂,通常主要是氧气。凡能帮助和支持燃烧的物质都称为助燃剂,如空气、氧、氯酸钾、高锰酸钾、过氧化钠等列入第五类危险品的物质。氧是最主要的且最易得到的助燃剂。空气能助燃实质上是空气中的氧气在起作用。当氧气等助燃剂供应不足时,燃烧就会逐渐减弱,直至熄灭。据测定,当空气中氧的含量低于16%时,可燃物质就不会在空气中燃烧。

(3) 着火源,凡能引起可燃物质燃烧的热能源都称着火源。通常用燃烧三角形(图2-18)表示以上三个条件必须同时具备,相互结合作用,燃烧才能发生。

二、分项

第4类危险品分成以下3个小项。

(1) 4.1项：易燃固体，即需要明火点燃的固体物品，称为易燃固体。

(2) 4.2项：易自燃物质，即不需外来明火点燃，也不需要外部热量，而会自行发热燃烧的物质。

(3) 4.3项：遇水释放易燃气体的物质，即遇水或受潮分解放出易燃气体的物质。

图2-18　燃烧三角形

(一) 4.1项：易燃固体

4.1项：易燃固体包括三种危险品。

(1) 易燃固体。是指在正常运输条件下易燃烧的固体和摩擦可能起火的固体。这些物质燃点低，在高温下，摩擦或遇火星即燃，如火柴。易燃固体的粉尘有爆炸危险性。

(2) 自身反应物质。是指即使没有氧气（空气）也容易发生激烈放热分解的不稳定物质。自身反应物质的分解可因热、与催化剂杂质（如酸、重金属）接触、摩擦而发生。分解速度随温度升高而加快，并且不同物质分解速度不同。因此对某些自身反应物质，必须控制温度。除非得到豁免，在运输中要求控制温度的自身反应物质禁止航空运输。

图2-19　远离热源标签

自身反应物质必须按危险品品名表列出的条目UN3221至UN3240来运输。这些条目包括以下不同种类。

① 自身反应物质的类型，即B～F型，其中，B型自身反应物质在任何情况下禁止航空运输。

② 自身反应物质的物理状态（固体或液体）。

③ 是否需要温度控制。

在运输过程中，自身反应物质的包装件或集装器必须避免阳光直射，远离各种热源，放置在通风良好的地方，不得将其他货物堆放其上，且在外包装上粘贴"远离热源"标签，如图2-19所示。

(3) 减敏的固体爆炸品，即用水、醇类浸湿或用其他物质稀释而抑制爆炸危险性的物质。

小知识

赛璐珞的危险性

赛璐珞是第一种人工合成的大规模应用的商用塑料，也是塑料（plastic）的旧商标名称。

赛璐珞虽为早期塑料之王，但具有易燃和耐久性差的缺陷，导致其在许多领域被新的合成高分子材料所取代。但是目前乒乓球和火棉仍在使用赛璐珞，其他诸如眼镜架、钢笔杆、弹子球等也还在继续生产。

赛璐珞极易燃烧,遇明火、高热会迅速燃烧,引燃温度180℃,而且燃烧过程会释放有毒气体。久储会逐渐发热,若积热不散会引起自燃。

在《建筑设计防火规范》(GB 50016—2018)物品火灾危险性的分类方法中,甲类具有6个特征,其中:常温下能自行分解或在空气中氧化能导致迅速自燃或爆炸的物质,如硝化棉、硝化纤维素胶片、喷漆棉、火胶棉、赛璐珞棉等;乙类具有6个特征,其中如赛璐珞板(片)、硝化纤维洛漆布、硝化纤维色片等易燃固体,不属于甲类的化学易燃固体。

(二) 4.2项:易自燃物质

易自燃物质是指在正常运输条件下能自发放热或接触空气后能够放热,并随后起火的物质,如黄磷(图2-20)。

自燃物质分为两种。一种是发火物质,又称自动燃烧物质,即使量极少,与空气接触5分钟内即可起火;另一种是自发放热物质,是指在无外部能量补给的情况下,接触空气自身放热的固体,这种物质只有在大量(若干千克)、长时间(若干小时或天)时间接触空气时才能燃烧。

(三) 4.3项:遇水释放易燃气体的物质

某些物质遇水可以放出易燃气体,与空气形成爆炸性的混合物。如图2-21所示的金属钠遇水放出易燃易爆的氢气,与空气形成爆炸性混合物。这种混合物易被灯具、劳动工具所产生的火花引燃,从而破坏环境,甚至危及人的生命。

图2-20　易自燃的黄磷

图2-21　金属钠

该类物质的特征为,遇水或受潮发生剧烈反应且反应速度很快;反应产物为可燃气体;反应过程中放出大量热,可引起燃烧或爆炸。

自热食品

自热食品起源于军队,如今风靡一时,种类也随着科技进步增多。除了我们常见的自热米饭,还有自热小火锅、自热面、自热饮料等,但很多人都不知道,自热食品加热包主要成分是生石灰、铁、铝、镁等易燃物。在航空运输中这类物品存在很大的危险性,属于第四类危险品的范畴。无论是随身携带手提行李,还是托运行李的形式,都被禁止携带登机。自热食品发热包在联合国关于危险货物运输的建议书中被列入遇水可释放可燃性气体的物质。且有实验证实,一些加热包遇热、遇水会释放氢气,数量足以使一架飞机发生危险。

三、第4类危险品的总结列表

第4类危险品的名称/项/代号、危险性标签、危险性描述、举例如表2-8所示。

表2-8 第4类危险品的总结列表

名称/项/代号	危险性标签	危险性描述	举 例
易燃固体/4.1项/RFS		不稳定,摩擦、受热易燃烧,自反应物质即使没有氧气也易放热分解而起火	松香、红磷、硫黄、赛璐珞(乒乓球)
易自燃物质/4.2项/RSC		发火物质即使量极少,只要与空气接触即可在5分钟内起火。自发放热物质在数量大(数千克)、时间长(数小时或数天)的情况下会自发燃烧	白磷(黄磷)、椰肉干
遇水释放易燃气体的物质/4.3项/RFW		遇水或受潮发生剧烈反应且反应速度快,反应产物为可燃气体,反应过程中放出大量热,可引起燃烧或爆炸	碳化钙(电石)、金属钠、金属钾

第五节 氧化性物质和有机过氧化物

第5类危险品分为5.1项——氧化性物质和5.2项——有机过氧化物两项。

1. 5.1项——氧化性物质

氧化性物质是指自身不一定可燃,但可以放出氧气而引起其他物质燃烧的物质,如过氧化氢溶液(双氧水)(图2-22)和高锰酸钾(图2-23)。

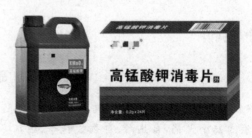

图2-22 过氧化氢溶液　　　　图2-23 高锰酸钾

这类物质化学性质活泼,遇到易燃物就会发生剧烈的燃烧,如过氧化钠遇到硫黄就会立即燃烧,氯酸钾遇到黄磷会爆炸。同时,氧化性物质受热也非常容易分解释放出氧气,引起周围可燃物的燃烧。

2.5.2 项——有机过氧化物

含有二价过氧基—O—O—的有机物称为有机过氧化物,也可以将它看作是一个或两个氢原子被有机原子团取代的过氧化氢的衍生物。过氧化物遇热不稳定,它可以放热并因此加速自身的分解。此外,它们还可能具有下列中一种或多种性质。

(1) 易于爆炸分解。
(2) 速燃。
(3) 对碰撞和摩擦敏感。
(4) 其他物质发生危险的反应。
(5) 损伤眼睛。

第 5 类危险品的名称/项/代号、危险性标签、危险性描述、举例如表 2-9 所示。

表 2-9 第 5 类危险品的总结列表

名称/项/代号	危险性标签	危险性描述	举 例
氧化性物质/5.1项/ROX		自身不一定可燃,但可以放出氧气而引起其他物质燃烧的物质	双氧水、高锰酸钾、次氯酸钙(漂白粉)
有机过氧化物/5.2项/ROP		遇热不稳定,可以放热并因此加速自身的分解	过氧乙酸、叔丁基过氧化氢

第六节 毒性物质与感染性物质

第 6 类危险品分为毒性物质与感染性物质。

一、6.1 项:毒性物质

1. 毒性物质的定义

毒性物质(6.1项)是指吞食、吸入或与皮肤接触后,可能造成死亡或严重受伤或损害人的健康的物质。

2. 人畜中毒的途径

毒性物质的形态可能是固体,也可能是液体或气体。以气体、蒸气、雾、烟、粉尘等形态活跃于生产环境的毒物会污染空气,可通过呼吸进入人体,也可通过污染皮肤,经皮肤吸收进入人体。

毒性物质对人畜发生作用的先决条件是侵入体内。人畜中毒的途径是呼吸道、皮肤和消化道。

(1) 呼吸道:人畜通过呼吸有毒的空气发生的中毒。

(2) 皮肤：有许多毒性物质能通过皮肤被吸收，被吸收后不经过肝脏即直接进入血液循环。毒性物质经皮肤吸收的数量和速度，除与其本身的脂溶性、水溶性和浓度等有关外，还与皮肤的温度升高、出汗增多等有关。

(3) 消化道：航空运输中毒性物质可能经消化道进入人体。例如手被污染后未彻底清洗就进食，或将食物带到作业场所被污染而误食。

运输过程中，劳动保护的基本措施是杜绝各种中毒的可能。这其中特别需要防护的是呼吸道的中毒途径。

3. 毒性的量度

通常，对某毒性物质毒性的测定是用动物试验进行的。衡量毒性的大小的指标如下。

(1) 致死中量，又称"半数致死量"，用符号"LD_{50}"表示。其含意是，能使一群试验动物发生50%死亡率时每千克体重的毒物用量，单位为 mg/kg。

根据毒性物质摄入的途径不同，致死中量又可分为口服 LD_{50} 和皮服 LD_{50}。口服致死中量(LD_{50})是指通过口服途径使一群试验动物发生50%死亡率时每千克体重的毒物用量，单位为 mg/kg；皮肤接触致死中量(LD_{50})是指通过皮肤途径使一群试验动物发生50%死亡率时每千克体重的毒物用量，单位为 mg/kg。

(2) 半数致死浓度，用符号 LC_{50} 表示。其含意是，通过吸入途径使一群试验动物发生50%死亡率时毒性物质在空气中的浓度。对于粉尘和烟雾，单位为 mg/L；对于蒸气，单位为 mL/m^3。

4. 包装等级标准

包装等级标准包括农药在内的6.1项毒性物质，必须根据它们在运输中的毒性危险程度按以下标准划分包装等级，如表 2-10 和表 2-11 所示。

表 2-10　口服、皮肤接触及吸入尘/雾毒性——包装等级标准

包装等级	口服毒性(LD_{50})/(mg/kg)	皮肤毒性(LD_{50})/(mg/kg)	吸入尘/雾毒性(LC_{50})/(mg/L)
Ⅰ	≤5.0	≤50	≤0.2
Ⅱ	>5.0 并 ≤50	>50 并 ≤200	>0.2 并 ≤2.0
Ⅲ	>50 并 ≤300	>200 并 ≤1000	>2.0 并 ≤4.0

表 2-11　吸入蒸气的毒性——包装等级标准

包装等级	吸入危害
Ⅰ	$LC_{50} \leq 1000 mL/m^3$ 且 $V \geq 10 \times LC_{50}$
Ⅱ	$LC_{50} \leq 3000 mL/m^3$ 且 $V \geq LC_{50}$，同时未达到包装等级Ⅰ级标准
Ⅲ	$LC_{50} \leq 5000 mL/m^3$ 且 $V \geq 0.2 \times LC_{50}$，同时未达到包装等级Ⅰ级或Ⅱ级标准

注：V 是指在20℃和标准大气压下，毒性物质在空气中的饱和蒸汽浓度，单位为 mL/m^3。

二、6.2项：感染性物质

1. 感染性物质的定义

感染性物质(6.2项)指那些已知含有或有理由认为含有病原体的物质。病原体是指会使人类或动物感染疾病的微生物(包括细菌、病毒、立克次氏体、寄生虫、真菌)或其他媒介物，如朊毒体。

2. 感染性物质的分级

感染性物质必须归类于 6.2 项,并视情况划入 UN2814、UN2900、UN3291 或 UN3373 或 UN3549。

感染性物质可以分成以下级别如下。

(1) A 级(A Category):是指在运输中与之接触能对本来健康的人或动物造成永久性残疾,甚至危及生命或致命疾病的感染性物质。符合这些标准的物质示例如表 2-12 所示。使人染病或使人和动物都染病的必须划入 UN2814。仅使动物染病的必须划入 UN2900 感染性物质。

表 2-12 A 级感染性物质示例

联合国编号和运输专用名称	微 生 物
UN2814 对人感染的感染性物质	炭疽杆菌(仅培养物) Bacillus anthracis (cultures only)
	流产布鲁氏菌(仅培养物) Brucella abortus (cultures only)
	牛羊布鲁氏菌(仅限培养菌) Brucella melitensis (cultures only)
	布氏杆菌(仅培养物) Brucella suis (cultures only)
	鼻疽伯克霍尔德氏菌-鼻疽假单泡菌(仅培养物) Brukholderia mallei-pseudomonas mallei-glanders(cultures only)
	类鼻疽伯克霍尔德氏-类鼻疽假单孢菌(仅培养养物) Burkholderia pseudomallei-pseudomonas pseudomallei (cultures only)
	鹦鹉热衣原体-禽类菌株(仅培养物) Chlamydia psittaci-avian strains (cultures only)
	肉毒杆菌(仅培养物) Clostridium botulinum (cultures only)
	厌酷球孢子菌(仅培养物) Coccidioides immitis (cultures only)
	伯氏考克斯氏体(仅培养物) Coxiella burnetii (cultures only)
	克里米亚—刚果出血热病毒 Crimean-Congo hemorrhagic fever virus
	登革热病毒(仅培养物) Dengue virus (cultures only)
	东方马脑炎病毒(仅培养物) Eastern equine encephalitis virus(cultures only)
	埃希氏大肠杆菌(仅培养物) Escherichia coli,verotoxigenic(cultures only)
	埃博拉病毒 Ebola virus
	屈绕病毒 Flexal virus
	兔热病病原体(仅培养物) Francisella tularensis (cultures only)
	委内瑞拉出血热病毒 Guanarito virus
	汉坦病毒 Hantaan virus
	引起汉塔病毒肺综合征的汉塔病毒 Hantavirus causing hemorrhagic fever with renal syndrome
	亨德拉病毒 Hendra virus
	乙肝病毒(仅培养物) Hepatitis B virus (cultures only)
	B 型疱疹病毒(仅培养物) Herpes B virus (cultures only)
	人类免疫缺陷病毒(艾滋病病毒)(仅培养物) Human immunodeficiency virus(cultures only)
	高致病禽流感病毒(仅培养物) Highly pathogenic avian influenza virus (cultures only)

续表

联合国编号和运输专用名称	微 生 物
UN2814 对人感染的感染性物质	日本脑炎病毒(仅培养物)　Japanese Encephalitis virus(cultures only)
	胡宁病毒　Junin virus
	科萨努尔森林病病毒　Kyasanur Forest disease virus
	拉沙热病毒　Lassa virus
	马丘皮病毒　Machupo virus
	马尔堡病毒　Marburg virus
	猴天花病毒　Monkeypox virus
	结核分枝杆菌(仅培养物)　Mycobacterium tuberculosis (cultures only)
	尼帕病毒　Nipah virus
	鄂木斯克出血热病毒　Omsk hemorrhagic fevervirus
	脊髓灰质炎病毒(仅培养物)　Poliovirus (cultures only)
	狂犬病毒(仅培养物)　Rabies virus (cultures only)
	斑疹伤寒普氏立克次体(仅培养物)　Rickettsia prowazekii(cultures only)
	斑疹伤寒立氏立克次体(仅培养物)　Rickettsia rickettsii(cultures only)
	裂谷热病毒　Rift valley fever virus(cultures only)
	俄罗斯春夏脑炎病毒(仅培养物)　Russian spring-summer encephalitis virus (cultures only)
	巴西出血热病毒　Sabia virus
	Ⅰ型痢疾志贺菌(仅培养物)　Shigella dysenteriae type 1(cultures only)
	蜱媒脑炎病毒(仅培养物)　Tick-borne encephalitis virus(cultures only)
	天花病毒　Variola virus
	委内瑞拉马脑炎病毒(仅培养物)　Venezuelan equine encephalitis virus(cultures only)
	西尼罗河病毒(仅培养物)　West Nile virus(cultures only)
	黄热病病毒(仅培养物)　Yellow fever virus(cultures only)
	鼠疫杆菌(仅培养物)　Yersinia pestis(cultures only)
UN2900 对动物感染的感染性物质	非洲猪热病毒(仅培养物)　African swine fever virus(cultures only)
	I型禽副伤寒病毒-新城疫病毒(仅培养物)　Avian pramyxovirus type 1 Velogetic Newcastle disease virus(cultures only)
	典型猪瘟病毒(仅培养物)　Classical swine fever virus(cultures only)
	口蹄疫病毒(仅培养物)　Foot and Mouth disease virus(cultures only)
	山羊痘病毒(仅培养物)　Goatpox virus(cultures only)
	结节性皮炎病毒(仅培养物)　Lumpy skin disease virus(cultures only)
	丝状支原体传染性牛胸膜肺炎(仅培养物)　Mycoplasma mycoides-contagious bovine pleuropneumonia(cultures only)
	小反刍兽疫病毒(仅培养物)　Pestedes petits ruminants virus(cultures only)
	牛疫病毒(仅培养物)　Rinderpest virus(cultures only)

续表

联合国编号和运输专用名称	微 生 物
UN2900 对动物感染的感染性物质	绵羊痘病毒(仅培养物)　Sheep-pox virus(cultures only) 猪水疱病病毒(仅培养物)　Swine vesicular disease virus(cultures only) 水疱型口炎病毒(仅培养物)　Vesicular stomatitis virus(cultures only)

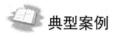
典型案例

艾滋病科研血样运输被拒载

四川某中医药研究开发有限公司经过十余年的潜心研究,终于研制出对艾滋病有独特疗效的纯中药,并于2003年获得国家食品药品监督管理局批准进行临床试验,地点选在某省一个艾滋病感染者集中的地方。

2005年4月21日,他们到达该地医院抽取血液标本供检测。为了让这些新鲜的血液标本在第一时间送到检测台上,当日下午2时30分,血液标本被紧急送到机场,准备乘南方航空CZ3471航班回成都,但在办理货物托运时被拒绝。当时安检人员认定该血液标本是危险品,称不能托运。值班经理以南方航空公司河南分公司营运部客运处的名义写了一份说明:"由于局方规定运输危险品须取得相应资格,但南方航空公司目前还没有取得危险品运输资格,故目前无法运输此类物品(艾滋病血液标本)。"万般无奈之下,他们只好决定:改乘火车。

该公司人员立即带着重约20kg的血液标本赶到火车站,购买了最早的一班火车。最终那些血液标本已经远远超出规定的时间,全部报废了。

民航西南管理局市场处相关负责人解释称,根据《危险化学品管理条例》以及相关法规,民航对运输血液制品有特殊规定。一般血液制品在上飞机前,需到相关检疫部门办理准运证,并保证血液制品无毒无危险,不会对人体造成伤害。如果血液制品带有病菌,对人体可能造成伤害,属危险品,需经特殊部门许可。在征得相关权威部门的同意,采取安全措施并能满足实际运输条件的情况下,具有危险品运输资质的航空公司可以承担带病菌危险品的运输。如果航空公司认为运输条件不具备,也可予以拒绝。

资料来源:周牧.南航拒运艾滋血样.科研人员改乘火车使血样报废[EB/OL].(2005-04-29)[2021-09-07].http://news.sohu.com/20050429/n225397401.shtml.

(2) B级(B Category):不符合A级标准的感染性物质。B级感染性物质必须划入UN3373(UN3373的运输专用名称是生物物质B级)。

3. 感染性物质的例外情况

以下物质不受《危险品规则》规则限制:不含有感染性物质的物质或不大可能使人或动物染病的物质;含有微生物、对人体和动物体没有致病性的物质;经过处理后病菌得到抑制或灭活已不再成为健康威胁的物质;被认为并不会带来重大感染危险的环境样品(包括食物和水样);通过将一滴血滴在吸附材料上而采集的干血滴;粪便潜血检查样品;为输血目的或为配制血液制品以进行输血或移植而采集的血液或血液成分和用于移植的任何组织或器官;病菌存在的可能性很低的病患标本(只要满足 DGR 的包装要求);运输可能被感染的或含有感染性物质的医疗设备或仪器,其包装被设计和制作为在正常运输条件下能够不破损、不被刺穿或不泄漏其内装物。

三、常见的感染性物质与物品

1. 生物制品

生物制品分为以下两组。

(1) 按照有关国家当局的要求制造和包装、为了最后包装或销售而运输、供医务人员或个人自身保健而使用的生物制品。这些物质不受 DGR 限制。

(2) 那些不符合第一条所述,已知或有理由相信含有感染性物质的和符合 A 级或 B 级归类标准的生物制品。这组物质必须酌情定为 UN2814、UN2900 或 UN3373。

2. 转基因微生物和生物

不符合感染性物质定义的转基因微生物和生物必须按照第九类杂项危险品进行分类。

3. 医学或临床废弃物

医疗或临床废弃物包括:A 级感染性物质必须酌情划入 UN2814、UN2900 或 UN3549。由人类医疗或动物兽医治疗而产生的含有 A 级感染性物质的固体医疗废弃物必须划入 UN3549。UN3549 条目不得用于生物研究废弃物或液体废弃物;B 级感染性物质必须划入 UN3291。含有感染性物质可能性低的医学或临床废弃物必须划入 UN3291。

4. 受感染动物

不得使用活体动物运输感染性物质,除非该物质无法以其他方式进行托运。

5. 病患标本

凡不符合例外的病患标本必须划入 UN2814、UN2900 或 UN3373。

四、第 6 类危险品总结列表

第 6 类危险品的名称/项/代号、危险性标签、危险性描述、示例如表 2-13 所示。

表 2-13 毒性物质和感染性物质总结列表

名称/项/代号	危险性标签	危险性描述	示 例
毒性物质/6.1/RPB	☠ Toxic	在吞入、吸入或皮肤接触后,进入人体可导致死亡或危害健康的物质	氰化钾、氰化钠、砒霜、铊等
感染性物质/6.2/RIS	Infectious substance	含有病原体的微生物会使人中毒、生病	狂犬病毒、天花病毒、口蹄疫病毒等

第七节 放射性物质

放射性物质是自发和连续地放射出某种类型辐射（电离辐射）的物质，这种辐射对健康有害，可使照相底片或 X 光片感光。这种辐射不能被人体的任何感官（视觉、听觉、嗅觉、触觉）觉察到，但可用合适的仪器鉴别和测量。

1. 放射性物质的定义

通常来说，一些元素和他们的化合物，能够自原子核内部自行放出穿透力很强但人类的感觉器官不能觉察的离子流，具有这种放射性的物质称为放射性物品。

对于航空危险品运输来说，放射性物质的定义为：放射性物品是指所含放射性核素的材料，其放射性活度浓度和托运货物总活度均超过 DGR 的 10.3.2 中规定的数值。

2. 特殊情况

以下情况的放射性物质不受 DGR 限制。

(1) 因诊断或治疗而植入或装入人体或活的动物体内的放射性物品。

(2) 在被运送就医的人身上或体内的放射性物品（非植入体内的），考虑到对其他乘客和机组人员必要的放射防护措施，须经营运人批准。

(3) 已获得主管部门批准并已出售给最终用户的消费品中的放射性物品。

(4) 含有天然放射性元素的天然物质和矿石（可能已被加工），其放射性活度浓度不超过规定数值。

3. 放射性物质的分级

放射性物品没有分项，但根据其运输指数（transportation index，TI）和表面辐射水平的大小，可将放射性物品分为 3 个等级（此等级不等同于包装等级），如表 2-14 所示。

表 2-14 放射性物质总结列表

名 称	描 述	危险性标签	示 例
Ⅰ级-白色 RRW	TI=0，且外表面任一点最大辐射水平不大于 0.005mSv/h(0.5mrem/h)	RADIOACTIVE Ⅰ	
Ⅱ级-黄色 RRY	0<TI≤1 而且外表面任一点最大辐射水平大于 0.005mSv/h(0.5mrem/h) 而不大于 0.5mSv/h(50mrem/h)	RADIOACTIVE Ⅱ	碘-131、铯-137、钴-60 等
Ⅲ级-黄色 RRY	1<TI≤10 而且外表面任一点最大辐射水平大于 0.5mSv/h(50mrem/h) 而不大于 2mSv/h(200mrem/h)	RADIOACTIVE Ⅲ	

续表

名　称	描　述	危险性标签	示　例
裂变物质	该临界安全指数标签必须与对应的放射性标签一起使用,用于含裂变物质的包装件或合成包装件	FISSILE 7	铀-235、钚-239

第八节　腐蚀性物质

一、腐蚀性物质的定义

腐蚀性物质是通过化学作用在接触生物组织时会造成严重损伤,或在渗漏时会严重损害甚至毁坏其他货物或运输工具的物质,如蓄电池(图 2-24)等。

图 2-24　蓄电池

二、腐蚀性物质包装等级的划分

腐蚀性物质不分项,腐蚀性物质包装等级划分为三个等级,如表 2-15 所示。

表 2-15　腐蚀性物质包装等级划分表

包装等级	暴露时间	观察时间	效　果
Ⅰ	≤3 分钟	≤60 分钟	完好皮肤的不可逆损伤
Ⅱ	3 分钟＜时间≤60 分钟	≤14 天	完好皮肤的不可逆损伤
Ⅲ	60 分钟＜时间≤4 小时	≤14 天	完好皮肤的不可逆损伤
Ⅲ	—	—	在 55℃的环境下,每年对钢或铝的腐蚀厚度大于 6.25mm

三、腐蚀性物质的总结列表

腐蚀性物质的类别、货运 IMP 代码、危险性标签、定义/描述、常见危险品如表 2-16 所示。

表 2-16 腐蚀性物质的总结列表

类 别	货运 IMP 代码	危险性标签	定义/描述	常见危险品
第 8 类：腐蚀性物质	RCM	CORROSIVE	如果发生渗漏，由于产生化学反应而能够严重损伤与之接触的生物组织，或严重损坏其他货物及运输工具的固体或液体物质	硫酸、盐酸、硝酸、氢氧化钠、氢氧化钾、汞、电池电解液等

第九节　杂项危险品

一、杂项危险品的定义

杂项危险品是指不属于第 1～8 类中任何一类的危险品，但是在航空运输中具有危险性的物品和物质。

二、杂项危险品的细分

1. 航空限制的固体或液体

航空限制的固体或液体是指，具有麻醉、令人不快或其他可以对机组人员造成烦躁或不适致并使其不能正常履行职责的任何物质。条目为 UN3334（航空限制的液体，n.o.s.）和 UN3335（航空限制的固体，n.o.s.）。

2. 磁性物质

磁性物质是指在距离包装件外表面任意一点 2.1m 处的最大磁场强度使罗盘偏转大于 2°的磁场强度为 0.418A/m 的物质，如图 2-25 所示的磁性玩具。

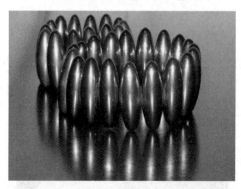

图 2-25　磁性玩具

3. 高温物质

高温物质是指运输或交运温度高于或等于 100℃的液态物质或温度高于或等于 240℃的固态物质。指定的条目为：UN3257（高温液体，n.o.s.）和 UN3258（高温固体，n.o.s.）。

4. 危害环境的物质

环境危害物质是那些符合 UN《规章范本》的 2.9.3 中标准的物质,或满足货物运送的始发国、转运国或目的地国的主管当局制定的国家或国际条例中的标准的物质。危害环境的物质没有其他危险性,但被托运人分类为危害水环境的物质或混合物必须划为Ⅲ级包装。指定的条目为:UN3077(环境危害物质,固体,n.o.s.)和 UN3082(环境危害物质,液体,n.o.s.)。

5. 转基因微生物和生物

不符合感染性物质的定义但是通过遗传工程以非自然方式有意将遗传物质改变了的微生物和生物,必须划为 UN3245 转基因微生物或生物。

6. 锂电池

含有任何形式锂元素的电池芯和电池、安装在设备中的电池芯和电池或与设备包装在一起的电池芯和电池,必须恰当地划归 UN3090、UN3091、UN3480 或 UN3481 条目,如图 2-26 所示为单独的锂电池。

图 2-26　锂电池(充电宝)

7. 其他物品和物质

石棉、干冰(图 2-27)、消费品、救生器材、化学物品箱、急救箱、内燃机、机动车辆(易燃液体或易燃气体驱动)、聚合物颗粒、电池作动力的设备或车辆,均属于杂项危险品。

图 2-27　干冰

三、总结列表

杂项危险品不分项,杂项危险品的总结列表如表 2-17 所示。

表 2-17 杂项危险品的总结列表

种类:名称	货运 IMP 代码	危险性标签	操作标签或标记	危险性描述	举 例
第 9 类:杂项危险品	杂项危险品 RMD			在航空运输中会产生危险但不在前 8 类中。在航空运输中可能会产生麻醉性、刺激性或其他性质而使旅客感到烦恼或不舒适	大蒜油
	聚合物颗粒 RSB			可能放出少量易燃气体	半成品聚合物材料,如:聚氯乙烯颗粒
	固体二氧化碳(干冰)ICE			固体二氧化碳/干冰温度为 $-79℃$,其升华的气体比空气沉,在封闭的空间内大量的二氧化碳能造成窒息	冰淇淋、医药货物保鲜剂
	遗传变异的微生物及生物体 RMD			不符合感染性物质的定义但能够以非正常自然繁殖方式改变动物、植物或微生物的遗传基因的微生物或生物体,必须划为 UN3245	
	磁性物质 MAG			强磁性会影响飞机直读磁罗盘的读书,从而影响飞机导航的准确性	磁性玩具、音响
	锂电池 RBI、RBM			充电宝或含有锂电池的设备,有起火、爆炸的危险性	充电宝、手机、手提电脑

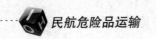

关于新型冠状病毒(COVID-19)检测试剂盒的空运指南

新型冠状病毒检测试剂盒(以下简称"试剂盒")航空运输的需求急剧增加。为助力疫情防控，保障该类物资的顺利和安全运输，特对试剂盒的航空运输危险性做如下安全提示。

目前试剂盒常见的种类有：荧光PCR法、胶体金法、磁珠法、定磷法等。试剂盒的主要组成部分一般包括：测试卡、处理试剂和吸管等。处理试剂包括但不限于提取液、分离液、处理液和洗涤液等不同叫法的液体。试剂盒的构成中涉及航空运输危险品的主要有测试卡和处理试剂。

(1) 测试卡一般采用硝化纤维素膜作为检测时层析的固相载体，硝化纤维素膜是DGR列名的危险品(UN3270,4.1项)，该词条后面有特殊说明A122,硝化纤维素膜的质量不超过0.5g的话不受DGR限制，实际商品化产品中硝化纤维素膜的质量一般只有几毫克，因此测试卡可判断为不受限制。

(2) 处理试剂的构成较为复杂，其危险性因检测方法(原理)、各厂家选材和包装容量规格的不同而不宜一概而论。实验室检测发现许多品牌的处理试剂为易燃液体。因此处理试剂的危险性需根据实际运输货物情况结合实验室检测检验结果综合判断。

第十节 具有多重危险性物质的分类

如果某物质在危险品表中未列出具体名称，并且具有多于一种危险性，其主要和次要危险性必须按照下列标准确定。

一、主次危险性表

如果某些物品或物质在IATA的《危险品规则》危险品品名表中未列出具体名称，又具有双重危险性，并且两种危险性出现在第3类、第4类、第8类或5.1项、6.1项时，必须按照表2-18中确定两种危险性中的一种作为主要危险性。危险品品名表中纵横两行交叉之处的类、项是主要危险性，另一个类项是次要危险性。在纵横交叉处同时列出了该物品正确的包装等级。

例2-4 某固体物质具有两种危险性，腐蚀性，包装等级为Ⅱ；毒性(皮肤)，包装等级Ⅱ，未列入DGR危险品表。请确定其主、次要危险性和包装等级。

解： 通过查阅表2-18得知，其主要危险性为第6.1项腐蚀性，次要危险性为8类，包装等级为Ⅱ。

二、例外物品

具有多重危险性的物品或物质，如果其中一种危险性符合下列各类、项或特定危险类型的标准，则这些类、项及特定危险性永远作为主要危险性，因此它们不在主次危险性表中列出：

第二章 危险品的分类

表 2-18 主次危险性表（DGR 表 3.10.A）

类、项	包装等级	4.2 II	4.2 III	4.3 I	4.3 II	4.3 III	5.1 I	5.1 II	5.1 III	6.1(d) I	6.1(o) I	6.1 II	6.1 III	8 (l) I	8 (s) I	8 (l) II	8 (s) II	8 (l) III	8 (s) III
3	I*			4.3, I	4.3, I	4.3, I	—	—	—	3, I	3, I	3, I	3, I	8, I	8, I	3, I	—	3, I	—
3	II*			4.3, I	4.3, II	4.3, II	—	—	—	3, II	3, II	3, II	3, II	8, I	8, I	3, II	—	3, II	—
3	III*			4.3, I	4.3, II	4.3, III	—	—	—	6.1, II	6.1, I	6.1, II	3, III**	8, I	8, I	8, II	4.1, I	3, III	4.1, I
4.1	II	4.2, II	4.2, II	4.3, I	4.3, II	4.3, II	4.1, I	4.1, I	4.1, II	6.1, I	6.1, I	4.1, II	4.1, II	8, I	8, I	4.1, II	4.1, II	4.1, III	4.1, III
4.1	III	4.2, III	4.2, III	4.3, I	4.3, II	4.3, III	4.1, I	4.1, II	4.1, III	6.1, I	6.1, I	4.1, II	4.1, III	8, I	8, I	—	8, I	—	—
4.2	II			4.3, I	4.3, II	4.3, II	4.2, I	4.2, I	4.2, II	6.1, I	6.1, I	4.2, II	4.2, II	8, I	8, I	4.2, II	4.2, II	4.2, III	4.2, III
4.2	III			4.3, I	4.3, II	4.3, III	4.2, I	4.2, II	4.2, III	6.1, I	6.1, I	4.2, II	4.2, III	8, I	8, I	4.2, II	4.2, II	4.2, III	4.2, III
4.3	I						4.3, I	4.3, I	4.3, I	4.3, I	4.3, I	4.3, I	4.3, I	4.3, I	4.3, I	4.3, I	4.3, I	4.3, I	4.3, I
4.3	II						4.3, I	4.3, II	4.3, II	6.1, I	6.1, I	4.3, II	4.3, II	8, I	8, I	4.3, II	4.3, II	4.3, III	4.3, III
4.3	III						4.3, I	4.3, II	4.3, III	6.1, I	6.1, I	4.3, II	4.3, III	8, I	8, I	4.3, II	4.3, II	4.3, III	4.3, III
5.1	I									5.1, I	5.1, I	5.1, I	5.1, I	5.1, I	5.1, I	5.1, I	5.1, I	5.1, I	5.1, I
5.1	II									6.1, I	6.1, I	5.1, II	5.1, II	8, I	8, I	5.1, II	5.1, II	5.1, III	5.1, III
5.1	III									6.1, I	6.1, I	5.1, II	5.1, III	8, I	8, I	5.1, II	5.1, II	5.1, III	5.1, III
6.1(d)	I													8, I	6.1, I	6.1, I	6.1, I	6.1, I	6.1, I
6.1(o)	I													8, I	6.1, I	6.1, I	6.1, I	6.1, I	6.1, I
6.1(i)	II													8, I	6.1, I	6.1, I	6.1, I	6.1, I	6.1, I
6.1(d)	II													8, I	8, I	6.1, II	6.1, II	6.1, II	6.1, II
6.1(o)	II													8, I	8, I	8, II	8, II	6.1, II	6.1, II
6.1	III													8, I	8, I	8, II	8, II	8, III	8, III

其中，(l) = 液体，(s) = 固体，(i) = 吸入，(d) = 皮肤接触，(o) = 口服，第 3 类不包括减敏固体爆炸品，(—) = 不可能组合。

注：* 4.1 项不包括自反应物质和减敏固体爆炸品，第 3 类不包括减敏液体爆炸品。
** 对于农药，主要危险性必须是 6.1 项。

第1类、第2类和第7类；5.2项和6.2项；4.1项的自反应物质及其相关的物质、减敏的固态爆炸品；4.2项的发火物质；吸入毒性达到包装等级Ⅰ级的6.1项物质，符合第8类标准其粉尘或气雾吸入毒性（LC_{50}）达到包装等级Ⅰ级标准，但口服或皮肤接触毒性仅为Ⅲ级或未达到包装等级Ⅲ级范围的物质或制剂除外，这类物质或制剂必须归入第8类；第3类中减敏的液态爆炸品。

三、运输专用名称

根据主次危险性表（表2-18）分类的物质，必须选用DGR的4.1.A中主要危险性所属类、项对应的最贴切的n.o.s.名称条目作为运输专用名称。

思考与练习

一、单项选择题

1. 第一大类危险货物中（   ）可以被航空货机运输接受。
   A. 1.1A　　　　　B. 1.6N　　　　　C. 1.4S　　　　　D. 1.3K
2. 下列物品属于第九类危险品的是（   ）。
   A. 固态二氧化碳　　B. 石棉　　　　C. 救生艇　　　　D. 以上均是
3. 冷却剂液氮的主要危险性是（   ）。
   A. 燃烧　　　　　B. 窒息　　　　　C. 助燃　　　　　D. 毒性
4. 以下属于第八类危险品的是（   ）。
   A. 氰化钠　　　　B. 硝酸　　　　　C. 干冰　　　　　D. 乙醚
5. 有两类危险品的包装件必须避免阳光直射，贴上远离热源标签，它们是（   ）。
   A. 4.1 的自身反应物质和 5.2 类
   B. 5.2 类和 4.2 的自燃物质
   C. 4.2 的自燃物质和 4.1 的自身反应物质
   D. 5.1 类和 4.1 的自身反应物质
6. 具有两个项别以上危险性的气体，其危险性的主次顺序正确的是（   ）。
   A. 2.3 优于所有其他项　　　　　B. 2.2 项优于所有其他项
   C. 2.1 项优于所有其他项　　　　D. 2.1 优于 2.3 项
7. 以下（   ）属于第 3 类危险品。
   A. 汽油　　　　　B. 硫酸　　　　　C. 碳酸饮料　　　D. 双氧水
8. 燃烧所必需的三个条件是（   ）。
   A. 可燃物、燃剂、热量　　　　　B. 可燃物、氧气、助燃剂
   C. 助燃剂、温度、氧气　　　　　D. 可燃物、助燃剂、热量
9. 以下物品中属于 5.1 类危险货物的有（   ）。
   A. 烧碱　　　　　B. 氯化钠　　　　C. 高锰酸钾　　　D. 过氧化二苯甲酰
10. 第六类危险品分为（   ）。
    A. 毒害品和医疗废物　　　　　　B. 毒害品和感染性物品
    C. 剧毒品和医疗废物　　　　　　D. 毒害品和微生物

11. 蓄电池和锂电池分别属于( )。
   A. 第 8 类和第 9 类　　　　　　B. 第 6 类和第 9 类
   C. 第 8 类和第 6 类　　　　　　D. 第 8 类和第 5 类

二、填空题

1. 九大类危险品中,有四类是没有分项的,它们分别是第_____类。

2. 第一大类危险货物中,只有_____可以被航空客机接受运输。

3. 闭杯闪点实验中,闪点小于或等于_____℃,易放出易燃蒸汽的液体、液体混合物或悬浊液是易燃液体。

4. 含有能使动物感染的 A 类感染性物质的医疗废弃物必须划入 UN _____。

5. 水银属于第_____类(项)危险品,干冰属于_____类(项)危险品,乙醚属于第_____类(项)危险品,椰肉干属于第_____类(项)危险品,金属锂属于第_____类(项)危险品。

三、判断题

1. 硫化氢的燃烧范围是 4.3%～45%,所以它是易燃气体。　　　　　( )
2. 易燃液体的闪点越低,易燃的危险性越大。　　　　　　　　　　( )
3. 致死中量的数值越小,表示物质的毒性也越小。　　　　　　　　( )
4. 山羊痘病毒(培养物)由于只能使动物感染,所以对应的编号是 UN3373。( )
5. 皮肤接触 1h 后,观察 8 天发现皮肤组织完全坏死,其为第六类危险品,包装等级Ⅱ级。
　　　　　　　　　　　　　　　　　　　　　　　　　　　　　　( )
6. 油漆属于第 3 类,而氧气则属于 2.2 类。　　　　　　　　　　　( )
7. 人畜中毒的途径有 3 种:呼吸道、皮肤接触、口服,在运输中尤其要注意呼吸途径中毒。
　　　　　　　　　　　　　　　　　　　　　　　　　　　　　　( )
8. 危险品的类别序号与危险性相关,即第 2 类危险性大于第 1 类。　( )
9. 氯气泄漏会引起中毒,所以属于 6.1 项危险品。　　　　　　　　( )
10. 常见的易燃液体一般都有很强的挥发性。　　　　　　　　　　　( )

四、简答题

1. 2.2 项的哪些物品不受 DGR 约束?
2. 什么叫闪点? 为什么用闪点控制易燃液体的安全而不是燃点?
3. 衡量易燃气体和毒性气体的标准分别是什么?
4. A 级感染性物质分为哪些类别? 各自的 UN 编号是什么?
5. 判断以下物品的危险性和包装等级。
   (1) 某液体 A,闪点 -12℃,沸点 23℃。
   (2) 某液体,氧化剂,包装等级Ⅱ级,同时有腐蚀性,包装等级Ⅱ级。
   (3) 某液体,口服 $LD_{50}=5mg/kg$,皮肤接触 $LD_{50}=100mg/kg$,吸入 $LC_{50}=0.003mg/L$。
   (4) 某液体,闪点 22℃,沸点 36℃,口服 $LD_{50}=100mg/kg$,吸入 $LC_{50}=1500mL/m^3$,饱和蒸汽浓度(V)为 $600mL/m^3$。

实训　对危险品进行类别划分

实训目的

(1) 熟悉九大类危险品的分类及危险性。

(2) 培养学生收集信息的能力。

(3) 培养学生的沟通能力和团队精神。

实训内容

根据所给的材料,指出旅客防护用品中哪些属于危险品;讲解其所属的类别及危险性;每种危险品各附一个案例说明其危险性。

实训材料

旅客携带个人防护用品安全航空运输指南。

一、口罩

商品化的医用口罩、N95 口罩(图 2-28)均可以携带,乘机时没有限制。

电动口罩(图 2-29)可能含有锂电池,乘机时应满足携带锂电池乘机的相关规定。

图 2-28　医用口罩和 N95 口罩　　　　　图 2-29　电动口罩

二、手套

商品化的手套(图 2-30)众多,均可以携带,乘机时没有限制。

三、护目镜

商品化的护目镜(图 2-31)均可以携带,乘机时没有限制。

图 2-30　手套　　　　　　　　　图 2-31　护目镜

一体化全面罩(图 2-32)也可以携带,乘机时没有限制。

四、防护服

正常的防护服(图 2-33)可以携带,乘机时没有限制。

当防护服上带有供氧装置(图 2-34)时,乘机时供氧装置禁止携带。

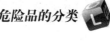

图 2-32 一体化全面罩

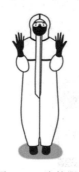
图 2-33 防护服

图 2-34 带有供氧装置的防护服

五、消毒剂

1. 醇类消毒剂

目前多数免洗洗手液(图 2-35)含有高浓度酒精(即无水乙醇)。酒精的体积百分比含量＞70%时,不能托运,也不能手提或随身携带。

图 2-35 醇类消毒剂

酒精的体积百分比含量≤70%的消毒剂不能手提或随身携登机,但可以托运,托运时应放置在零售包装内,每瓶不超过 500mL,允许托运个人自用的合理数量。

对于留封于独立小型包装内的醇类消毒棉片或醇类消毒液(图 2-36),如果醇类液体已被充全吸收,没有游离液体,且包装完好,旅客因医疗需要必须在航空旅途中自用时,经安全检查后方可随时携带。

图 2-36 酒精棉片和酒精消毒液

市场上还有一些产品标识不含酒精,但有可能含有异丙醇。异丙醇是易燃液体,不能托运,也不能手提或随身携带。

2. 双氧水消毒液

双氧水消毒液(图 2-37)也称过氧化氢消毒液,商品化产品常见浓度在 3%～25%。不能托运,也不能手提或随身携带。

3. 过氧乙酸消毒液

市场上销售的产品,过氧乙酸消毒液(图 2-38)中过氧乙酸的含量多在 15%～20%之

47

间。较高浓度的过氧乙酸消毒液有爆炸风险。过氧乙酸消毒液不能托运，也不能手提或随身携带。

图 2-37　双氧水消毒液

图 2-38　过氧乙酸消毒液

4. 84 消毒液

84 消毒液（图 2-39）是以次氯酸钠溶液为主的高效消毒剂，市场上销售的产品，有效氯含量在 4.0%～6.5% 之间，属于航空运输的危险品，不能托运，也不能手提或随身携带。

5. 含氯消毒片或泡腾消毒片

含氯消毒片或泡腾消毒片（图 2-40）根据成分不同分为：三氯异氰脲酸、二氯异氰脲酸、三氯异氰脲酸钠盐、二氯异氰脲酸盐或者混合物，二氧化氯等。市场上销售的产品均为固体，类似药片，但都属于航空运输的危险品，不能托运，也不能手提或随身携带。

图 2-39　84 消毒液

图 2-40　泡腾消毒片

6. 漂白粉

漂白粉（图 2-41）是氢氧化钙、氯化钙、次氯酸钙的混合物，其主要成分是次氯酸钙，有效氯含量为 30%～38%，属于航空运输的危险品，不能托运，也不能手提或随身携带。

7. 高锰酸钾消毒片

高锰酸钾消毒片（图 2-42）中高锰酸钾含量在 85%～95%，属于航空运输的危险品，不能托运，也不能手提或随身携带。

8. 碘伏

碘伏（图 2-43）是碘和某些表面活性剂的络合物，属中低效消毒剂。医用碘伏通常浓度较低（1% 或以下），不能手提或随身携带登机，但可以托运，托运时应放置在零售包装内，每瓶不超过 500mL，允许托运个人自用的合理数量。

对于密封于独立小型包装内的碘伏消毒棉棒，如果没有游离液体，包装完好，旅客因医疗需要必须在航空旅途中自用时，经安全检查后方可随身携带。

图 2-41　漂白粉　　　　　图 2-42　高锰酸钾消毒片　　　　　图 2-43　碘伏消毒棉球

实训要求

(1) 上述材料未尽事宜,由学生自己查找资料。

(2) 将材料中的危险品找出来并指出其危险性类别或项别,说明它们的危险性。

(3) 查找日常生产、生活中以上危险品的事故案例,分析事故原因。

(4) 在正式模拟之前,各组学生应充分讨论,力求所有同学都参与发言。

(5) 台下的观众应仔细听讲台上同学的讲解,对答案有不同意见的可以指出并分析。

实训课时

4 课时。

实训步骤

(1) 将班级同学分成六组,由老师指定组长。

(2) 小组在课外时间仔细阅读所给材料,查阅相关资料,组长记录每个组员的工作内容。

(3) 组长汇总小组成员查阅的资料,组织小组成员制作 PPT。

(4) 在教师的指导下,各组分别派 2 名代表上台,讲解 PPT。

(5) 讲解完毕,台下的同学提问。

(6) 教师点评和总结。

检查标准

(1) 答案的准确度。

(2) 各组材料准备的充分程度。

(3) 各组台上的讲解能力。

(4) PPT 制作的质量。

(5) 各组对台下同学的回答情况。

第三章 危险品的识别

学习目标

知识要求

(1) 了解品名表各个栏目的含义。
(2) 掌握运输专用名称和 UN/ID 编号的确定方法。
(3) 掌握查阅品名表的方法。
(4) 了解未列入品名表的危险品运输专用名称确定的方法。
(5) 掌握单一危险性的混合物及溶液的运输专用名称确定方法。
(6) 掌握多重危险性的混合物及溶液的运输专用名称确定方法。

技能要求

(1) 具有查阅品名表的能力。
(2) 具有确定危险品运输专用名称的能力。

思政园地

识别是危险品航空运输的重要基础和起点,务必做到细致认真,引导学生在平时的学习中养成严谨细致、一丝不苟的态度。本章学习内容有一定的难度,学生易产生畏难情绪,要求学生发扬勇于攻坚克难的精神,培养克服困难的能力。

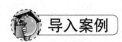

危险品违规运输屡禁不止

为了确保危险品航空运输的安全,民航局制定了一系列法律法规,并要求各相关部门严格遵循,同时遵循国际通行的《技术细则》和《危险品规则》。

危险品运输对于包装、申报、存储、装卸等都有着严格的要求,一旦某一环节出现疏忽或纰漏,后果将不堪设想。如 1999 年 4 月 12 日,青岛至广州的某航班运输一票货物,工作人员在卸机时发现包装破损,有毒液体泄漏,使在场的 17 名工作人员均有不同程度的中毒,周围的行李、货物也受到不同程度的污染。经调查,此票危险物品是按照普通货物收运的。

第三章 危险品的识别

1999年10月10日，长春至北京的某航班运输的一票危险物品，货物卸回仓库后，仓库内的放射性物质检测装置报警，后来经过北京市卫生防疫站和401所检测，确定此票货物放射性活度达到15居里，人体近距离接近会产生严重后果，此次事件引起公安和环保部门高度重视。经过调查，托运人未按照危险物品运输规定办理有关手续。由此可见，危险品运输之所以危险重重，很大一部分原因在于违规运输，例如谎报、瞒报、漏报，或在普通货物中夹带危险品。

2014年3月10日，某航空公司一个航班在执飞上海至北京任务过程中，货舱烟雾警告装置被触发，飞机紧急备降于济南遥墙机场。据悉，该航班的一件货物内含有腐蚀性、易燃化学品"二乙胺基三氟化硫"，但货运单上填写的货物品名为"标书、鞋子、连接线和轴承"。据悉，该票货物是由申通快递有限公司揽收的，申通快递有限公司因与航空公司无销售代理协议，交由上海秉信物流有限公司运送，上海秉信又将货物转交持有航空货运单的上海申海杰国际物流有限公司进行了托运。这是一起典型的将危险品谎报为普通货物运输的危险品事故征候。由于上述3家公司超出经营范围承揽危险品，并采用隐瞒手法将危险品谎报为普通货物运输，性质十分恶劣，严重危及民航安全，因此中国航协注销了3家公司的货运销售代理资质。不可否认，近年来，民航监管机关依法行政、依法监管，重点对瞒报、隐报、匿报危险品或在普通货物中夹带危险品运输等违规行为加大了监察和处罚力度，严肃查处了一批违法违规运输危险品的事件，保证了危险品航空运输安全。但是，这些看似很重的行政处罚为何不能杜绝危险品违规运输？

货运代理企业追逐利益最大化是主要原因。由于危险品航空运输有不同于普通货物的严格管理程序，运输成本高，收费也是普通货物的数倍甚至十几倍。因此，托运人及个别快递企业常常为了少支付航空运费，而谎报、瞒报危险品，甚至在普通货物中夹带危险品。由此获得的高额利润和最高2万元的罚款相比，这种较低的违法成本并不能震慑恶意违法者。即便是取消其航空货运销售代理资格，企业也可以继续承接航空货物，然后委托有航空货运销售代理资质的公司进行运输。托运人、快递公司或物流公司以及货运代理人应该承担起保证货物安全的基础责任。

资料来源：李暄. 危险品航空运输：危险在哪里？[EB/OL].（2017-04-06）[2021-09-07]. http://www.caacnews.com.cn/1/6/201704/t20170406_1211487_wap.html.

讨论：

(1) 本案中货物的识别环节存在什么问题？
(2) 托运人或货代公司应该如何防范与本案类似的风险发生？
(3) 谈谈你对本案危险品违规运输的看法。

第一节 危险品品名表

识别危险品、确定运输专用名称是危险品运输的关键环节，只有准确识别危险品，才能在品名表中找到该危险品所处的位置，从而获得机型、包装、标记与标签、应急方法等信息。品名表位于《危险品规则》的第四部分中的4.2表，颜色是蓝色的，所以又称为蓝表。它是按照危险物品运输专用名称的英文字母顺序排列的。栏目有UN/ID编号、类别/项别、次要危险性、危险性标签、包装等级、包装说明代号及客、货机的每个包装件的净数量限制、特殊规定及应急措施代码。表3-1是节选的品名表的一小部分。

表 3-1 危险品品名表节选

UN/ID No.	Proper Shipping Name/Description	Class or Div.(Sub Hazard)	Hazard Label(s)	PG	EQ see 2.6	Passenger and Cargo Aircraft Ltd Qty Pkg Inst	Passenger and Cargo Aircraft Ltd Qty Max Net Qty/Pkg	Passenger and Cargo Aircraft Pkg Inst	Passenger and Cargo Aircraft Max Net Qty/Pkg	Cargo Aircraft Only Pkg Inst	Cargo Aircraft Only Max Net Qty/Pkg	S.P. see 4.4	ERG Code
A	B	C	D	E	F	G	H	I	J	K	L	M	N
1454	Calcium nitrate	5.1	Oxidizer	III	E1	Y546	10kg	559	25kg	563	100kg	A83	5L
1910	Calcium oxide	8	Corrosive	III	E1	Y845	5kg	860	25kg	864	100kg	A803	8L
1455	Calcium perchlorate	5.1	Oxidizer	II	E2	Y544	2.5kg	558	5kg	562	25kg		5L
1456	Calcium permanganate	5.1	Oxidizer	II	E2	Y544	2.5kg	558	5kg	562	25kg		5L
1457	Calcium peroxide	5.1	Oxidizer	II	E2	Y544	2.5kg	558	5kg	562	25kg		5L
1360	Calcium phosphide	4.3 (6.1)	Dang. when wet & Toxic	I	E0	Forbidden	Forbidden	Forbidden	Forbidden	487	15kg		4PW
1855	Calcium, pyrophoric	4.2				Forbidden	Forbidden	Forbidden	Forbidden	Forbidden	Forbidden		4W
1313	Calcium resinate	4.1	Flamm. solid	III	E1	Y443	10kg	446	25kg	449	100kg	A803	3L
1314	Calcium resinate, fused	4.1	Flamm. solid	III	E1	Y443	10kg	446	25kg	449	100kg	A803	3L

第三章 危险品的识别

一、品名表各栏目介绍

1. A栏：UN/ID编号

UN编号(UN/ID No.)是根据联合国危险品分类法，对所有危险品都指定了一个联合国编号(即UN编号)，UN编号由大写英文字母UN作前缀加上四位数字组成。在使用时，前面应加上"UN"字样。例如干冰(Dry Ice)，编号为UN1845。

当编号数字大于或等于8000时，危险品编号是由大写英文字母ID作为前缀。例如，日用消费品(consumer commodity)，编号为ID8000。

2. B栏：运输专用名称/说明

在危险品运输过程中，必须指定一个标准的名称作为运输专用名称/说明(proper shipping name/description)，用于识别该危险品。

运输专用名称是指在出现在包装外表面及运输文件上的危险品的正式托运名称，在危险品表中以粗体字(黑色)表示，说明以细体字表示。

关于B栏的运输专用名称，使用时应注意以下几个方面。

(1) 粗体字是运输专用名称。粗体字加细体字，表明粗体字是运输专用名称，细体字是补充说明，即对物品的性质或成分的解释，不可以作为运输专用名称的一部分。细体字加see加粗体字，表明粗体字是运输专用名称，细体字是商业名称或俗称。

(2) 前缀不考虑顺序。运输专用名称在表中按字母顺序排列，有的名称前面会有数字或字母组成的前缀，但前缀一律不考虑顺序，按字母顺序查查品名表时可以忽略前缀。前缀通常有以下形式：数字，如1-、5-；单一字母，如a-、b-、m-、N-、n-、o-、p-；前置字母，如alpha-、beta-、meta-、omega-、sec-、tert-。

(3) 如果B栏的名称全部是细体字，且在客货机栏中均显示"forbidden"字样，表示危险性太大，航空禁止运输。

(4) 名称全部是细体字，且在客货机栏中均显示"not restricted"字样，表示该物品危险性很小，DGR不限制，可以作为普通货物运输。

(5) 品名表中带有"n.o.s."字样的属于泛指运输专用名称。随着经济的发展，新的危险品会层出不穷，品名表不可能把所有新的危险品一一列出，而是把它们归在某个大名称下面。于是在品名表中列出了物品的泛指名称，称为泛指运输专用名称，这些物质名称最后以"n.o.s."(not otherwise specified)结尾，例如，insecticide gas n.o.s.★。

(6) 带有"★"的运输专用名称，必须附加技术名称。"★"不是运输专用名称的一部分。

(7) 带有"†"的运输专用名称，表示在DGR附录A中可以找到补充说明。"†"不是运输专用名称的一部分。

(8) 根据需要，运输专用名称可以是单数形式，也可以是复数形式。

(9) 含有修饰语的运输专用名称，前后顺序可以任意排列，例如：Acrylamide, solid 也可以写成：solid, Acrylamide。

(10) 废弃物危险品(非放射性)的运输专用名称前面必须加"waste(废弃物)"字样，该字样已经在运输专用名称里的除外。

3. C栏：类别、项别(次要危险性)

本栏列出的物品或物质，按照DGR分类标准划分的类别或项别(class or division)，对于第 1 类爆炸品,还应显示配装组。有次要危险性(subsidiary risk)时,次要危险性显示在主要性后的括号内,如 8(3)。

4. D 栏:标签

本栏列出的物品或物质的包装件表面应粘贴的危险性标签及必要的操作标签(hazard label)。首先列出的是主要危险性标签,其次是次要危险性标签。

5. E 栏:包装等级

本栏标出联合国包装等级(PG),即Ⅰ、Ⅱ或Ⅲ级。

6. F 栏:"EQ"号码栏

本栏是例外数量危险品代码,代码从 E0~E5,其含义如表 3-2 所示。

表 3-2 例外数量代号

代号	每个内包装最大净数量	每个内包装最大净数量
E0	不允许例外数量运输	
E1	30g/30mL	1kg/1L
E2	30g/30mL	500g/500mL
E3	30g/30mL	300g/300mL
E4	1g/1mL	500g/500mL
E5	1g/1mL	300g/300mL

7. G 栏:客货机限制数量的包装说明

本栏列举的是客货机的限制数量的包装说明(passenger and cargo aircraft/ltd qty/pkg inst),本栏的包装说明前面加大写字母"Y",即如果该栏显示"FORBIDDEN",表示不能按照限制数量运输。

8. H 栏:客货机限制数量的每个包装件的最大净数量

本栏列举的是客货机运输物品按限制数量运输时,每个包装件内允许的最大净数量(passenger and cargo aircraft/ltd qty/max net qty/pkg)。如果该栏显示"FORBIDDEN",表示不能按照限制数量运输。限制数量包装每个包装件毛重不得超多 30kg,表中的数字为净数量,如果附带大写字母 G,表示重量为毛重。

9. I 栏:客货机的包装说明

本栏列举的是物品在客货机上运输时的包装说明(passenger and cargo aircraft/pkg inst),符合该包装说明要求的危险品可以用客机载运,也可以用货机载运。

10. J 栏:客货机的每个包装件的最大净数量

本栏列举的是物品在客货机上运输时,每个包装件内允许盛装的最大净数量(passenger and cargo aircraft/max net qty/pkg),单位为重量或容积。

11. K 栏:仅限货机的包装说明

本栏列举的是只能在货机上运输的物品的包装说明(cargo aircraft only/pkg inst)。

12. L 栏:仅限货机每个包装件的允许最大净数量

本栏列举的物品是在货机上运输时,每个包装件内允许盛装的最大数量(cargo aircraft

only/max net oty/pkg)。

  13. M 栏：特殊规定(S.P.)

  以一个、两个或三个数字前冠以字母"A"表示。此字母数字索引在 4.4 节。例如，特殊规定"A1"，"A2"是经国家"批准"后，才可进行客货机运输，实际上是国家主管当局对本来禁运的危险品，在客货机上特许运输的"批准"。这些"批准"并不是 DGR1.2.6.1 所描述的"国家豁免"。

  14. N 栏：ERG 码(ERG code)

  本栏是在国际民航组织(ICAO)的文件《与危险品有关的航空器事故征候应急响应指南》中规定的应急处置代码，代码由字母和数字混合组成。

二、4.3 表

  4.3 表是编号与品名对照表(表 3-3)，它是按照编号的大小顺序排列的。在危险品表中，包含了大约 3000 种物品和物质，它们绝大多数都可以航空运输。但该表并没有包含所有的危险品，表 3-3 即节选自部分 4.3 表。

表 3-3 编号与品名对照表(DGR4.3 表节选)

UN or ID No.	Name and Description	Page No.
0113	Guanyl nitrosaminoguanylidene hydrazine, wetted with 30% or more water, by weight	292
0114	Guanyl nitrosaminoguanyltetrazene, wetted with 30% or more water or mixture of alcohol and water, by weight	292
0114	Tetrazene, wetted with 30% or more water, or mixture of alcohol and water, by weight	357
0118	Hexolite dry or wetted with less than 15% water, by weight	294
0118	Hexotol dry or wetted with less than 15% water, by weight	294
0121	Igniters †	298
0124	Jet perforating guns, charged, † oil well, without detonator	301
0129	Lead azide, wetted with 20% or more water or mixture of alcohol and water, by weight	302
0130	Lead styphnate, wetted with 20% or more water or mixture of alcohol and water, by weight	303
0130	Lead trinitroresorcinate, wetted with 20% or more water, or mixture of alcohol and water, by weight	303
0131	Lighters, fuse †	304
0132	Deflagrating metal salts of aromatic nitroderivatives, n.o.s.	266
0133	Mannitol hexanitrate, wetted with 40% or more water or mixture of alcohol and water, by weight	308
0133	Nitromannite, wetted with 40% or more water, or mixture of alcohol and water, by weight	322
0135	Mercury fulminate, wetted with 20% or more water or mixture of alcohol and water, by weight	310
0136	Mines † with bursting charge	316

续表

UN or ID No.	Name and Description	Page No.
0137	Mines † with bursting charge	316
0138	Mines † with bursting charge	316
0143	Nitroglycerin, desensitized with 40% or more non-volatile water-insoluble phlegmatizer, by weight	321
0144	Nitroglycerin solution in alcohol with 10% or less but more than 1% nitroglycerin	322
0146	Nitrostarch dry or wetted with less than 20% water, by weight	322
0147	Nitro urea	323
0153	Picramide	334
0153	Trinitroaniline	364
0154	Picric acid dry or wetted with < 30% water, by weight	334
0154	Trinitrophenol dry or wetted with < 30% water, by weight	365
0155	Picryl chloride	334
0155	Trinitrochlorobenzene	365
0159	Powder cake, wetted † with 25% or more water, by weight	337
0159	Powder paste, wetted † with 25% or more water, by weight	337
0160	Powder, smokeless †	337
0161	Powder, smokeless †	338
0167	Projectiles † with bursting charge	338
0168	Projectiles † with bursting charge	338
0169	Projectiles † with bursting charge	338
0171	Ammunition, illuminating † with or without burster, expelling charge or propelling charge	232
0173	Release devices, explosive †	344
0174	Rivets, explosive	345
0180	Rockets † with bursting charge	345
0181	Rockets † with bursting charge	345
0182	Rockets † with bursting charge	345
0183	Rockets † with inert head	346
0186	Rocket motors †	345
0190	Samples, explosive★ other than initiating explosives	346
0191	Signal devices, hand †	348
0192	Signals, railway track, explosive †	348
0193	Signals, railway track, explosive †	349
0194	Signals, distress † ship	348
0195	Signals, distress † ship	348
0196	Signals, smoke †	349
0197	Signals, smoke †	349
0204	Sounding devices, explosive †	353
0207	Tetranitroaniline	357
0208	Tetryl	357

消毒类物资——过氧乙酸的 UN 编号

过氧乙酸也称过氧醋酸,具有易燃,具爆炸性、强腐蚀性、强刺激性,可致人体灼伤。商品化产品过氧乙酸(图 3-1)浓度为 15%~21%。超过 45% 的浓度易引起爆炸。

图 3-1 过氧乙酸消毒剂

(1) 过氧乙酸浓度≤43%,在通过联合国《试验与标准手册》规定的实验后,建议分类识别为 UN3105 或 UN3107 或 UN3109 条目。

(2) 稳定化的过氧乙酸和过氧化氢的混合物(Hydrogen peroxide and peroxyacetic acid mixture stabilized),且通过特殊规定 A96 的实验要求,建议分类识别为 UN3149,属于 5.1 项氧化性物质,次要危险性为第 8 类腐蚀性,包装等级Ⅱ级。通过客机运输时,包装说明编号是 550,单件最大净数量不超过 1L。

第二节 运输专用名称的选用

一、运输专用名称的分类

名表中的所有条目分以下四种,优先顺序依次如下。

(1) 单一条目:具有明确定义的物质或物品,这样的条目在品名表中占大多数。如:Acetone 丙酮(UN1090)。

(2) 类属条目,具有明确定义的一组物质或物品,如:Adhensive 黏合剂(UN1133)Paint related material 涂料相关材料(UN1263)。

(3) 特定的 n.o.s.条目,包括一组具有某特定化学或技术性质的物质或物品,如:Aldehydes n.o.s.,醛类(UN1989)。

(4) 一般 n.o.s.条目,包括一种或多种危险性类别或项别的物质。如:Flammable liquid,n.o.s.★(易燃液体 n.o.s.★)(UN1993)。Flammable liquid,toxic,n.o.s.★(易燃液体,毒性,n.o.s.★)(UN1992)。

小知识

消毒剂高锰酸钾的 UN 编号及运输专用名称

高锰酸钾(图3-2)是强氧化剂,具有助燃、腐蚀性、刺激性,可致人体灼伤,与甘油、蔗糖、樟脑、松节油、乙二醇、乙醚、羟胺等有机物混合发生强烈的燃烧或爆炸。

固体高锰酸钾,建议分类识别为 UN1490,运输专用名称"高锰酸钾(Potassium permanganate)",属于5.1项氧化性物质,包装等级Ⅱ级。通过客机运输时,包装说明编号是558,单件最大净数量不超过5kg。

高锰酸钾溶液是紫红色的,俗称紫药水,水溶液不稳定。高锰酸钾溶液经过鉴定,可能分类识别为 UN3139,运输专用名称"氧化性液体,未另作规定的∗(Oxidizing liquid,n.o.s.★)"。

浓度为0.02%~0.125%的高锰酸钾水溶液,作为个人护理药品,经鉴定,一般作为非限制性货物。

双氧水消毒剂的 UN 编号及运输专用名称

过氧化氢又叫双氧水(图3-3),具有强氧化性,商品化产品常见浓度在3%~25%。因过氧化氢浓度不同,航空运输要求也不相同,如表3-4所示。

图3-2 高锰酸钾消毒片

图3-3 双氧水

表3-4 双氧水运输说明

过氧化氢含量	UN编号	运输专用名称	危险性	包装等级及包装说明
<8%	—	—		不受限制
≥8%,但<20%	UN2984	过氧化氢水溶液,含过氧化氢不低于8%,但低于20%(已做必要的稳定化处理) Hydrogen peroxide, aqueous solution with not less than 8% but less than 20% hydrogen peroxide(stabilized as necessary)	5.1	Ⅲ,PI551,PI555
≥20%,但≤40%	UN2014	过氧化氢水溶液,含不低于20%,但不超过40%的过氧化氢(已做必要的稳定化处理) Hydrogen peroxide, aqueous solution with not less than 20% but not more than 40% hydrogen peroxide(stabilized as necessary)	5.1(8)	Ⅱ,PI550,PI554

续表

过氧化氢含量	UN 编号	运输专用名称	危险性	包装等级及包装说明
>40%，但≤60%	UN2014	过氧化氢水溶液，含高于40%，但不超过60%的过氧化氢（已做必要的稳定化处理）Hydrogen peroxide, aqueous solution with more than 40% but not more than 60% hydrogen peroxide(stabilized as necessary)	5.1(8)	航空禁运
>60%	UN2015	过氧化氢水溶液，稳定化的，含过氧化氢超过60% Hydrogen peroxide, aqueous solution, stabilized with more than 60% hydrogen peroxide	5.1(8)	航空禁运
	UN2015	过氧化氢，稳定化的(Hydrogen peroxide, stabilized)	5.1(8)	航空禁运

注：①大多数过氧化物类消毒剂不稳定，长期使用对人和动物眼睛、呼吸黏膜等会有损伤，应避免长期使用；②在受热、光照条件下容易分解，导致浓度降低而影响其杀菌消毒效果。因此要注意在效期内，放置于遮光、阴凉处保存使用；③遇有机物、受热分解放出氧气和水，遇高锰酸钾、金属、碳酸反应剧烈，有爆炸危险。

二、其他的特殊情况

品名表没有包括所有的危险品，作为补充，有些特殊类别的危险品被归在以下项中。

(1) 4.1 项的自反应物质必须按照联合国建议书 2.4.2.3.3 的分类原则归属于 DGR 附录 C.1。

(2) 5.2 项的有机过氧化物必须按照联合国建议书 2.5.3.3 的分类原则归属于 DGR 附录 C.2。

三、运输专用名称的选用方法

（一）已列名的条目

(1) 如果物质名称已知，且已被列入品名表，可直接查阅危险品表（即 4.2 表）。

(2) 如果已知 UN 或 ID 编号，可通过编号对照表（即 4.3 表），查找该物质在危险品表中的相应页码。

（二）未列名的条目

当一种物品或物质名称未被列入危险品表中时，托运人必须，按以下要求确认。

(1) 根据 DGR 禁止航空运输危险品要求和分类标准确定该物品或物质不是禁运的。

(2) 如果该条目不是禁运的，根据分类标准进行分类。如果该条目有两种以上的危险性，托运人必须按主次危险性表确定主要危险性。

(3) 使用能最准确描述物品或物质的类属或 n.o.s.运输专用名称。运输专用名称必须按照类属条目、一般 n.o.s.条目、特定的 n.o.s.条目的顺序确定。即如果某物质无法归属到类属条目，就只能归属到一般 n.o.s.条目；如果还是无法归属到类属条目和一般 n.o.s.条目，就归属到特定的 n.o.s.条目。

例 3-1 甲基正戊基甲醇(Methyl-n-amyl carbinol)是一种闪点为 54℃ 的醇类，确定其运输专用名称。

解：该名称在品名表中查不到，那么，按照类属条目、一般 n.o.s.条目、特定的 n.o.s.条目的顺序,应该归入特定的 n.o.s.条目的醇类,即 n.o.s.(甲基正戊基甲醇)(Alcohol,n.o.s.(Methyl-n-amyl carbinol)),而不是一般 n.o.s.条目"易燃液体,n.o.s.★"(Flammable liquid,n.o.s.(Methyl-n-amyl carbinol))。

(三)未列明的混合物或溶液

混合物和溶液没有在危险品表中具体列出名称,必须为它确定一个合适的运输专用名称才可以运输,且必须加限定词"混合物(mixture)"或"溶液(solution)"。

1. 混合物或溶液中只有一种危险品时品名的确定(包装等级未发生变化)

混合物或溶液中只有一种危险品,且该危险品可以在品名表中查到。

例 3-2 一种溶液由 70%的乙缩醛(Aacetal)和 30%的水组成,此溶液的闪点为 22℃,沸点为 36℃,请确定其运输专用名称,UN 编号,包装等级。

解:(1)查品名表,纯净的乙缩醛信息如下:Acetal,UN1088,Ⅱ,3。

(2)查易燃液体的包装等级表,包装等级为Ⅱ。

(3)与纯净的乙缩醛相比,该混合物的物理形态、类别、包装等级都未变。

(4)所以,该混合物 UN 编号不变,UN1088。

(5)运输专用名称申报为 acetal solution(混合物或溶液的浓度)也可以表示:"丙酮 75%溶液(Acetal 70% solution)"。

(6)包装等级为Ⅱ级。

此规定在出现:

混合物或溶液在品名表专门列出名称;危险品表的条目表示,该条目仅适用于纯物质;溶液或混合物的危险性类别或项别、次要危险性、物理状态(固态、液态气态)或包装等级与列出的条目不同;在紧急情况下应采取的措施有明显变化等情况时例外。

2. 混合物或溶液中只有一种危险品时品名的确定(包装等级发生变化)

混合物或溶液必须用最贴切的 n.o.s.运输专用名称表示,并在紧接其后的括号内加上物质的技术名称,除非国家法律或国际公约因为它是受管制的物质而禁止其公开,并酌情加上限定词,如 containing(含有)、mixture(混合物)或 solution(溶液),作为运输专用名称的一部分。

例 3-3 一种溶液由 30%的乙缩醛(Acetal)和 70%的水组成,此溶液的闪点为 59℃,沸点为 70℃,请确定其运输专用名称,UN 编号,包装等级。

解:(1)查品名表,纯净的乙缩醛信息如下:Acetal,UN1088,Ⅱ,3。

(2)查易燃液体的包装等级表,包装等级为Ⅲ。

(3)与纯净的乙缩醛相比,该混合物的包装等级发生了变化,说明危险性发生了变化,不能再申报为原来的 UN 编号。

(4)所以,必须申报为 flammable liquid n.o.s.(acetal solution)或 flammable liquid n.o.s.(acetal mixture)。

(5)UN 编号为 UN1993。

(6)包装等级为Ⅲ级。

3. 混合物中有两种危险品时品名的确定

当某一个混合物当中包含有两种或两种以上的危险性,必须按照《危险品规则》10.3.A 表来确定危险的主次性,从而选择适用的泛指名称(n.o.s.)作为运输专业名称,在名称的后面的括号内应该标明这两种危险品的专业技术名称。

例 3-4 某混合物含有两种危险品。第一种:Gasoline,闪点低于 23℃,沸点高于 35℃。第二种:Carbon tetrachloride,口服毒性值(LD_{50})介于 5~50mg/kg 之间。确定其运输专用名称、UN 编号、包装等级。

解:分别在品名表中查找两种危险品,信息如下:Gasoline 3,Ⅱ;Carbon tetrachloride 6.1,Ⅱ;查主次危险性表,结论为 3(6.1),Ⅱ;所以,申报的运输专用名称和 UN 编号为:flammable liquid,toxic,n.o.s.(Gasoline/Carbon tetrachloride mixture)或 flammable liquid,toxic,n.o.s.(Gasoline/Carbon tetrachloride solution),UN1992;包装等级 Ⅱ 级。

思考与练习

一、单项选择题

1. 4.2 表是根据危险品的(　　)字母顺序排列的。
   A. 商品名称　　　　　　　　B. 技术名称
   C. 运输专用名称　　　　　　D. 俗称

2. 品名表中的应急反应代码可以在(　　)查到。
   A. 危险品运输规则　　　　　B. 危险品安全运输技术细则
   C. 危险品管理规定　　　　　D. 红皮书

3. 以下描述不符合 P.S.N. 的是(　　)。
   A. 危险品的正式托运名称　　B. 品名表 B 栏中的粗体字
   C. 出现在包装外表的名称　　D. 出现在品名表中 B 栏的名称

4. 在品名表中出现"not restricted",表示的含义是(　　)。
   A. 禁止运输　　　　　　　　B. 数量不限
   C. 可按普货运输　　　　　　D. 毛重不限

5. 危险品运输规则中,"手指"的含义是(　　)。
   A. 注意　　　　　　　　　　B. 此处有修改
   C. 附加要求　　　　　　　　D. 引用

二、填空题

1. 品名表中 B 栏中粗体字后跟细体字,细体字表示_____。
2. 品名表中 B 栏中名称为细体字,客货机栏中均显示"forbidden",表示_____。
3. H、J 栏和 L 栏中出现大写字母 G,意味着_____。

根据下面的品名表(表 3-5),回答 4、5 两题。

表 3-5 品名表

UN/ID No.	Proper Shipping Name/Description	Class or Div.(Sub Hazard)	Hazard Label(s)	PG	EQ see 2.6	Passenger and Cargo Aircraft Ltd Qty Pkg Inst	Passenger and Cargo Aircraft Ltd Qty Max Net Qty/Pkg	Passenger and Cargo Aircraft Pkg Inst	Passenger and Cargo Aircraft Max Net Qty/Pkg	Cargo Aircraft Only Pkg Inst	Cargo Aircraft Only Max Net Qty/Pkg	S.P. see 4.4	ERG Code
A	B	C	D	E	F	G	H	I	J	K	L	M	N
2394	Isobutyl propionate	3	Flamm. liquid	III	E1	Y344	10L	355	60L	366	220L		3L
2045	Isobutyraldehyde	3	Flamm. liquid	II	E2	Y341	1L	353	5L	364	60L		3H
2529	Isobutyric acid	3(8)	Flamm. liquid & Corrosive	III	E1	Y342	1L	354	5L	365	60L	A803	3C
2284	Isobutyronitrile	3(6.1)	Flamm. liquid & Toxic	II	E2	Y341	1L	352	1L	364	60L		3P
2395	Isobutyryl chloride Isocrotonic acid, see Crotonic acid, liquid (UN 3472)	3(8)	Flamm. liquid & Corrosive	II	E2	Y340	0.5L	352	1L	363	5L		3C
2478	Isocyanates, flammable, toxic, n.o.s. ★ †	3(6.1)	Flamm. liquid & Toxic	II III	E2 E1	Y341 Y343	1L 2L	352 355	1L 60L	364 366	60L 220L	A3	3P 3P
2478	Isocyanate solution, flammable, toxic, n.o.s. ★ †	3(6.1)	Flamm. liquid & Toxic	II III	E2 E1	Y341 Y343	1L 2L	352 358	1L 60L	364 366	60L 220L	A3	3P 3P

4. 某个 UN2284 的包装件,如果装客机运输,那么其包装件内的最大允许净数量为_____,如果装货机运输,那么其包装件内的最大允许净数量为_____。

5. 某个 UN2529 的包装件按包装说明 354 包装,净数量为 5L,该包装将可以装载的机型为_____。

三、判断题

1. 危险品的编码只有 UN 代码。 ( )
2. 所有的危险品都列入了品名表,不在表内的物质都是普货。 ( )
3. 一种物质在品名表中的字体为细体字,可能代表这种物质过于危险,不允许空运。
( )
4. 品名表查找运输专业名称时应注意前缀也是参加排序的。 ( )
5. 运输专用名称中出现"★"时,需要附加商业名称。 ( )

四、简答题

查阅 DGR 品名表完成表 3-6。

表 3-6 练习表

每个包装件内的货物	每个包装件内的净数量	PSN 及 UN 编号	机型	类项及 PG	包装说明
Acetone	5L				
Alcoholic beverages, Containing 50% alcohol by volume	10L				
Oil gas, compressed	17kg				
Acetaldehyde Oxime	50L				

第四章

危险品包装

 学习目标

知识要求

(1) 了解危险品包装在运输中的一般要求。
(2) 了解危险品包装的种类。
(3) 掌握 UN 规格包装标记的含义。
(4) 了解各种危险品包装代号的含义。
(5) 掌握危险品包装说明的使用方法。

技能要求

具有按 IATA 要求正确包装危险品的能力。

 思政园地

引导学生严格按照国际航协有关危险品运输的规则包装危险品,使学生充分认识到规范操作对于安全的重要性,牢记当代民航精神的三个敬畏,即"敬畏生命、敬畏规章、敬畏职责"。

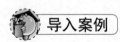 **导入案例**

美国一航空公司因氧气发生器事故

1996 年美国 Valujet 航空公司 DC-9-32 型客机航班,从迈阿密飞往亚特兰大,货舱内有 119 个报废的飞机零部件(氧气发生器)拆下后运回总公司。当飞机起飞后,驾驶员和乘客都没发现前货仓失火。不久,火势越来越大,迅速蔓延整架飞机。飞机上的黑匣子记录了来自机舱的大声呼叫:"失火了!失火了!"最后,浓烟几乎把机上的人都熏昏了。FAA 调查发现,火情是由于 Valujet 航空维修的外包方 Sabre Tech 公司不按规定交付托运的氧气发生器引发的。隐瞒申报未装安全帽的氧气发生器,没有按 IATA 要求进行危险品包装,工作人员在货舱内随意放置该货物,飞行途中,一个氧气发生器泄漏,释放氧气的同时产生高温,引燃了附近的轮胎,最终引发了机舱大火。起飞 10 分钟后坠毁在附近沼泽地,机上 110 人全部遇难,其中超过 1/3 的人是亚特兰大当地人。

资料来源:李芙蓉.民航危险品运输[M].北京:清华大学出版社,2017.

讨论:

(1) 燃烧需要哪三个条件?三个条件分别由本案中的哪些物品充当?

(2) 你认为哪个环节是造成事故中的最主要原因?

(3) 危险品从业人员应该从此次事故中吸取什么教训?

第一节 危险品包装的基础知识

危险品航空运输的包装对整个运输的安全起着关键性的作用,危险品运输过程中只要包装符合 DGR 的要求,能起到保护作用,危险品就很难泄漏、挥发而造成其他危害,由此发生危险的概率就会大大下降。所以,托运人必须保证所托运的危险品包装正确。

一、托运人对包装的责任

托运人必须对危险品的包装负全部的责任。在准备危险品的每个包装件时,托运人必须按照以下要求进行包装。

(1) 遵守与所选用包装类型相关的一系列包装要求。

(2) 选用的包装必须是危险品表中 G 栏、I 栏或 K 栏指定包装说明中适用的包装。

(3) 对所有包装而言,在危险品表的 H 栏、J 栏或 L 栏中,对每一包装件的盛装数量有所限制。此外,关于组合包装,每一内包装的数量限制,不得超过适用的包装说明中的规定。

(4) 严格按照设定的方式组装和固定包装的各个组成部分。

(5) 应保证包装件外表面没有灌装自身带来的或周围环境带来的污染。

(6) 向经营人交运包装件时,应保证已全部履行有关包装责任。

二、一般包装要求

(1) 危险品必须使用优质包装材料,保证有足够的强度以承受运输过程中发生的正常的震动。包装件必须保证在正常空运条件下(温度、湿度、压力或振动的变化)不会泄漏。包装件必须按照制造商提供的信息封装。包装件外部不得被污染或附着危险物品。

(2) 包装必须满足国家主管部门认可的包装测试要求。

(3) 在灌装和交运之前,必须仔细检查包装,确保没有腐蚀、污染或其他损坏,与批准的设计样本比较,凡是出现强度降低迹象的包装,不得再使用,除非修复并测试合格。

(4) 托运人必须确保直接接触危险品的包装材料、吸附材料,不会与危险品发生反应而导致保护作用削弱,不得发生渗漏情况。

(5) 对含有液体的内包装,封口装置必须安全、紧密。

(6) 对于充装液体的包装,不能装满,内部必须保留充分的空间,以防止容器在运输中因液体遇热膨胀而发生泄漏或出现永久性变形。在 55℃时,液体不得完全充满容器。液体包装必须经受住适当的渗漏和液压试验。

(7) 一个外包装里盛装多种不同危险品时,不同危险品之间应互不发生反应。

（8）如果内装物品可能释放气体，为了降低包装内部压力而需要排气的包装不能在航空运输中使用，除非在 DGR 规则中另有规定。

（9）包装件的尺寸不得太小，其表面应有充分空间来容纳所有必需的标记和标签。

（10）曾经装过危险品的包装必须使用中和、清洁、灭菌和彻底清洗包装容器，并清除原有的标记标签。

三、包装方式

1. 组合包装

组合包装（combination packaging）是指既有内包装又有外包装，由内外包装组合而成的一种包装，外包装（outer packaging）通常由木材、纤维板、金属或塑料制成；内包装（inner packagings）通常由金属、塑料、玻璃或陶瓷制成，如图 4-1 所示。

组合包装根据不同需要，内外包装之间还可装入吸附或衬垫材料，如图 4-2 和图 4-3 所示。

图 4-1　组合包装

图 4-2　吸附材料

2. 单一包装

单一包装（single packaging）是指在运输过程中，不需要任何内包装来完成其盛放功能的包装，一般由钢铁、铝、塑料或其他被许可的材料制成，如图 4-4 所示。

图 4-3　衬垫材料

图 4-4　单一包装

复合包装也是单一包装的一种，只不过它的包装材料是由内外两层材料加工在一起、不可分割的,如钢塑复合材料的桶。

四、包装种类

1. 联合国规格包装(US specification packaging)

联合国规格包装是指经过联合国包装性能测试,包括跌落测试、堆码测试以及内压测试,盛装液体的包装还需经过防渗漏试验,测试结果达到联合国安全标准,包装上有联合国试验合格标记。

2. 有限数量的包装(limited quantity packaging)

有限数量的包装是指当危险品的数量不大于品名表 H 栏的数量时,可以使用质量较好的组合包装,这种包装没有联合国标识,但包装外表面必须有特殊标记,如图 4-5 所示。该类型包装要经过跌落试验和堆码试验,且包装件最大允许毛重为 30kg。

3. 例外数量的包装(excepted quantity packaging)

当危险品的量符合品名表 F 栏的要求时,可以按照例外数量包装。这种包装要经过一定的性能测试,并在包装外表面粘贴例外数量标签。非放射性例外数量标记如图 4-6 所示,注意需要在"＊"位置填写类别,在"＊＊"位置填写收发货人姓名。

图 4-5 有限数量包装标记

放射性例外数量标签如图 4-7 所示,需要填写 UN 编号。

图 4-6 非放射性例外数量标签 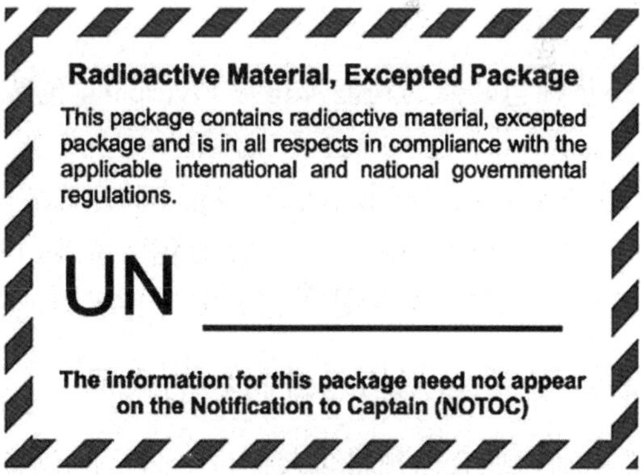   图 4-7 放射性例外数量标签

4. 其他包装

(1) 集合包装(即 Overpack 包装,下文统称为 Overpack 包装)是指为了便于管理和装卸,将若干个符合要求的包装件集合打包在集装板上或集装箱内。

Overpack 包装分成敞开式和封闭式两种。敞开型的 Overpack 包装如图 4-8 所示,例如,将包装件置于托盘上,用紧缩薄膜或绑带绑紧。封闭型的 Overpack 包装如图 4-9 所示,将 1 个或多个包装件置于木板箱内。

托运人必须保证,在不同的危险品包装件组合成 Overpack 时,必须满足以下要求。

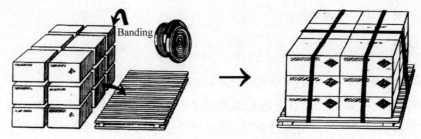

图 4-8　敞开型的 Overpack 包装

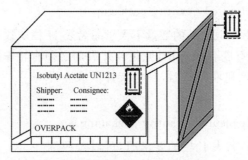

图 4-9　封闭型的 Overpack 包装

① 相互可能产生危险反应的危险品包装件,或根据表 9.3.A 需要互相隔离的危险品包装件,不得组成 Overpack 包装。

② Overpack 包装内的每一包装件的包装方法、标记和标签必须正确且包装件不得有任何损坏或泄漏的迹象。它们必须完全按照本规则进行准备,包装件必须保护于 Overpack 包装中。

③ 每种包装件的功能不得被 Overpack 包装所损坏。

④ Overpack 包装中也可含有不受本规则限制的物品的包装件。

(2) 补救包装。破损、残缺、渗漏、不符合要求或已经外溢或渗漏的危险品包装件可以放在符合要求的包装中运输,这样的包装称为补救包装。这些补救包装要能够避免破损包装在其中过分移动,如果补救包装中含有液体,应加入足够的吸附性材料吸附游离液体。

五、联合国(UN)规格包装材料的代码

凡是通过联合国规格包装测试且合格的包装,外表面印制有永久的特殊代码,代表包装的材料、类型及生产制造信息。

1. 代码的含义

(1) 用于表示包装类型的数字的含义见表 4-1。

表 4-1　包装类型的数字的含义

数字	1	3	4	5	6
含义	圆桶	方形桶	箱	袋	复合包装

注：数字 2 是预留(reserved)的,暂时空缺不用。

(2) 用于表示包装材料的字母的含义见表 4-2。

表 4-2 包装类材料型的字母的含义

字母	A	B	C	D	F	G	H	L	M	N
含义	钢	铝	天然木	胶合板	再生木	纤维板	塑料	纺织品	多层纸	金属

2. 不同包装类型的代码组成

1) 外包装/单一包装代码

联合国(UN)规格外包装或单一包装代码是两字或三字代码,由一个或两个阿拉伯数字加一个字母组成。第一个符号是阿拉伯数字,表示包装类型,例如桶、箱等。第二个符号是大写字母,表示材料的种类,例如钢、塑料等。第三个符号(如适用)是阿拉伯数字,用以表示每类包装更细的分类,如果没有更细的分类,则不存在该符号。例如:

4G:纤维板箱子;

1A1:小口钢通(顶盖不能移动);

1A2:大口钢通(顶盖能够移动);

1B1:小口铝桶(顶盖不能移动);

1B2:大口铝桶(顶盖能够移动);

4C1:普通型天然木箱;

4C2:防漏型天然木箱;

4H1:泡沫塑料箱;

4H2:硬塑料箱。

2) 复合包装代码

用两个大写字母按照顺序写在阿拉伯数字后面的位置。第一个字母表示内层容器的材料,第二个字母表示外层包装的材料,如复合包装代码 6HA,其中"6"代表复合包装,"H"代表内层材料是塑料,"A"代表外层材料是钢。

3) 组合包装

组合包装仅使用表示外包装的代码。

3. 特殊的代码

一些包装材料在包装代码后面,有一个特殊的代码,这些代码具有下列含义。

(1) 字母"V":字母"V"在包装代码后面,表示"特殊包装",例如:4GV、1A2V。

(2) 字母"U":字母"U"在包装代码后面,表示本包装为符合要求的感染性物质的特殊包装,如 4GU、1A2U。

(3) 字母"W":字母"W"在包装代码后面,表示该包装类型虽然有同样的代码,但其生产规格与 DGR 不同,被视为等效,如 4GW、1A2W。

(4) 字母"T":字母"T"在包装代码后面,表明本包装为符合要求的"补救包装"。

六、联合国(UN)规格包装的标记

按联合国规格要求进行生产试验的单一包装和组合包装、复合包装的所有外包装必须带有耐久易辨认的标记。手写规格标记不可接受。

1. 盛装固体的包装标记

(1) ⓗ 4G/Y130/S/21/CN/JS65,含义如表 4-3 所示。

表 4-3　盛装固体的包装标记含义

符号	含　义
ⓗ	联合国规格包装标记的代号
4G	纤维板箱子
Y	包装等级Ⅱ级,可以装包装等级Ⅱ级、Ⅲ级的危险品
130	包装允许的最大毛重为130kg
S	内装固体或内包装
21	生产年份
CN	生产国家代号
JS65	生产厂商代号

注：① X 表示包装等级Ⅰ级,可以装Ⅰ级、Ⅱ级、Ⅲ级的危险品。
② Y 表示包装等级Ⅱ级,可以装包装等级Ⅱ级、Ⅲ级的危险品。
③ Z 表示包装等级Ⅲ级,只能装包装等级Ⅲ级的危险品。
④ 表 4-4～表 4-7 中 X、Y、Z 的含义同上。

(2) ⓗ 1A2/X140/S/21/CN/JS75,含义如表 4-4 所示。

表 4-4　钢桶盛装固体的包装标记含义

符号	含　义
ⓗ	联合国规格包装标记的代号
1A2	大口钢桶
X	包装等级Ⅰ级,可以装包装等级Ⅰ级、Ⅱ级、Ⅲ级的危险品
140	包装允许的最大毛重为140kg
S	内装固体或内包装
21	生产年份
CN	生产国家代号
JS75	生产厂商代号

2. 盛装液体的包装标记

ⓗ 1A1/Z1.3/120/21/CN/JS85,含义如表 4-5 所示。

表 4-5　盛装液体的包装标记含义

符号	含　义
ⓗ	联合国规格包装标记的代号
1A1	小口钢桶
Z	包装等级Ⅲ级,只能装包装等级Ⅲ级的危险品
1.3	盛装的液体与水的相对密度不能超过1.3,此位置省略代表1.2。
120	包装能够承受的最大压强为120kPa
21	生产年份
CN	生产国家代号
JS85	生产厂商代号

3. 修复包装标记

某包装原代号 ⓗ 1A1/Y1.4/120/21/NL/SD33，修复后的包装代号 ⓗ 1A1/Y1.4/120/21/NL/JS01/05RL，含义如表4-6所示。

表4-6 修复包装标记含义

符号	含 义
ⓗ	联合国规格包装标记的代号
1A1	小口钢桶
Y	包装等级Ⅱ级，可以装包装等级Ⅱ级、Ⅲ级的危险品
1.4	盛装的液体与水的相对密度不能超过1.4
120	包装能够承受的最大压强为120kPa
21	生产年份
NL	生产国家代号
JS01	修复厂商代号或规定的识别标记
05	修复年份
RL	修复标记

4. 补救包装标记

ⓗ 1A2T/X140/S/20/CN/JS75，含义如表4-7所示。

表4-7 补救包装标记含义

符号	含 义
ⓗ	联合国规格包装标记的代号
1A2T	补救的大口钢桶
X	包装等级Ⅰ级，可以装Ⅰ级、Ⅱ级、Ⅲ级的危险品
140	包装允许的最大毛重为140kg
S	内装固体或内包装
20	生产年份
CN	生产国家代号
JS75	生产厂商代号

第二节 包装说明的使用

包装说明（packing instruction,PI）在DGR的黄页部分，是按类别编号顺序排列的。在每页的左上角和页边中间处有由3位阿拉伯数字组成的包装说明编号，第一位数字表示危险品的主要危险性的类别。如包装说明 809,是指第 8 类某危险品的包装说明。每一项包装说明,如适用都列出了的单一包装或组合包装。对于组合包装,表中给出了内外包装种类及每个内包装允许盛装的最大数量。对于某些物质或物品,表中会给出内包装以及其量的限制、每个包装件的允许量以及是否允许单一包装。

一、包装内只有一种危险品时包装说明的使用

托运人在对危险品进行包装时,除满足 DGR 的基本要求外,还要考虑国家及运营人差异,必须严格按照包装说明的要求执行,按照包装说明确定机型、内外包装种类及最大允许净数量。

例 4-1 某托运人拟用客机运输 1L 的 Acrylic acid,stabilized,请画出包装示意图。

解:(1) 查品名表,信息如表 4-8 所示。

表 4-8 品名表

2218	Acrylic acid, stabilized	8(3)	Corrosive & Flamm.liquid	II	E2	Y840	0.5L	851	1L	855	30L	A209	8F

(2) 根据货物数量,选用最合适的客机的包装说明 851。

(3) 查包装说明 851。

根据包装说明,选择内包装和外包装(凡是列举在包装说明里的内外包装类型均可选择)。

(4) 内包装:如果选塑料的,需要 1 个。

(5) 外包装:选 4G(也可以选其他类别),1 个。

(6) 画图,如图 4-10 所示。

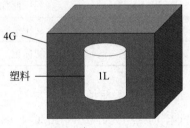

图 4-10 示意图

二、不同危险品装入同一外包装

一个外包装可以盛装一种以上的危险品或其他物品,条件如下。

(1) 几种危险品之间互不产生危险反应,互相之间不得引起燃烧和(或)释放大量的热、释放易燃有毒或窒息性气体、形成腐蚀性物质,或形成不稳定物质。

(2) 各种危险品不需要按照表 9.3.A(表 4-9)进行隔离,本规则另有规定的情况除外。

表 4-9 危险品隔离表(DGR 9.3.A)

Hazard Label	1 excl. 1.4S	2.1	2.2, 2.3	3	4.1	4.2	4.3	5.1	5.2	8	9 see 9.3.2.1.3
1 excluding 1.4S	See 9.3.2.2.5.	×	×	×	×	×	×	×	×	×	×
2.1	×	—	—	—	—	—	—	—	—	—	×
2.2, 2.3	×	—	—	—	—	—	—	—	—	—	—
3	×	—	—	—	—	—	—	×	—	—	×
4.1	×	—	—	—	—	—	—	—	—	—	×
4.2	×	—	—	—	—	—	—	—	—	×	—
4.3	×	—	—	—	—	—	—	—	—	×	—

续表

Hazard Label	1 excl. 1.4S	2.1	2.2, 2.3	3	4.1	4.2	4.3	5.1	5.2	8	9 see 9.3.2.1.3
5.1	×	—	—	×	—	×	—		—	—	×
5.2	×	—	—	—	—	—	—	—		—	—
8	×	—	—	—	—	×	—	—	—		
9 see 9.3.2.1.3	×	×	—	×	—	×	—	×	—		

注：① 在行和列的交叉点注有"×"，表明装有这些类或项的危险品的包装件必须相互隔开。若在行和列的交叉点注有"—"，则表明装有这些类或项的危险品包装件无须隔开。

② 表 9.3.A 中不包含 1.4S、6、7 和 9 类（锂电池除外），它们不需与其他类别的危险品隔开。

③ 根据 UN3480 PI965 的 IA 或 IB 部分准备的含锂离子电池的包装件及 Overpack 包装，以及根据 PI968 IA 或 IB 部分准备的含锂金属电池的包装件及 Overpack 包装，由于相互会引发火灾及损坏，所以这些包装件和 Overpack 包装在装机时均不得与贴有第 1 类（1.4S 除外）、2.1 项、第 3 类、4.1 项或 5.1 项危险性标签的包装件及 Overpack 包装邻近码放或放在同一位置，必须遵守表 9.3.A 中所示的隔离要求。有关隔离的规定适用于包装件及 Overpack 包装上粘贴的所有危险性标签，无论是主要危险性标签还是次要危险性标签。

(3) 含有 6.2 项（感染性物质）的外包装不可盛装包装说明 620 之外的危险品。

(4) 每一种危险品所使用的内包装及其所含数量，均符合各自包装说明中的规定。

(5) 使用的外包装是所有危险品包装说明都允许使用的包装。

(6) 包装件的技术标准应符合其内装物品中最严格包装等级所对应的技术标准。

(7) 一个外包装所装入不同危险品的数量，Q 值必须不大于 1，Q 值按以下公式计算：

$$Q = n_1/M_1 + n_2/M_2 + n_3/M_3 + \cdots$$

式中，n_1、n_2、n_3 等是每包装件内各种危险品的净数量，M_1、M_2、M_3 等是危险品表中对客机或货机规定的各种危险品每一包装件的最大允许净数量。Q 值保留一位小数，只进不舍。

(8) 下列危险品不需要计算 Q 值。

① 固体二氧化碳（干冰），UN1845。

② 在危险品表 H 栏、J 栏或 L 栏中注明"无限制"的那些物品。

③ 包装件内仅含有具有相同的 UN 编号、包装等级、物理状态的危险品。而且净数量的总和不超过危险品表中最大允许净数量的危险品。

例 4-2 某托运人拟将 10L 的 UN2219 和 0.6L 的 UN1729 装入同一外包装，装上客机运输，请问这两种危险品能否装入同一外包装？如果能，请画出包装示意图。

解：查阅品名表，获得如下信息（表 4-10）。

表 4-10 危险品信息表

| 2219 | Allyl glycidyl ether | 3 | Flamm.liquid | III | E1 | Y344 | 10L | 355 | 60L | 366 | 220L | | 3L |
| 1729 | Anisoyl chloride | 8 | Corrosive | II | E2 | Y840 | 0.5L | 851 | 1L | 855 | 30L | | 8L |

(1) 查品名表，得以下信息。

UN2219，3，355

UN1729，8，851

(2) 查 9.3.A 得知，这两种危险品不需要隔离，故可以放入同一外包装。

(3) 算 Q 值 = 10/60 + 0.6/1 = 0.8 < 1，故可以放入同一外包装。（Q 必须小于或等于 1，Q 值保留一位小数，只进不舍。）

(4) 根据各自的包装说明,确定内包装种类和个数。

UN2219,2 个塑料内包装,每个装 5L。

UN1729,1 个塑料内包装,每个装 0.6L。

(5) 根据包装说明,选择二者都有的外包装种类,4G。

(6) 画图,如图 4-11 所示。

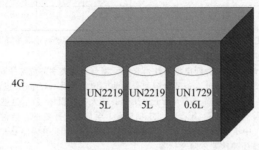

图 4-11 示意图

思考与练习

一、单项选择题

1. 某危险品包装上的 UN 规格标记为  4G/X20/S/21/NL/DW7,说明该包装(　　)。

   A. 只能装固体　　　　　　　　　B. 只能装液体

   C. 可以装固体或液体　　　　　　D. 只能装压缩气体

2. 4C 表示(　　)。

   A. 钢桶　　　　B. 纤维板箱　　　　C. 复合纤维袋　　　　D. 天然木箱子

3.  1A1/Y1.3/110/06/RB/MYP9,其中 1.3 的含义是(　　)。

   A. 包装可以承受的最大压强是 1.3kPa

   B. 包装可以承受的最大毛重是 1.3kg

   C. 包装内液体的净重最多只能装 1.3kg

   D. 液体与水的相对密度不能超过 1.3

4. 在 UN 规格包装标记中,Z 表示可以盛放包装等级为(　　)的危险品。

   A. Ⅱ级　　　　B. Ⅲ级　　　　C. Ⅱ级和Ⅲ级　　　　D. Ⅰ级

5. 以下符号肯定会出现在有限数量包装的外表面的是(　　)。

　　　　　　　　　　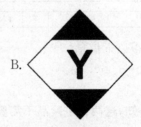

A.　　　　　　　　　　　　　　　B.

C.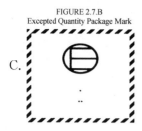

FIGURE 2.7.B
Excepted Quantity Package Mark

D.

二、填空题

1. 危险程度是Ⅱ级的危险品，可以装在_____（X、Y 或 Z）的包装内。

2. 两种不同的危险品装入同一外包装，Q 值的数值必须_____。

3. 两种不同的危险品装入同一外包装，不需要考虑计算 Q 值的物品是_____和_____。

4. 解释以下代号的含义：

1A1_____，1A2_____，1B1_____，1B2_____，V_____。

5. 按照隔离原则，判断以下危险品能否放入同一外包装，第 3 类和第 8 类（能/不能）_____；5.1 项和第 3 类（能/不能）_____；4.2 项和第 7 类（能/不能）_____。

三、判断题

1. 复合包装由内外两层材料组成一个不可分割的整体包装，属于组合包装。（   ）

2. 限量包装是指用于危险品数量在一定限量内的包装，也需要经过联合国性能测试，外包装表面上需要有 UN 标志。（   ）

3. 例外数量包装是指某些危险品的数量少于 5mL 或 5g 时可以采用内外两层对物体，对货物进行包装，要求坚固耐用。（   ）

4. 联合国规格包装是指经过联合国包装的试验，保证安全达到联合国标准，包装上有联合国试验合格的标志。（   ）

5. 内装物品可能放出气体而没有排气装置的包装在航空运输中不得使用。（   ）

四、简答题

1. 货主拟用货机运输净数量为 200kg 的 UN2512（一个包装件），如表 4-11 所示，下列哪些包装物可以使用，对于不能使用的包装物，请说明原因。

表 4-11　UN2512 信息表

UN/ID No.	Proper Shipping Name/Description	Class or Div. (Sub Hazard)	Hazard Label(s)	PG	EQ see 2.6	Ltd Qty		Passenger and Cargo Aircraft		Cargo Aircraft Only		S.P. see 4.4	ERG Code
						Pkg Inst	Max Net Qty/Pkg	Pkg Inst	Max Net Qty/Pkg	Pkg Inst	Max Net Qty/Pkg		
A	B	C	D	E	F	G	H	I	J	K	L	M	N
2152	Aminophenols (o-,m-,p-)	6.1	Toxic	Ⅲ	E1	Y645	10kg	670	100kg	677	200kg	A113	6L

Package A： 4D/Z150/S/21/CN/MYP01

Package B： 3H2/Y250/S/15/CN/PYC02

Package C：⊕ 1A1/X1.5/150/16/CN/PDQ99

Package D：⊕ 1A2/X300/S/21/CN/BC099

Package E：⊕ 4G/Y210/S/20/CN/BC88

2. 组合包装和复合包装的区别是什么？

3. 解释字符 ⊕ 的含义

1A1/Y1.4/120/06/NL/SAQO1。

4. 根据所给的信息，完成货物包装示意图。

（1）5L Acrylic acid, stabilized, 要求客机运输。

（2）1L 的 Acetone oils 和 2L 的 Aluminium bromide solution，要求客机运输，尽量放入同一外包装。

第五章
危险品包装的标记标签

知识要求

（1）了解危险品标记和标签的种类。
（2）掌握标记和附加标记的使用方法。
（3）掌握危险品标签和附加标签的使用方法。
（4）掌握标记标签的粘贴方法。

技能要求

培养正确使用标记标签的能力。

 思政园地

本章要求学生以小组形式，通过团队的分工协作，在危险品包装外表面粘贴正确的标记标签。通过小组研讨及成果汇报，注重培养学生的团队协作精神及沟通能力，增强学生勇于探索的创新精神和善于解决问题的实践能力。

硝酸造成的波士顿空难

1973年，美国泛美航空公司一架飞机从纽约起飞，在波士顿上空发生事故迫降时坠毁，3名机组人员全部遇难。此次空难的原因是未申报的硝酸发生泄漏。

该货物来自加利福尼亚州的一家电子厂，将零件、设备和化工产品等货物运往其外地的工厂。一部分货物从加利福尼亚州运出，另一部分包括160只装有硝酸的木箱货物从新泽西州运出。这两部分货物在纽约组成一票货物称为电子设备，没有填写"危险物品申报单"。在拼板时，由于无法适合飞机的轮廓，于是拼板监管建议工人将一些包装件倒置，这忽略了某些包装件上的向上标签，还有些货物外包装上根本没有向上标签。拼板完成5小时后装上了飞机，没有发现有任何泄漏和不正常现象。

事后检查发现，有些危险物品填写了危险物品申报单，但是机长通知单被卷在了一个手提箱的把手上,并放在了飞机的厨房里,机长并没有在上面签字,当然他也就不知道飞机上有危险品。飞机到达巡航高度不久,机组人员闻到了烟味,他们认为是飞机的电气设备发生了问题并试图去隔离它,同时机组决定返航,但此时的烟雾越来越大,已无法返航。于是他们决定在波士顿机场紧急迫降。飞机降落的时候坠毁,3名机组人员全部遇难。调查研究结果如下。

货主说知道应填写危险物品申报单,于是他在张空白单上签了字并把它交给了纽约的货运代理。化工厂用卡车将化学物品送到货运代理处,但没有被要求填写危险物品申报单。货运代理处将此化学物品交给包装代理,包装代理不知道硝酸应怎样包装,但知道木屑可以作为酒精的吸附材料,所以认为用于硝酸也可以。于是,每只木箱中装5L硝酸,并用木屑作为吸附材料。包装代理的一些职工没有在外包装上正确做标记和标签,且危险物品的运输文件在整个过程中不知在什么地方丢失。

事后的实验表明,取一个装有硝酸的木箱,将硝酸的瓶口松开并放倒,8min后木箱开始冒出烟,16min后,在箱子上可看到火焰,22min时,整个木箱起火,32min后整个木箱化为灰烬。

本案例中,实际起火的木箱最多只有2个,但它导致了整架飞机的坠毁。

资料来源:肖瑞萍.民用航空危险物品运输[M].北京:科学出版社,2011.

讨论:
(1) 本案中包装、标记标签操作方面存在哪些问题?
(2) 你认为哪个环节是造成飞机坠毁的主要原因?
(3) 根据已经学过的知识,请将此事故中所有操作错误的环节纠正过来。

托运人应在每一个危险品包装件上,或每一个含有危险品的Overpack包装上,标贴所需的标记和标签,以方便有关货运操作人员识别交接,并按正确的方法储存、装运、海关查验,也方便收货人识别自己的货物。包装件的大小要足以粘贴所有需要的标记标签。

托运人必须对危险品外包装上的标记标签的正确性负责,检查所有有关标记是否已标注在包装件或合成包装件的正确位置上,并符合DGR的具体要求;要除掉包装件或合成包装件上所有无关标记;任何相应的标记都应标在正确位置上,标记要经久耐用并有正确的说明。

第一节 危险品包装件的标记

一、基本标记

基本标记是每个危险品包装件最基本的要求,每个含有危险品的包装件或合成包装件都需要清晰地标出。基本标记包括以下三部分。
(1) 运输专用名称(如需要,加上技术名称或化学名称)。
(2) UN或ID编号,前面冠"UN"或"ID"。
(3) 收、发货人详细的名称、地址。

如果包装件尺寸允许,托运人及收货人的全名和地址必须与运输专用名称的标记相邻,且位于包装件的同一表面上。

基本标记的示例如图 5-1 所示。

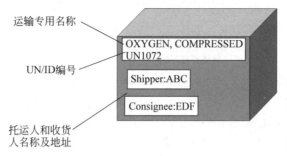

图 5-1　危险品包装件的基本标记

二、附加标记

当运输以下危险品的包装件时，除了基本标记外，还应该标注相应的附加标记。

(1) 每一包装件必须注明所含的净数量,当品名表 H 栏所示的最大净数量为毛重时,必须注明包装件的毛重并在计量单位后注明字母"G"。净数量应标注在 UN 编号和运输专用名称的旁边。这一要求不适用于以下三种情况。

① 一票货物中仅有一个危险品包装件。

② 一票货物中有多个相同的危险品包装件（即每个包装件具有相同的 UN 编号、运输专用名称、包装等级及相同的量）。

③ ID8000,日用消费品和放射性物品（第 7 类）。

(2) UN1845 固体二氧化碳（干冰）在包装上标明包装件中所含干冰的净重,如图 5-2 所示。

(3) 6.2 项感染性的物质(UN3373 除外)在包装外表面注明负责人的姓名及电话号码（该负责人应具备处理该感染性物质的突发事件的能力），如图 5-3 所示。

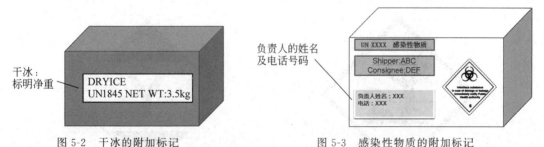

图 5-2　干冰的附加标记　　　　　　图 5-3　感染性物质的附加标记

(4) 第 2 类的冷冻液化气体包装注意以下四点,如图 5-4 所示。

① 每一包装件的表面必须用箭头或液体向上标签显著标明向上的方向,至少两个。

② 环绕包装件每隔 120°或每个侧面写"KEEP UPRIGHT"字样。

③ 包装件上还必须清楚地标上"Do not drop, handle with care"字样。

④ 包装件上必须标注在延误、无人提取或出现紧急情况时应遵循的处置说明。

(5) 内装 UN3373 的包装件在包装表面注明"BIOLOGICAL SUBSTANCE,CATECORY B（生物物质,B级）"及如图 5-5 所示的菱形标记。当使用干冰作为制冷剂时,还需注明干冰的净重。

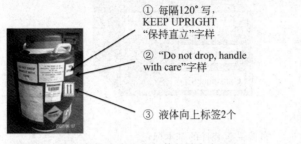

图 5-4　第 2 类的冷冻液化气体的附加标记　　　　　图 5-5　生物物质附加标记

(6) 对于符合特殊规定 A144 运输带有化学氧气发生器的呼吸保护装置（PBE）,必须在包装件上的运输专用名称旁注明"Air Crew Protective Breathing Equipment (smoke hood) in accordance with special Provision A144（飞行机组呼吸保护装置（防烟罩）,符合 A144 特殊规定）",如图 5-6 所示。

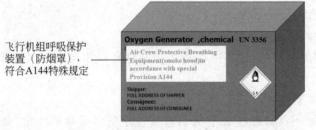

图 5-6　化学氧气发生器的呼吸保护装置的附加标记　　　　包装标记

(7) 对于危害环境物质（UN3077 和 UN3082）,必须在包装外表面作如图 5-7 所示的标记。

(8) 空运有限数量的危险品包装件必须在包装表面做如图 5-8 所示标记。

图 5-7　危害环境物的附加标记　　　　　　　图 5-8　有限数量的附加标记

(9) 贴有公路、铁路、水运和海运有限数量标记（图 5-9）的包装件,如果危险品及其包装完全符合本规则的规定,空运是可以接收的。

(10) 例外数量包装标记如图 5-10 所示。此图适用于非放射性危险品的例外数量包装。

第五章 危险品包装的标记标签

图 5-9 陆运、水路运输有限数量的标记

图 5-10 例外数量包装标记

注：＊位置填写类别；＊＊位置填写收发货人姓名
（如果收发货人姓名没有标注在包装件上）。

（11）对于补救包装，除了运输专用名称和 UN 编号，还应该标示"SALVAGE（补救）"字样。

第二节　危险品包装件的标签

包装标签分为危险性标签和操作标签两大类。标签的形状、颜色、格式、符号和文字说明，必须符合 DGR 样本设计要求。除非始发国另有要求，文字应使用英文。

对于需要粘贴标签的包装件，托运人必须除掉包装件上所有无关的标签；只能使用经久耐用及正确规格的标签；印记在标签上内容必须具有耐久性，应牢固地粘贴在正确的位置上。

一、危险性标签

危险性标签必须为正方形，以 45°角放置（菱形）。除特殊规定外，标签的最小尺寸为 100mm×100mm。表明危险性的文字可以填入标签下半部分，具有次要危险性的物品和物质应使用两种或两种以上的次要危险性标签。在某些特殊情况下，要留意特殊规定（品名表 M 栏）关于次要危险性标签的要求。也就是说，即使 C 栏没有显示次要危险性，但是特殊规定会要求使用某个次要危险性标签；或者在危险品名表中显示了次要危险性，特殊规定要求可以不使用次要危险性标签。

各类危险性标签见表 5-1。

表 5-1　危险性标签表

第 1 类	1.1、1.2、1.3  （标签中"＊"填写分项及配装组，如 1.2C）

续表

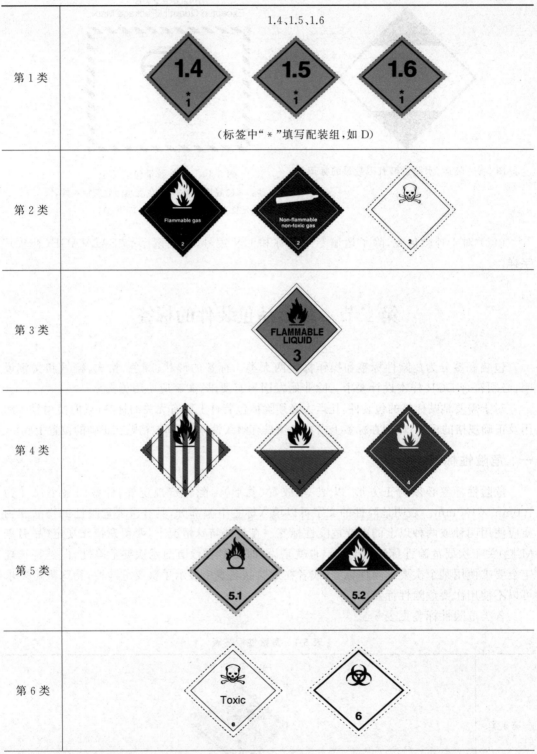

续表

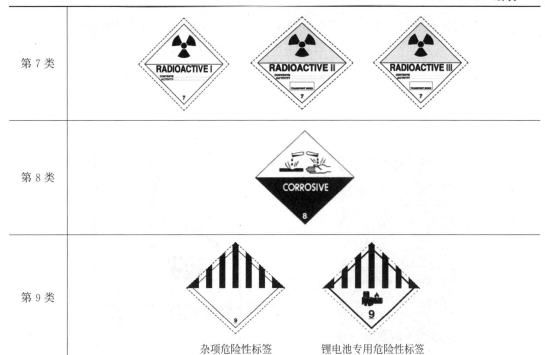

第 7 类	
第 8 类	
第 9 类	杂项危险性标签　　锂电池专用危险性标签

二、操作标签

1. 磁性物质标签

磁性物质标签可以单独使用，也就是说，装有磁性物质的包装件及 Overpack 包装上，不需要粘贴杂项危险性标签，只需要粘贴磁性物质标签，如图 5-11 所示。

2. 仅限货机标签

仅限货机标签必须用在仅限货机运输的危险品包装件上，注意当包装说明及包装件的限量表明客、货机均可承运时，不应使用"Cargo Aircraft Only（仅限货机）"的标签，如图 5-12 所示。

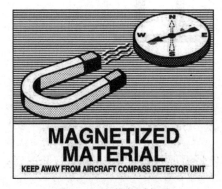

图 5-11　磁性物质标签

图 5-12　仅限货机标签

3. 深冷液化气体

2.1 项中的深冷液化气体的包装件和 Overpack 包装上必须使用低温液体操作标签,如图 5-13 所示,采用了包装说明 202 的包装件和 Overpack 包装使用该标签。

4. 远离热源标签

盛装 4.1 项中的自反应物质和 5.2 项有机过氧化物的包装件和 Overpack 包装,必须使用远离热源操作标签(图 5-14),此标签应与危险性标签相邻并粘贴在包装件的同一表面上。

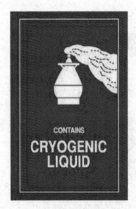
图 5-13　低温液体操作标签

图 5-14　远离热源标签

5. 包装件方向性标签

盛装液体危险品的包装件及 Overpack 包装必须使用包装件方向标签,如图 5-15 所示。该标签至少同时使用 2 个,粘贴或印制在包装件对称的两个侧面上。

图 5-15　方向性标签

以下情况不需要方向性标签。

(1) 内包装和外包装之间放置了吸附材料,确保所装的液体能够被完全吸收,每个内包装所装的危险品不超过 120mL。

(2) 装有气密内包装的危险品,内包装管、袋是需要打破或刺穿方可打开的,每个内包装不超过 500mL。

(3) 装有感染性物质的主容器,内装物不超过 50mL。

(4) 放射性物品。

6. 放射性的例外包装件

装有放射性物品的例外包装件及 Overpack 包装必须使用该标签,该标签需要填写 UN 编号,如图 5-16 所示。

图 5-16　放射性的例外包装件标签

包装标签

三、标签的粘贴

标签的粘贴要求如下。

(1) 所有标签必须牢固地粘贴或印制在包装上,并使其清晰可见而不被遮盖。

(2) 每一标签必须粘贴或印制在颜色对比明显的底面上,或必须用颜色对比明显的虚线或实线标注在标签的外边缘。

(3) 标签粘贴时不得折叠,不得将同一标签的各部分贴在包装件的不同侧面上。

(4) 如果包装件的形状非正规,其表面无法粘贴或打印标签,可以使用硬质的拴挂标签。

(5) 包装件必须有足够位置粘贴所有要求的标签。

(6) 标签粘贴应靠近运输专用名称和托运人、收货人的地址旁,且在包装件的同一侧面上。

(7) 如果主要危险性和次要危险性标签都需要时,次要危险性标签应紧邻主要危险性标签粘贴在包装的同一侧面。

(8) 若同一包装件中有不同条目的危险品需要粘贴多个危险性标签,则这些标签必须彼此相邻。

(9) 除包装件的尺寸不足外,标签必须以 45°(菱形)的角度粘贴。

(10) "Cargo Aircraft Only(仅限货机)"标签应和危险性标签相邻,且在包装件的同一侧面上。

(11) Overpack 包装内所有危险品包装件的标签必须在外面清晰可见,不可见的情况下所有标签全部复制到 Overpack 包装外表面。

四、标记标签例题

例 5-1　现有一个装有 1L 的 Acetyl iodide 的包装件,请为其外包装贴上标记标签。

解:通过查找品名表,获得该危险品的信息见表 5-2。

表 5-2 危险品信息表

UN/ID No.	Proper Shipping Name/Description	Class or Div. (Sub Hazard)	Hazard Label(s)	PG	Passenger and Cargo Aircraft				Cargo Aircraft Only		S.P. see 4.4	ERG Code
					EQ see 2.6	Ltd Qty		Pkg Inst	Max Net Qty/Pkg	Pkg Inst	Max Net Qty/Pkg		
						Pkg Inst	Max Net Qty/Pkg						
A	B	C	D	E	F	G	H	I	J	K	L	M	N
1898	Acetylene tetrachlloride, see 1,1,2,2-Tetrachloroethane (UN1702) Acetyl iodide	8	Corrosive	Ⅱ	E2	Y840	0.5L	851	1L	855	30L		8L

由此,标记标签的答案如图 5-17 所示。

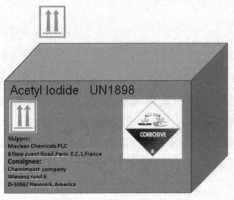

图 5-17 标记标签示例

标记标签例题

 思考与练习

一、单项选择题

1. 对于干冰,必须在外包装件上标明(　　　)。
   A. 干冰的净重　　B. 干冰的毛重　　C. 责任人的电话　　D. 保持向上
2. 椰肉干的外包装上应该粘贴的危险性标签是(　　　)。

　A.　　　　　　　B.　　　　　　　C.　　　　　　　D.

3. 锂电池外包装上粘贴的危险性标签(如适用)是(　　　)。

A.　　　　　　B.　　　　　　C.　　　　　　D.

4. 某低温液体的危险品包装件,按 202 包装说明包装,包装件外表面应该至少粘贴(　　)。

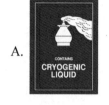   

A.　　　　　　B.　　　　　　C.　　　　　　D.

5. 方向性标签必须在包装的(　　)上粘贴。
   A. 对称的两个侧面上　　　　B. 相邻的两个侧面上
   C. 所有侧面　　　　　　　　D. 任何一个侧面

二、填空题

1. 基本标记包括_____、_____、_____。
2. 对于 UN3373 的包装件,必须在包装外表面标注英文_____和_____标记。
3. 对于第九类磁性物质,必须粘贴_____标签而不是_____标签。
4. 对于 Overpack 包装,必须在包装外表面标明_____字样。
5. 液氧钢瓶上必须粘贴的危险性标签是_____项标签,操作标签是_____标签。

三、判断题

1. 液态放射性物质的包装件不需要粘贴液体向上标签。　　　　　　　　　　　　(　　)
2. 标签不准折叠,但空间不够的话可以使其中一部分在一个面,而另一部分在另一面。
　　　　　　　　　　　　　　　　　　　　　　　　　　　　　　　　　　　(　　)
3. 一票托运的货物如果含有多个相同的等量的危险品,则不需要标明净数量。　(　　)
4. 封闭型的 Overpack 包装内有 10 件蓄电池包装件(标签外面不可见),则需在外表面粘贴 10 个腐蚀性危险性标签。　　　　　　　　　　　　　　　　　　　　　　(　　)
5. 危险性标签是菱形的,而操作标签是矩形的。　　　　　　　　　　　　　　(　　)

四、综合题

1. 阅读图 5-18 所示包装标记与标签,回答问题。
   (1) 包装内危险物品的运输专用名称与编号是什么?
   (2) 包装内的危险品具有何种危险性?
   (3) 收、发货人所在城市分别是什么?
   (4) 该包装是否可以直接盛放液体危险品?为什么?
   (5) 该危险品是否可以放客机上运输?为什么?

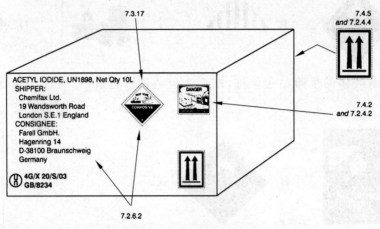

图 5-18 包装标记与标签

2. 货物信息如下。

货物：一个纤维板的外包装内装 15L 的 Acrylic acid, stabilized。

Shipper：Maclean Chemicals PLC

8 Old Kent Road

London E.C.1, England

Consignee：Chenmcal Exports Pte.

Novo Parque Industrial, Toronto, Canada

请完成以下内容。

(1) 补全下面的标记。

4G/__/21/CN/ZYS777

(2) 画包装示意图（图 5-19）。

(3) 完成外包装的标记标签。

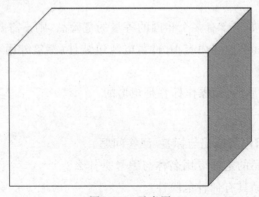

图 5-19 示意图

第五章 危险品包装的标记标签

实训 包装危险品、做标记标签

实训目的

(1) 学会按 IATA 要求包装危险品。
(2) 掌握正确粘贴标记和标签的方法。
(3) 培养学生的自学能力和应用能力。
(4) 培养学生的团队合作精神。
(5) 培养学生"三个敬畏"的民航精神。

实训内容

将以下货物按 IATA 要求包装好,在包装外表面贴上标记和标签,并将所有包装件打包成一个封闭型的 Overpack 包装,准备装载货机运输。

货物1　Adiponitrile,100L
货物2　Acetyl methyl caibinol,300L

实训要求

(1) 本实训会涉及查阅完整版的 DGR,学生应到机房、利用图书馆查阅该资料。
(2) 查阅不到的资料可以向老师求助。
(3) 每组成员要积极参加小组讨论。
(4) 实训任务的各项工作应在各成员之间合理分配,注重团队精神的培养。

实训课时

4 课时。

实训步骤

(1) 将班级同学分为六组,各小组选举确定小组长。
(2) 各小组认真阅读和分析所给的材料。
(3) 第1组负责包装,第2组负责做标记和标签,第3组负责做 Overpack 包装。
(4) 第4、5、6组分别负责检查第1、2、3组的作品是否正确。
(5) 各小组根据任务准备所需的原材料,内包装材质为玻璃、金属或塑料,外包装为硬纸箱,标记标签必须是标准的尺寸和颜色。
(6) 各组同学前往图书馆、机房或老师办公室查阅 DGR。
(7) 1、2、3组选派代表,将作品面向全班展示。
(8) 4、5、6组选派代表,审核以上作品的正确性。
(9) 教师点评和总结。

检查标准

(1) 1、2、3组提交作品,4、5、6小组提交书面的审核结果。
(2) 各小组成员的参与程度。
(3) 各组代表演讲的效果。

第六章

危险品的运输文件

 学习目标

知识要求

（1）了解申报单的规格及要求。
（2）了解不需要申报单的情况。
（3）掌握申报单的填写方法。
（4）掌握货运单针对危险品的填写方法。

技能要求

具有准确填制危险品申报单和货运单的能力。

申报单的填制方法

 思政园地

在绘制、审核文件时要遵守国际航协（IATA）的统一规定，掌握相关行业规范，坚决杜绝瞒报谎报，着重培养诚信和契约精神，同时也要注重培养精益求精的工匠精神和沟通协作能力。

 **导入案例**

某航空公司上海飞北京航班因故备降济南机场

2014年3月10日晚上，某航空公司上海飞北京的HO1253航班在飞行至济南区域时发生前货舱烟雾警告，为保证安全，机组紧急备降济南机场。随后，民航相关单位检查了机上装载货物，结果在某快件的一票货物中发现了危险品。上海邮政管理局表示，已对违法主体之一的上海浦东金桥某快递公司处以重罚，永久吊销其快递业务准可证。根据民航华东局《关于HO1253航班火警事件的初步调查报告》，该航班共承运三票货物，236件，1689kg。涉案货物是某快递有限公司的快件，托运人为上海某国际物流有限公司，收货人为北京市多元某快递服务有限公司。货运单上填写的货物品名为"标书、鞋子、连接线和轴承"，但实际货物中却含有危险品"二乙胺基三氟化硫"，运输专用名称为"腐蚀性液体，易燃"，主要危险性腐蚀性，次要危险性易燃液体。

上海该快递公司相关负责人表示，快递员在揽收该货物时曾询问过客户是否违禁品，但寄件方并未告知货物品类，也应承担相关责任。对此，上海邮政管理局认为，快递行业有明确的开箱要求,揽件人员必须打开快件现场验收,显然在该事件中,相关人员并未按要求执行,造成了严重后果。

经调查,该快递有限公司为揽货方,因与航空公司无销售代理协议,交由上海某物流有限公司运送;该物流公司也未与航空公司签订销售代理协议,将货物转交持有航空货运单的上海某国际物流有限公司进行托运。

中航协表示,这三家公司超出经营范围承揽危险品,在未按照民航276部规章与委托航空公司签订危险品协议的情况下,采取隐瞒手法将危险品谎报为普通货物运输,性质十分恶劣。根据有关规定,中航协做出了注销快递有限公司以及另两家物流公司货运销售代理资质的决定。

资料来源:李欣.吉祥备降航班查出违禁品快件.申通丧失货代资格[EB/OL].(2014-03-16)[2021-09-07].http://news.sohu.com/20140316/n396693203.shtml.

讨论:
(1) 本案中的运输文件货运单在运输中有何作用?
(2) 如果本案中的货运单填写的是正确的货物名称,操作流程会有何变化?
(3) 你认为本案给快递企业带来的教训是什么?

正确填制危险品运输文件是危险品安全运输的基本要求,根据文件上填写的内容,运输相关各方可以完整了解所有危险品的相关信息,对于安全、快捷、高效地运输危险品具有不可替代的作用。

危险品申报单、货运单由托运人填写,应填写危险品收运检查单、特种货物机长通知单等文件由运营人在接收和运输危险品时完成。

第一节 危险品申报单

填制危险品申报单是托运人的责任,对方所申报危险品,托运人必须如实、准确填写,并依据有关规定做好托运准备。

一、托运人对申报单的责任

对于托运的每票危险品,托运人必须做到:用正确的方法填写申报单;确保表格内所填写的内容准确、清楚、易于辨认和耐久;确保在向经营人交运货物时,申报单已签字;将申报单及其他文件至少保存三个月。

二、申报单的规格及要求

申报单的规格及要求如下。
(1) 申报单必须与规定的格式、样板一致。
(2) 申报单的表格可用黑色和红色印制在白纸上,或只用红色印制在白纸上。表格左右两边垂直的斜纹影线必须印成红色。
(3) 申报单的印制必须使用ISO的A3或A4型纸。
(4) 申报单必须用英文填写。在英文的后面可以附上另一种文字的准确译文。
(5) 托运人准备的申报单至少需要三份,一份自己留存,一份运营人留存,一份随货物到达目的站。

（6）经营人不得接受更改或修正过的申报单，除非某项更改或修正由托运人签字，且该签字与文件上的签字一致。

（7）托运人或托运人的代理人必须在申报单上签署姓名和日期，不得打印签字。如果托运人通过电子数据处理或电子数据交换的方式提供申报单给经营人，那么签名处可用电子签名或由被授权人签署（签名用大写）。

（8）申报单的货运单号、始发机场、目的地机场栏既可由托运人、代理人填写，也可由收运航空公司填写或更改；但其他项目只能由托运人或代理人填写。

（9）申报单既可手工填写，也可使用机器（打字机或计算机等）填写。

三、托运下列物质不需要填写危险品申报单

根据DGR相应的包装说明的要求，不需要填写危险品申报单的物质有：UN3164液压物品，UN3164气压物品，UN3373 B级生物物质，UN1845用作非危险品的制冷剂干冰，例外数量的危险品，UN3245转基因微生物，符合包装说明965-970第Ⅱ部分的锂离子或锂金属电池芯或电池，UN2807磁性物质，所有放射性物品例外包装件。

四、填写申报单的具体方法

（1）托运人（shipper）：填写托运人姓名的全称及地址。

（2）收货人（consignee）：填写收货人姓名的全称及地址。

（3）航空货运单号码（air waybill number）：填写所申报的货运单号码。对于集运货物，应在货运单号码后填写分运单号码，中间用"/"隔开。

（4）第……页 共……页（page...of...pages）：填写页码和总页数。如无续页，均填写"第1页，共1页（Page 1 of 1 pages）"。

（5）机型限制（aircraft limitation）：两项中一项划掉，另一项保留。如果申报单上的货物既可以装客机，又可以装货机，则划掉"仅限货机"选项；如果申报单上的货物不能装客机，只能装货机，则划掉"客货机"选项。

（6）始发地机场名称（airport of departure）：填写始发地机场或城市的全名，可由托运人、代理人、操作代理人或经营人填写。此栏为可选项，可以留空不填。

（7）目的地机场名称（airport of destination）：填写目的地机场或城市的全名，可由托运人、代理人、操作代理人或经营人填写。此栏为可选项，可以留空不填。

（8）运输类型（shipment type）：划掉不适合的选项。如果申报单中无放射性危险品，则划掉"RADIOACTIVE（放射性）"选项；如果申报单中有放射性危险品，则划掉"NON-RADIOACTIVE（非放射性）"选项。

（9）危险品的数量和性质栏（nature and qauantity of dangerous goods）。

① 危险品识别栏的填写。

a. UN or ID No.栏：填写联合国编号或识别编号，冠以UN或ID的前缀。

b. Proper Shipping Name栏：填写运输专用名称。

c. Class or Division（Subsidiary Hazard）栏：填写危险品的主要危险性，如果是第1类爆炸品，还应注明配装组字母；如有次要危险性，则在主性能后用括号把次要危险性表示出来。

d. Packing Group栏：填写适用的包装等级，前面可以冠以"PG"代号。

第六章 危险品的运输文件

以上内容填写示例：UN2683，Ammonium sulphide solution，8(3，6.1)，I 或 UN2683，Ammonium sulphide solution，Class8(3，6.1)，PGI。

② 危险品数量和包装（quantity and type of packing）的填写。

a. 当含有多种危险品且每种危险品都有自己独立的包装时，填写包装件的数量、包装件的类型和包装件内的净数量与单位；当危险品在品名表中 H、J 或 L 栏（每件最大允许数量栏）中出现符号"G"时，不仅填写净数量，还要在单位后面跟上符号"G"。填写举例如表 6-1 所示的"Quantity and Type of Packing"栏。

表 6-1 独立包装的填写示例

Dangerous Goods Identification				Quantity and Type of Packing	Packing inst.	Authorization
UN/ID No.	Proper Shipping Name	Class or Division（Subsidiary Hazard）	Packing Group			
UN2789	Acetic acid, glacial	8（3）	II	2fibreboard boxes × 20L	855	
ID8000	Consumer commodity	9		1 wodden box × 15kg	Y963	

b. 当两种或两种以上的危险品放入同一外包装时，首先填写不同危险品各自的净数量和单位，然后在下面填写"All packed in one（包装件的类型）"，最后在下面填写 Q 值（干冰作为制冷剂无须填写 Q 值）；填写举例如表 6-2 所示的"Quantity and Type of Packing"栏。

表 6-2 "All packed in one"的填写示例

Dangerous Goods Identification				Quantity and Type of Packing	Packing inst.	Authorization
UN/ID No.	Proper Shipping Name	Class or Division（Subsidiary Hazard）	Packing Group			
UN2289	Isophoronediamine	8	III	3L	852	
UN1222	Isopropyl nitrate	3	II	1L all packed in one fibreboard box Q=0.8	353	

c. 当使用合成包装时，"Overpacked used"必须写在所有使用合成包装的危险品的最下面，如表 6-3 所示的"Quantity and Type of Packing"栏所示。

③ 包装说明栏（Paking Instruction）填写危险品的包装说明代号。

④ 批准栏（Authorizations）视情况填写。以下情况需要填写以下内容。

a. 如果危险品在《危险品品名表》的 M 栏（Special Provision）中有 A1、A2、A4、A5、A51、A81、A88、A99、A130、A190、A191、A201、A202、A211、A212 或 A331 时，应将特殊规定序号列入批准栏。

b. 如果物质是经政府当局按 A1 或 A2 条款批准运输时，在申报单上应声明该批准或豁免证书随附于申报单。

c. 当危险品在移动式储罐中运输时,必须随附一份主管部门批准的文件。

表 6-3　Overpack 包装的填写示例

UN or ID No.	Proper Shipping Name	Class or Division （Subsidiary Hazard）	Packing Group	Quantity and Type of Packing	Packing inst.	Authorization
UN2289	Isophoronediamine	8	Ⅲ	2fibreboard boxes ×15L	852	
UN1222	Isopropyl nitrate	3	Ⅱ	1 wodden box ×1L Overpacked used	353	

d. 如果危险品装在主管当局批准的另外包装中,必须附带一份主管当局批准的文件。

e. 当运输的爆炸品符合包装说明 101 并获得了有关国家主管部门的批准时,应在申报单上用国际交通机动车辆国家识别符号注明所列的批准当局的名称。

f. 按要求批准运输的有机过氧化物和自反应物质应在申报单中注明,批准文件应附在申报单上。

g. 许可、批准和(或)豁免文件必须随附申报单一起运输,如使用的是英文以外的其他语言,必须附上一份准确的英文译本。

(10) 附加操作说明栏(additional handling information)以下情况下需要填写。

① 运输 4.1 项中的自身反应物质和 5.2 项的有机过氧化物,托运人必须指明这些物质的包装件应避免阳光直射远离一切热源,并放置在通风良好的地方(Packages containing such substances must be protected from direct sunning and all sources of heat and be placed adequately ventilated areas)。

② 运输 4.1 项中的自身反应物质和 5.2 项的有机过氧化物的样品时,应在附加操作信息栏做相应声明。

③ 根据危险品品名表的 M 栏中的 A144 来运输保护呼吸装置中的化学氧气发生器时,必须在本栏注明:机组人员呼吸保护装置(防烟烟罩),符合特殊规定 A144(Air crew protective breathing equipment (smoke hood) in accordance with special provision A144)。

④ A 类感染性物质(UN2814 和 UN2900)和根据有关国家法律或国际公约的规定禁止公布在"n.o.s.★"后面的技术名称的物质时,必须在本栏写负责人的姓名和联系电话。

⑤ 当运输 UN0336 和 UN0337 的烟火时,申报单必须包括国家主管部门给出的分类编码。

⑥ 当易燃黏稠物质根据 IATA《危险品规则》3.3.3.1.1 的条款被划分为包装等级Ⅲ级时,必须在此栏声明。

(11) 认证声明(certification statement):申报单中必须含有证明或声明,保证货物按照本规则及其他空运规定进行准备,而且符合收运条件。例如:"我在此声明,以上填写的本批货物的运输专用名称无误,其分类、包装、标记及标签、标牌已经完成,且各方面均符合相关的国际和国家政府规定,可予交运。"空运时还需要做以下补充声明:"我声明,符合所有适用的空运要求。"

(12) 签字人的姓名(name of signatory):填写签字人的姓名,姓名既可打印,也可盖章。

(13) 日期(date)：填写完成申报单的日期。

(14) 签字(signature)：由按要求接受培训并考核合格的托运人或托运人委托的代理人签字，但不得使用打印签字。

五、申报单填制样本

1. 空白样本

(1) 计算机填制的空白申报单，如图 6-1 所示。

图 6-1　计算机申报单

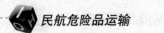

(2) 手工填制的空白申报单,如图 6-2 所示。

图 6-2 手工申报单

第六章 危险品的运输文件

2. 申报单填制示例

(1) 计算机填制完的申报单,如图 6-3 所示。

SHIPPER'S DECLARATION FOR DANGEROUS GOODS

Shipper	Air Waybill No. 800 1234 5686
ABC Company 1000 High Street Youngville, Ontario Canada	Page 1 of 1 Pages Shipper's Reference No. (optional)

Consignee	
CBA Lte 50 Rue de la Paix Paris 75 006 France	

Two completed and signed copies of this Declaration must be handed to the operator.

TRANSPORT DETAILS		WARNING
This shipment is within the limitations prescribed for: (delete non-applicable)	Airport of Departure (optional): Youngville	Failure to comply in all respects with the applicable Dangerous Goods Regulations may be in breach of the applicable law, subject to legal penalties.
~~PASSENGER AND CARGO AIRCRAFT~~	CARGO AIRCRAFT ONLY	
Airport of Destination (optional): Paris, Charles de Gaulle		Shipment type: (delete non-applicable) NON-RADIOACTIVE ~~RADIOACTIVE~~

NATURE AND QUANTITY OF DANGEROUS GOODS

UN Number or Identification Number, Proper Shipping Name, Class or Division (subsidiary hazard), Packing Group (if required) and all other required information.

UN1816, Propyltrichlorosilane, 8 (3), II // 3 Plastic drums x 30L//876

UN3226, Self-reactive solid type D (Benzenesulphonyl hydrazide), Div. 4.1
1 Fibreboard box x 10 kg
459

UN1263, Paint, Class 3, II
2 Fibreboard boxes x 4L
3 Plastic drums x 60L
364

UN1263, Paints, 3, PGIII
1 Composite steel drum (6HA1) x 30L
366

UN3166, Vehicle, flammable liquid powered, 9 // 1 automobile 1350kg // 950

UN3316, Chemical kits, 9, II // 1 Fibreboard box x 3kg// 960

Additional Handling Information
The packages containing UN3226 must be protected from direct sunlight and all sources of heat and be placed in adequately ventilated areas.
24-hour Number: +1 905 123 4567

I hereby declare that the contents of this consignment are fully and accurately described above by the proper shipping name, and are classified, packaged, marked and labelled/placarded, and are in all respects in proper condition for transport according to applicable International and national governmental regulations. I declare that all of the applicable air transport requirements have been met.	Name of Signatory B.Smith Date 2021-01-01 Signature (See warning above) *B.Smith*

图 6-3 示例 1

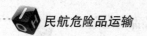

（2）手工填制的申报单,如图6-4所示。

SHIPPER'S DECLARATION FOR DANGEROUS GOODS						IATA
Shipper ABC Company 1000 High Street Youngville, Ontario Canada			Air Waybill No. 800 1234 5686 Page 1 of 1 Pages Shipper's Reference No. (optional)			
Consignee CBA Lte 50 Rue de la Paix Paris 75 006 France						
Two completed and signed copies of this Declaration must be handed to the operator.			**WARNING** Failure to comply in all respects with the applicable Dangerous Goods Regulations may be in breach of the applicable law, subject to legal penalties.			
TRANSPORT DETAILS						
This shipment is within the limitations prescribed for: (delete non-applicable) <s>PASSENGER AND CARGO AIRCRAFT</s> / CARGO AIRCRAFT ONLY		Airport of Departure (optional): Youngville				
Airport of Destination (optional): Paris, Charles de Gaulle			Shipment type: (delete non-applicable) NON-RADIOACTIVE / <s>RADIOACTIVE</s>			
NATURE AND QUANTITY OF DANGEROUS GOODS						
Dangerous Goods Identification						
UN or ID No.	Proper Shipping Name	Class or Division (subsidiary hazard)	Packing Group	Quantity and Type of Packing	Packing Inst.	Authorization
UN1816	Propyltrichlorosilane	8 (3)	II	3 Plastic Drums x 30 L	876	
UN3226	Self-reactive solid type D (Benzenesulphonyl hydrazide)	Div. 4.1		1 Fibreboard box x 10 kg	459	
UN1263	Paint	3	II	2 Fibreboard boxes x 4 L	353	
UN1263	Paints	3	III	1 Fibreboard box x 30 L	366	
UN3166	Vehicle, flammable liquid powered	9		1 automobile 1350 kg	950	
UN3316	Chemical kits	9	II	1 Fibreboard box x 3 kg	960	
UN2794	Batteries, wet, filled with acid	8		1 Wooden box 50 kg	870	
UN1066	Nitrogen, compressed	2.2		1 Steel cylinder x 16 kg	200	
UN0255	Detonators, electric	1.4B		5 Fibreboard boxes x 2kg (NEQ 0.11 kg)	131	

Additional Handling Information
The packages containing UN3226 must be protected from direct sunlight and all sources of heat and be placed in adequately ventilated areas.
24-hour Number: +1 905 123 4567

I hereby declare that the contents of this consignment are fully and accurately described above by the proper shipping name, and are classified, packaged, marked and labelled/placarded, and are in all respects in proper condition for transport according to applicable international and national governmental regulations. I declare that all of the applicable air transport requirements have been met.

Name of Signatory
B. Smith

Date
1 January 2021

Signature
(See warning above)   *B. Smith*

图6-4 示例2

(3) 两个或两个以上危险品装入同一个外包装，如图 6-5 所示。

NATURE AND QUANTITY OF DANGEROUS GOODS						
Dangerous Goods Identification						
UN or ID No.	Proper Shipping Name	Class or Division (Subsidiary Hazard)	Packing Group	Quantity and type of packing	Packing Inst.	Authorization
UN2339	2-Bromobutane	3	II	2 L	353	
UN2653	Benzyl Iodide	6.1	II	2 L	654	
UN2049	Diethylbenzene	3	III	5 L All packed in one wooden box. Q=0.9	355	

图 6-5　两个或两个以上危险品装入同一个外包装时

(4) 干冰作为制冷剂，与危险品装入同一外包装（干冰不需要计算 Q 值），如图 6-6 所示。

UN2814	Infectious substance, affecting humans (Dengue virus culture)	6.2		25 g	620	
UN1845	Dry Ice	9		20 kg All packed in one Fibreboard box.	954	

图 6-6　干冰与危险品装入同一外包装时

(5) 由干冰包装件与危险品包装件组成一个 Overpack 包装，如图 6-7 所示。

NATURE AND QUANTITY OF DANGEROUS GOODS						
Dangerous Goods Identification						
UN or ID No.	Proper Shipping Name	Class or Division (Subsidiary Hazard)	Packing Group	Quantity and type of packing	Packing Inst.	Authorization
UN2814	Infectious substance, affecting humans (Dengue virus)	6.2		1 Fibreboard box × 25 g	620	
UN1845	Dry Ice	9		20 kg Overpack used	954	

图 6-7　干冰包装件与危险品包装件组成一个 Overpack 包装时

(6) 一部分包装件组成 Overpack 包装,另一部分包装件不在 Overpack 包装里,如图 6-8 所示。

UN or ID No.	Proper Shipping Name	Class or Division (Subsidiary risk)	Packing Group	Quantity and type of packing	Packing Inst.	Authorization
UN1203	Motor Spirit	3	PGII	1 Steel drum × 4 L 2 Plastic Jerricans × 2 L	353	
UN1950	Aerosols, flammable	2.1		1 Fibreboard box × 5 kg Overpack used	203	
UN1992	Flammable liquid, toxic, n.o.s. (Petrol, Carbon tetrachloride mixture)	3 (6.1)	III	1 Fibreboard box × 1 L	Y343	

图 6-8　一部分包装件组成 Overpack 包装时

(7) 含有相同内装物的多重 Overpack 包装。注意该货物中共有 600 个纤维板箱,它们包装在三个相同的 Overpack 包装内。为便于识别、装载和通知,经营人要求每一个 Overpack 包装上都标有识别标记(可以任何字母数字形式)和危险品的总量,如图 6-9 所示。

UN or ID No.	Proper Shipping Name	Class or Division (Subsidiary risk)	Packing Group	Quantity and type of packing	Packing Inst.	Authorization
UN1950	Aerosols, flammable	2.1		200 Fibreboard boxes × 0.2 kg Overpack used × 3 #1234 #2345 #1841 Total quantity per overpack 40 kg	203	

图 6-9　含有相同内装物的多重 Overpack 包装

(8) 含有不同内装物的多重 Overpack 包装。注意该货物共有 600 个装有气溶胶的纤维板箱,分别包装在两个不同的、三个相同的 Overpack 包装内。为便于识别装载和通知,经营人要求每一个 Overpack 包装都标有识别标记(可按任何字母-数字格式)和危险品的总量,如图 6-10 所示。

(9) 符合 Section IB 规定的锂离子电池的描述方法。"IB"的字样也可以出现在包装说明栏内,跟在包装说明编号后面,如图 6-11 所示。

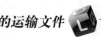

UN or ID No.	Proper Shipping Name	Class or Division (Subsidiary risk)	Packing Group	Quantity and type of packing	Packing Inst.	Authorization
UN1950	Aerosols, flammable	2.1		200 Fibreboard boxes × 0.2 kg Overpack used #AA44 Total net quantity 40 kg 100 Fibreboard boxes × 0.1 kg Overpack used #AB62 Total net quantity 10 kg 100 Fibreboard boxes × 0.3 kg Overpack used × 3 #AA60 #AA72 #AA84 Total quantity per overpack 30 kg	203	

图 6-10 含有不同内装物的多重 Overpack 包装

UN or ID No.	Proper Shipping Name	Class or Division (Subsidiary risk)	Packing Group	Quantity and type of packing	Packing Inst.	Authorization
UN 3480	Lithium ion batteries	9		1 Fibreboard box × 5.5 kg	965	IB

图 6-11 Section IB 规定的锂离子电池

第二节 货 运 单

需要在对应的货运单中的"Handling Information"（操作信息）栏内标注以下信息。

客机和货机运输的货运单中操作信息栏的填写为："Dangerous Goods as per associated Shipper's Declaration"或"Dangerous Goods as per associated DGD（危险品见相关托运人申报单）"，如图 6-12 所示。

对于仅限货机运输的危险品，还须注明"Cargo Aircraft Only"或"CAO"，如图 6-13 所示。

同时含有危险品和非危险品的货运单必须在"操作信息"一栏中注明危险品的件数，如图 6-14 所示。

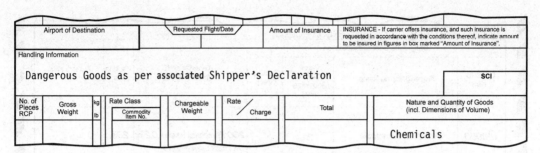

图 6-12 客机运输的货运单

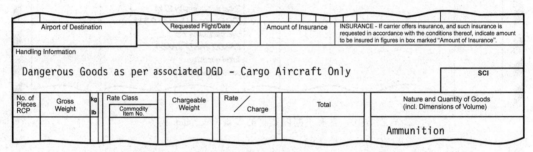

图 6-13 货机运输的货运单

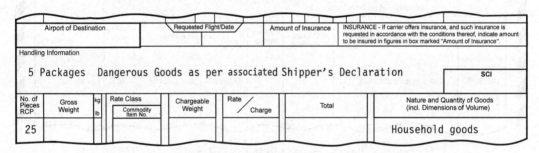

图 6-14 同时含有危险品包装件和非危险品包装件的货运单

如果危险品不需要托运人申报单，必须在货运单"Nature and Quantity of Goods（货物性质和数量）"栏或在其他运输文件的适当位置显示以下信息：UN 或 ID 编号（磁性物质不需要）；运输专用名称；包装件数量（托运货物内只有一个包装件除外）；每个包装件净数量（UN1845 是必需的），如图 6-15 所示。

含有例外数量危险品需要在货运单的"Nature and Quantity of Goods（货物性质和数量）"栏内注：Dangerous Goods in Excepted Quantities（例外数量的危险品）和包装的件数，如图 6-16 所示。

按包装说明 965～970 第Ⅱ部分包装的锂电池的货运单如图 6-17 所示。

按包装说明 965 和 968 第Ⅱ部分包装的锂电池的货运单如图 6-18 所示。

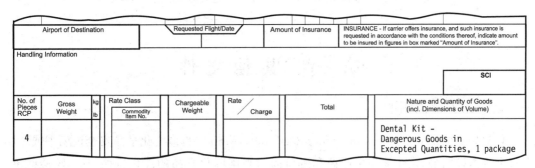

图 6-15 不需要申报单的危险品货运单

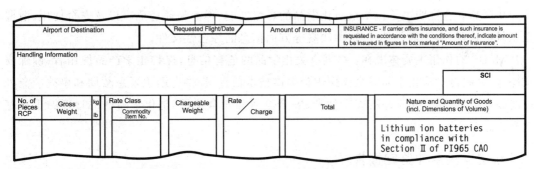

图 6-16 含有例外数量危险品的货运单

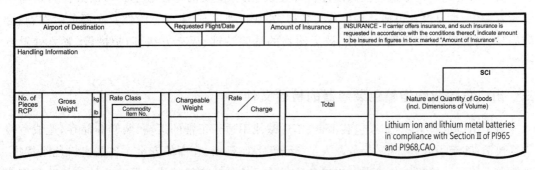

图 6-17 按包装说明 965～970 第 Ⅱ 部分包装的锂电池的货运单

图 6-18 按包装说明 965 和 968 第 Ⅱ 部分包装的锂电池的货运单

按包装说明966和967第Ⅱ部分包装的锂电池的货运单如图6-19所示。

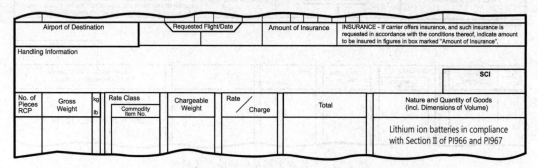

图6-19 按包装说明966和967第Ⅱ部分包装的锂电池的货运单

第三节 其他文件

一、化学品安全说明书

化学品安全说明书（material safety data sheet，MSDS）也译为化学品安全说明书或化学品安全数据说明书，是化学品生产商和进口商用来阐明化学品的理化特性（如pH酸碱度、闪点、易燃度、反应活性等）以及对使用者的健康（如致癌、致畸等）可能产生的危害的一种文件。化学品安全说明书是包括危险化学品的燃爆性能、毒性和环境危害以及安全使用、泄漏点急救护处置、主要理化参数、法律法规等方面信息的综合性文件。

MSDS的作用主要体现在：提供有关化学品的危害信息，保护化学产品使用者；确保安全操作，为制订危险化学品安全操作规程提供技术信息；提供有助于紧急救助和事故应急处理的技术信息；指导化学品的安全生产、安全流通和安全使用；是化学品登记管理的重要基础和信息来源。

二、航空运输条件鉴定报告

为了对货物的运输适宜性做出评价和建议，由有资质的专业鉴定公司出具货物运输条件鉴定报告，主要内容包括货物中英文名称、外观物理形态、主要危险性及次要危险性、联合国编号、包装类别、主要理化特性、被运输物的危险特性、灭火方法、防护措施、紧急处置方法等。

三、出口危险货物运输包装容器的检验文件

对于出口危险货物，如果包装不良、不适载或不适于正常的运输、装卸和储存，造成危险货物泄漏，甚至引起爆炸等，会危及人员、运输工具、机场、仓库的安全。各国出口危险货物，必须符合国际运输规则的要求。出口危险货物运输包装容器的检验可分为性能检验和使用鉴定。

第六章 危险品的运输文件

1. 危险品包装性能检测结果单

根据《中华人民共和国进出口商品检验法》的规定,出口危险品的包装容器必须申请检验检疫机构要求的运输包装性能检测,经检验合格方可包装危险品。

2. 危险货物运输包装使用鉴定结果单

性能检验良好的运输包装容器,如果使用不当,仍达不到保障运输安全及保护商品的目的。因此,危险货物运输包装容器经性能检验合格后,还必须进行使用鉴定。危险货物运输包装容器经检验检疫机构鉴定合格并取得《出境危险货物运输包装使用鉴定结果单》后,方可包装危险货物出境。出口危险货物的经营单位向检验检疫机构申请出口危险货物运输包装容器的使用鉴定时,必须提供《性能检验结果单》(正本)。检验检疫机构凭该单实施出口危险货物运输包装容器的使用鉴定,并出具《出境危险货物运输包装使用鉴定结果单》。

思考与练习

一、单项选择题

阅读以下节选的申报单(图 6-20),回答问题。

NATURE AND QUANTITY OF DANGEROUS GOODS						
Dangerous Goods Identification				Quantity and type of packing	Packing Inst.	Authorization
UN or ID No.	Proper Shipping Name	Class or Division (Subsidiary Hazard)	Packing Group			
UN1203	Motor Spirit	3	PGII	1 Steel drum × 4 L 2 Plastic Jerricans × 2 L	353	
UN1950	Aerosols, flammable	2.1		1 Fibreboard box × 5 kg Overpack used	203	
UN1992	Flammable liquid, toxic, n.o.s. (Petrol, Carbon tetrachloride mixture)	3 (6.1)	III	1 Fibreboard box × 1 L	Y343	

图 6-20 申报单

1. 该票货物一共有(　　)个包装件。
   A. 1　　　　B. 3　　　　C. 4　　　　D. 5
2. 集合包装里共(　　)个包装件。
   A. 3　　　　B. 4　　　　C. 5　　　　D. 1
3. UN1992 的危险性大小是(　　)。
   A. 大　　　　B. 中　　　　C. 小　　　　D. 无法确定
4. (　　)包装件必须粘贴有限数量标签。
   A. UN1203　　B. UN1950　　C. UN1992　　D. 都不需要

5. 某票危险品的货运单的"Handling Information"栏填写内容为：5 packages Dangerous Goods as per associated Shipper's declaration, 意味着该票货物一共（　　）。

　　A. 有 5 件　　　B. 大于 5 件　　　C. 小于 5 件　　　D. 无法判断

二、填空题

1. 申报单至少一式三份并签字，一份由＿＿＿＿留存，一份随货物到达＿＿＿＿，一份由＿＿＿＿留存。

2. 申报单的＿＿＿＿栏、＿＿＿＿栏和＿＿＿＿栏可以由托运人填写，也可以由收货人填写，但是其他栏必须由托运人填写。

3. 某申报单的包装件的数量和包装类型栏的全部内容如下：

　　2L
　　3L
　　All packed in one wooden box
　　Q＝0.9

由以上信息可知，该申报单有＿＿＿＿个包装件，有＿＿＿＿种危险品，有＿＿＿＿个外包装。

4. 对于客货机均可运输的危险品，在货运单的"Handling Information"栏填写＿＿＿＿。

5. 对于不需要申报单的危险品，无须在货运单的"Handling Information"栏填写任何内容，但需要在品名栏依次填写＿＿＿＿、＿＿＿＿、＿＿＿＿、＿＿＿＿。

三、判断题

1. 例外数量包装的危险品只需要在"Handling Information"栏填写"Dangerous Goods in Excepted Quantity"。（　　）

2. 申报单应该用英文填写，英文后面不能附其他文字表达的译文。（　　）

3. 申报单上如有涂改，承运人必须在涂改处签字。（　　）

4. 申报单包装说明为 677，说明其对应的危险品是第六类危险品。（　　）

5. 某票危险品的货运单的"Handling Information"栏填写了"Dangerous Goods As Per Attached Shipper's Declaration"，说明该危险品不能装货机。（　　）

四、申报单填写

货物名称 Alkali metalamides，共 40kg，装于一个纤维板箱子中。

Shipper：ZYS Chemicals
　　　　　No.8 Xujiahui Road
　　　　　Shanghai, China

Consignee：Abf Exports
　　　　　　Novo Parque Industrial,
　　　　　　Frankfurt, German

货运单号 131-3456-7823，要求 Mackle 于今天完成申报单（图 6-21）和货运单货运单（图 6-22）。

第六章 危险品的运输文件

SHIPPER'S DECLARATION FOR DANGEROUS GOODS	
Shipper	Air Waybill No. Page of Pages Shipper's Reference Number *(optional)*
Consignee	*For optional use for Company logo name and address*
Two completed and signed copies of this Declaration must be handed to the operator.	**WARNING** Failure to comply in all respects with the applicable Dangerous Goods Regulations may be in breach of the applicable law, subject to legal penalties.
TRANSPORT DETAILS	
This shipment is within the limitations prescribed for: *(delete non-applicable)* PASSENGER AND CARGO AIRCRAFT | CARGO AIRCRAFT ONLY	Airport of Departure:
Airport of Destination:	Shipment type: *(delete non-applicable)* NON-RADIOACTIVE | RADIOACTIVE

NATURE AND QUANTITY OF DANGEROUS GOODS

Dangerous Goods Identification				Quantity and type of packing	Packing Inst.	Authorization
UN or ID No.	Proper Shipping Name	Class or Division (Subsidiary Risk)	Pack-ing Group			

Additional Handling Information

I hereby declare that the contents of this consignment are fully and accurately described above by the proper shipping name, and are classified, packaged, marked and labelled/placarded, and are in all respects in proper condition for transport according to applicable international and national governmental regulations. I declare that all of the applicable air transport requirements have been met.	Name/Title of Signatory Place and Date Signature *(see warning above)*

图 6-21　申报单

Airport of Destination	Requested Flight/Date	Amount of Insurance	INSURANCE - If carrier offers insurance, and such insurance is requested in accordance with the conditions thereof, indicate amount to be insured in figures in box marked "Amount of Insurance".
Handling Information			
			SCI

No. of Pieces RCP	Gross Weight	kg/lb	Rate Class / Commodity Item No.	Chargeable Weight	Rate / Charge	Total	Nature and Quantity of Goods (incl. Dimensions of Volume)

图 6-22 货运单

实训 危险品文件的填制及检查

实训目的

(1) 熟悉危险品申报单及货运单栏目内容。

(2) 掌握 IATA 申报单和货运单的填制规范。

(3) 培养学生的自学能力。

(4) 培养学生"敬畏规章、敬畏制度"的民航精神。

(5) 培养学生一丝不苟的学习态度。

实训内容

根据所给的材料,完成相关任务。

时间:2021.5.20

托运人:

Chemicalsimporters,corp

Newton industrial park

Sydney,Australia

收货人:

Dreyfus Chemicals Inc.

30 rue du word

Paris,France

危险品信息:

货物 A 2 件,acetic acid,glacial,每件净含量 20L。

货物 B 2 件,acetonitrile,每件净含量 5L。

制单人:Mike Chen,运单号:781 000 000 01

请完成以下任务。

任务 1 包装的标记标签。

(1) 现两种危险品均选用相同的外包装,以下可以用的包装是( )。

    A. 4G/Y30/S/16/CN/VL666

    B. 1A1/Y1.5/150/12/CN/12345

    C. 4D/Z20/S/16/CN/VL666

(2) 托运人将这 4 件货物打成一个封闭式 Overpack 包装(图 6-23),请为该 Overpack 包装准备标记和标签。

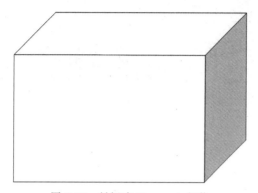

图 6-23　封闭式 Overpack 包装

任务 2　填制文件。
(1) 托运人危险品申报单。
(2) 货运单。

任务 3　以承运人的角色对以上的标记标签和文件用检查单检查。

实训要求

(1) 学生通过复印或打印自行获得相关空白单证。
(2) 各小组成员应该充分参与任务。
(3) 组长合理分配各项任务,各成员注意一丝不苟的态度、团队精神的培养。
(4) 工作过程中认真体会"三个敬畏"民航精神在危险品航空运输的意义。

实训课时

4 课时。

实训步骤

(1) 将学生分组,每组 6 人为宜,各小组选举小组长。
(2) 各成员认真阅读和分析所给的材料。
(3) 每组同学都要完成任务 1～任务 3,组长负责分配任务并记录分工情况。
(4) 各小组成员前往图书馆、机房、教师办公室查阅品名表和相关资料,并做好记录。
(5) 各组将成果制作成 PPT,面向全班同学介绍成果。
(6) 教师点评和总结。

检查标准

(1) 各组提交完成的标记标签、文件。
(2) 各组提交制作完毕的 PPT。
(3) 各组代表演讲的结果。

第七章 危险品的操作

学习目标

知识要求

(1) 了解危险品收运的一般要求。

(2) 掌握收运核查单的填制方法。

(3) 了解危险品存储的一般要求。

(4) 了解装载的一般要求。

(5) 掌握装载和存储时不相容危险品的隔离方法。

(6) 熟悉几种特殊危险品的装载要点。

技能要求

具有正确收运、存储、装载航空运输危险品的能力。

思政园地

本章知识点的学习结合事故案例分析,注重增强学生的安全意识和工作责任感,懂得规范操作对于维护航空运输安全、社会治安和国家安全的重要性,培养学生在长期实践发展中养成"严谨科学的专业精神、团结协作的工作作风、敬业奉献的职业操守"的民航精神。

导入案例

硝酸铵:经验教训与安全措施

全世界每年生产近 2000 万吨硝酸铵。硝酸铵是迄今为止市场上最有效、最经济、最方便的肥料,保证农业产出以供应全球数十亿人。然而,最近在黎巴嫩贝鲁特市发生的灾难性爆炸警示人们注意硝酸铵的不当储存和运输所带来的危害。2020 年 8 月 4 日,贝鲁特港一个储存大量硝酸铵的仓库发生爆炸,造成 300 多人死亡、6000 多人受伤,财产损失巨大,约

30万人无家可归。发生在贝鲁特的灾难性爆炸是由硝酸铵引发的多起特别重大的事故之一,其他重大事故还包括发生在美国得克萨斯市(1947年)、法国图卢兹(2001年)的爆炸事故。

自20世纪初以来,已发生过近40起重大事故,其中一半以上发生在近20年。其中11起事故涉及1000吨以上的硝酸铵,或造成超过30人死亡,80%以上的事故发生在硝酸铵的储存或运输过程中。

对这些事故的分析表明,硝酸铵爆炸几乎总是由火灾或其他火源引起的。

虽然硝酸铵因其含氮量高而成为一种重要的肥料,但其爆炸危险性却限制了其应用,甚至在一些地区被禁止使用。为了提高氮肥的安全性,可以降低硝酸铵浓度,寻找替代化合物,或开发更安全的产品。遗憾的是,氮含量最高的替代品无水氨,在环境温度下是一种有毒气体。其他含氮量高的替代品,如氢氧化铵溶液和尿素,因其成本低、效率高而具有吸引力;然而,它们却具有挥发性,为了克服这一挑战,科学家们开发出了尿素的缓释配方、改性木质素和水凝胶。

此前发生的灾难提高了公众对硝酸铵爆炸性质,以及其不安全储存和使用后果的认识。因此,为了提高安全性,在不同地区出现了许多关于硝酸铵(特别是关于硝酸铵的储存和处理)的法规、规则和指南。美国有关硝酸铵的主要法规为"OSHA 29 CFR 1910.109(i)-硝酸铵的储存",以及Adair Grain Inc.,DBA West Fertifier Company在2013年发生爆炸后,于2014年发布的"29 CFR 1910.109(i)中硝酸铵储存要求指南"的备忘录。然而,应该指出的是,认真执行安全规则和条例是避免今后发生贝鲁特灾难等事故的关键。

安全储存硝酸铵的要求可概括为:通风,保持充分通风以免发生火灾;与易燃物品隔离,仓库构建需要不燃和耐火材料;温度控制,储存温度应低于54℃;容量:储存限制应小于2270吨;防火:必须严禁烟火;避免可燃物:与其他产品分开储存,如图7-1所示。

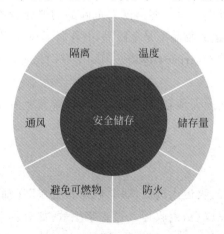

图7-1 硝酸铵安全储存要求

尽管存在安全隐患,但硝酸铵具有效果好、价格低廉且易于生产等特性,因此其仍然是全球重要的肥料。然而,由于储存不当或受到污染,硝酸铵极易发生火灾和爆炸,具有很高的风险性,"贝鲁特事故"再次凸显了这一点。在全球供应链内就如何安全地处理和储存硝酸铵而言,没有统一的法规、缺乏持续的警醒是我们面临的主要挑战,必须通过教育和宣传来克服这一挑战,以防止下一次灾难。

资料来源:Rumiana Tenchov 硝酸铵:经验教训与安全措施[EB/OL].(2020-11-10)[2021-09-07]. https://www.cas.org/zh-hans/resource/blog/ammonium-nitrate.

讨论:

(1) 本案中的硝酸铵属于第几类危险品?有何危险性?

(2) 结合本案例,谈谈硝酸铵存储应该注意哪些问题?

(3) 你认为危险品仓储的从业人员应具备哪些基本专业知识和素养?

第一节　危险品的收运

收运是指运营人根据有关规定,检查、核查托运人交付的危险品包装件及各种资料,尤其对于初次交运危险物品的托运人,收运人员应首先向他们介绍我国及 IATA 的有关规定。托运人必须提供交运货物的有关资料给运营人,并且托运人对其所提供的资料的正确性负完全责任。

一、危险品收运的一般要求

货物收运人员必须依照规定接受初始培训和定期复训,积极寻求从托运人得到任何可能包含危险品的尽可能多的信息,以帮助他们识别普通货物中隐含的危险品。

货物收运人员在怀疑货物中可能包含危险品时要向托运人确认,防止未申报的危险品被作为普通货物装载到飞机上。对于容易隐含危险品的普通货物,收运人员必须要求托运人提供有关资料,以证实托运的物品不是危险品,并在货运单注明"not restricted"。

收运的危险品包装件或 Overpack 包装必须随附有两份危险品申报单:一份留存,一份随货物抵达目的站。

航班、日期、吨位应由托运人预定;如果有中转,运营人要事先通知中转站,并获得中转站同意方可运输。

二、收运检查单

为了规范收运操作流程,收运人员应使用"收运检查单"仔细检查申报单、包装、标记标签的各项细节工作。检查完成后,由收运人员签字生效,如有不合格的项目,应该立刻退回托运人纠正后再提交。收运检查单如图 7-2~图 7-4 所示。

2021
非放射性危险品收运检查单

下列各项内容是否正确?
托运人危险品申报单(DGD)

航空运单号:	始发地:	目的地:

是 否* 不适用

1. 英文申报单一式两份按 IATA 格式填写并包括空运认证声明,只有当托运人申报单以电子数据方式获得时,此问题可以显示为不适用(N/A)。[8.0.2.1,8.1.1,8.1.2,8.1.6.12] ……☐ ☐ ☐
2. 托运人和收货人名称及地址全称[8.1.6.1,8.1.6.2] ……☐ ☐
3. 如无航空货运单号,填上[8.1.6.3] ……☐
4. 页数,只有当托运人申报单以电子数据方式获得时,此问题可以显示为不适用(N/A)[8.1.6.4] ……☐ ☐
5. 删除或不显示不适用的飞机机型[8.1.2.5.2,8.1.6.5] ……☐
6. 如无起飞/目的地机场或所在城市的全称,填上[8.1.6.6 和 8.1.6.7] ……☐
7. 删除或不显示"放射性"字样[8.1.2.5.2,8.1.6.8] ……☐ ☐

识别

8. UN 或 ID 编号,编号前冠以 UN 或 ID 字样[8.1.6.9.1,步骤 1] ……☐ ☐
9. 运输专用名称及有★时写在括号内的技术名称[8.1.6.9.1,步骤 2] ……☐ ☐
10. 类别或项别,对于第 1 类,配装组代号[8.1.6.9.1,步骤 3] ……☐ ☐
11. 次要危险性,紧跟于类别/项别后的括号内[8.1.6.9.1,步骤 4] ……☐ ☐ ☐
12. 包装等级[8.1.6.9.1,步骤 5] ……☐ ☐ ☐

包装数量及类型

13. 包装件的数量及类型[8.1.6.9.2,步骤 6] ……☐ ☐
14. 每一包装件的含量及计量单位(净重或适用时"G"后的毛重)符合相关限制[8.1.6.9.2,步骤 6] ……☐ ☐
15. 对于第 1 类,净数量后附加净爆炸质量且紧接度量单位[8.1.6.9.2,步骤 6] ……☐ ☐
16. 当不同种类危险品包装在同一外包装中时,符合以下规定:
    16.1—根据表 9.3.A 是性质相容的 ……☐ ☐
    16.2—装有 6.2 项危险品的 UN 包装件[5.0.2.11(c)] ……☐ ☐ ☐
    16.3—"All packed in one(type of packaging)"字样[8.1.6.9.2,步骤 6(f)] ……☐ ☐ ☐
    16.4—计算的"Q"值不得超过 1[5.0.2.11(g)&(h);2.7.5.6;8.1.6.9.2,步骤 6(g)] ……☐ ☐ ☐
17. Overpack
    17.1—根据表 9.3.A 是性质相容的[5.0.1.5.1] ……☐ ☐
    17.2—"Overpack Used"字样[8.1.6.9.2,步骤 7] ……☐ ☐
    17.3—当使用 1 个以上 Overpack 时,标注识别标记及危险品的总量[8.1.6.9.2,步骤 7] ……☐ ☐ ☐

包装说明

18. 包装说明编号[8.1.6.9.3,步骤 8] ……☐ ☐
19. 对于符合 IB 部分的锂电池,"IB"跟随在包装说明后面[8.1.6.9.3,步骤 8] ……☐ ☐

批准

20. 检查所有可确认的特殊规定。如使用,相关特殊规定代号 A1, A2, A4, A5, A51, A81, A88, A99, A130, A190, A191, A201, A202, A211, A212, A331 [8.1.6.9.4,步骤 9] ……☐ ☐ ☐
21. 指明随附政府批准证书,包括英文副本及其他项目下的额外批准[8.1.6.9.4,步骤 9] ……☐ ☐ ☐

附加操作信息

22. 对于 4.1 项中的自反应及相关物质、5.2 项的有机过氧化物、或其样品、PBE、感染性物质、受管制物质、烟火(UN0336 和 UN0337)以及易燃粘稠液体的附加操作信息[8.1.6.11] ……☐ ☐ ☐
23. 签署者姓名,日期,托运人签字[8.1.6.13,8.1.6.14 和 8.1.6.15] ……☐ ☐
24. 更改或修订时有托运人签字[8.1.2.6] ……☐ ☐

图 7-2 非放射性危险品收运检查单

航空货运单

25. 在操作信息栏显示"Dangerous Goods as per associated Shipper's Declaration"或
    "Dangerous Goods as per associated DGD"[8.2.1(a)] ····················· □ □ □
26. "Cargo Aircraft Only"或"CAO"字样,若适用[8.2.1(b)] ······················ □ □ □
27. 包含非危险品时,标明危险品的件数[8.2.2] ···································· □ □ □

包装件和 Overpack

28. 包装无破损和泄漏[9.1.3(i)] ·· □ □
29. 包装符合包装说明 ··· □ □
30. 交付的包装件及 Overpack 的数量及类型与托运人申报单中所注明的相同[9.1.3] ····· □ □

标记

31. UN 规格包装,否按 6.0.4 和 6.0.5 的要求做标记:
    31.1—符号和规格代号[6.0.4.2.1(a),(b)] ····································· □ □
    31.2—X、Y、Z,与包装等级/包装说明一致[6.0.4.2.1(c)] ··················· □ □
    31.3—不超过最大毛重(固体、内包装或 IBCs[SP A179, 6.0.4.2.1(d)]) ·· □ □
    31.4—塑料的桶、方形桶及 IBCs 在使用期限内[5.0.2.15] ··················· □ □
    31.5—感染性物质的包装标记[6.5.3.1] ·· □ □
32. UN/ID 编号[7.1.4.1(a)] ·· □ □
33. 运输专用名称包括必要时的技术名称[7.1.4.1(a)] ······························· □ □
34. 托运人及收货人的姓名和地址全称[7.1.4.1(b)] ·································· □ □
35. 所有类别的货物(除 ID8000 和第 7 类),在多于一个包装件时,包装件上标注净数量或必要时
    后跟"G"所表示的毛重,除非内容相同[7.1.4.1(c)] ······························· □ □
36. 固体二氧化碳(干冰),包装上标注净重[7.1.4.1(d)] ····························· □ □
37. 对 6.2 项感染性物质,负责人的姓名及电话[7.1.4.1(e)] ························ □ □
38. 包装说明 202 所要求的特殊标记[7.1.4.1(f)] ····································· □ □
39. 有限数量包装件标记[7.1.4.2] ·· □ □
40. 环境危害物质标记[7.1.5.3] ··· □ □
41. 锂电池标记[7.1.5.5] ·· □ □

标签

42. 正确粘贴主要危险性标签,依据 4.2 节 D 栏[7.2.3.1;7.2.6] ··················· □ □
43. 正确粘贴次要危险性标签,依据 4.2 节 D 栏[7.2.3.1;7.2.6.2.3] ··············· □ □
44. 仅限货机标签[7.2.4.2;7.2.6.3] ··· □ □
45. "方向"标签,如适用粘贴在相对的两个侧面上[7.2.4.4] ························· □ □
46. "冷冻液体"标签,如适用依据 4.2 节 D 栏[7.2.4.3] ······························ □ □
47. "远离热源"标签,如适用依据 4.2 节 D 栏[7.2.4.5] ······························ □ □
48. 除去或覆盖无关的标记及标签[7.1.1;7.2.1] ······································ □ □

关于 Overpack

49. 包装使用的标记、危险性标签及操作标签必须清晰可见,否则需复制在
    Overpack 的外表面[7.1.7.1,7.1.7.2,7.2.7] ···································· □ □
50. 如果所有标记和标签不可见,则需有"Overpack"字样[7.1.7.1] ··············· □ □
51. 当交运的 Overpack 超过一个时,识别标记和危险品的总量[7.1.7.3] ········· □ □

一般情况

52. 国家及经营人差异均符合[2.8] ··· □ □
53. 仅限货机的货物,所有航段均由货运飞机运输 ·································· □ □

意见:_____

检查人:_____

地点:_____   签字:_____

日期:_____   时间:_____

如果任何一项检查为"否",工作人员将不得收运该货物,并将一份填写好的检查单的副本交给托运人。

图 7-2(续)

第七章 危险品的操作

2021
放射性危险品收运检查单

下列各项内容是否正确?
托运人危险品申报单(DGD)

航空运单号:	始发地:	目的地:			
			是	否*	不适用
1. 英文申报单一式两份,按IATA格式填写并包括空运认证声明,只有当托运人申报单以电子数据方式获得时,此问题可以显示为不适用(N/A)。[10.8.1.2,10.8.1.4,8.1.1,10.8.3.12.2]			□	□	□
2. 托运人及收货人姓名和地址全称[10.8.3.1,10.8.3.2]			□	□	
3. 如无航空货运单号,填上[10.8.3.3]			□	□	
4. 页数,只有当托运人申报单以电子数据方式获得时,此问题可以显示为不适用(N/A)。[10.8.3.4]			□	□	□
5. 删除或不显示不适用的机型[10.8.3.5]			□	□	
6. 如无起飞/目的地机场或所在城市的全称,填上[10.8.3.6 和 10.8.3.7]			□	□	
7. 删除或不显示"非放射性"字样[10.8.1.6.1,10.8.3.8]			□	□	
识别					
8. UN编号,编号前应冠以UN字样[10.8.3.9.1,步骤1]			□	□	
9. 运输专用名称并在适用时,在括号中加入特殊规定A78要求的补充信息。[10.8.3.9.1,步骤2]			□	□	
10. 第7类[10.8.3.9.1,步骤3]			□	□	
11. 次要危险性写入紧跟于类别7后的括号内[10.8.3.9.1,步骤4],及次要危险性的包装等级,如适用[10.8.3.9.1,步骤5]			□	□	□
包装数量及类型					
12. 放射性核素名称或符号[10.8.3.9.2,步骤6(a)]			□	□	
13. 对于其他形式,物理和化学形态描述[10.8.3.9.2,步骤6(b)]			□	□	□
14. "Special Form" (UN3332或UN3333不需要)或"Low dispersible material"字样[10.8.3.9.2,步骤6(b)]			□	□	□
15. 包装件数量和类型,及每个包装件的活度值,以Bq或其倍数表示,对于裂变物质,可用总质量(g或kg)代替活度值[10.8.3.9.2,步骤7]			□	□	
16. 不同的单个放射性核素,注明每一放射性核素的活度值及"All packed in one"的字样[10.8.3.9.2,步骤7]			□	□	□
17. A型包装件[表10.3.A]、B型或C型包装件(参见主管当局证明)的活度值位于允许的限值内			□	□	□
18. 托运人申报单中注明"Overpack Used"字样[10.8.3.9.2,步骤8]			□	□	
包装说明					
19. 包装件或Overpack的放射级别,如适用[10.5.15.1(a),10.8.3.9.3,步骤9(a)和表10.5.C]			□	□	
20. 对于Ⅱ级或Ⅲ级,包装件的运输指数和尺寸(按照长×宽×高的顺序为佳)[10.8.3.9.3,步骤9(b)和(c)]			□	□	□
21. 裂变物质,应根据10.6.2.8.1.3(a)至(c)或10.6.2.8.1.4的内容,注明临界安全指数(另请参阅本检查单第22项中相关*内容),或注明"裂变例外(Fissile Excepted)"字样。"Fissile Excepted"[10.8.3.9.3,步骤9]			□	□	□
批准					
22. 对于下列情况,显示识别标记以及随附DGD的一份英文文件[10.5.7.2.3;10.8.3.9.4,步骤10;10.8.7]:					
22.1—特殊形式批准证书			□	□	□
22.2—B型包装件设计批准证书			□	□	□
22.3—要求的其他批准证书			□	□	□
23. 附加操作说明[10.8.3.11]			□	□	□
24. 签署者姓名和日期[10.8.3.13 和 10.8.3.14],及托运人的签名[10.8.3.15]			□	□	□
25. 更改或修订处有托运人签字[10.8.1.7]			□	□	□

图 7-3 放射性危险品收运检查单

115

航空货运单-操作信息

26. 在操作信息栏显示"Dangerous Goods as per associated Shipper's Declaration"或"Dangerous Goods as per associated DGD"[10.8.8.1(a)] ☐ ☐
27. "Cargo Aircraft Only"或"CAO"字样，若适用[10.8.8.1(b)] ☐ ☐ ☐
28. 包含非危险品时，标明危险品的件数[10.8.8.2] ☐ ☐ ☐

包装件和 Overpack

29. 交付的包装件及 Overpack 的数量及类型与托运人申报单中所注明的相同 ☐ ☐
30. 运输包装封志未破损[10.6.2.4.1.2]并且包装件处于适合运输的状态[9.1.3;9.1.4] ☐ ☐

标记

31. 以 UN 前缀开头的 UN 编号[10.7.1.3.1] ☐ ☐
32. 运输专用名称并在适用时，在括号中加入特殊规定 A78 要求的补充信息。[10.7.1.3.1] ☐ ☐
33. 托运人和收货人的全名及地址全称[10.7.1.3.1] ☐ ☐
34. 在包装件的毛重超过 50kg 时，显示允许的毛重(Permissible gross weight)[10.7.1.3.1] ☐ ☐
35. A 型包装件，根据 10.7.1.3.4 标记 ☐ ☐
36. B 型包装件，根据 10.7.1.3.5 标记 ☐ ☐
37. C 型包装件、工业包装和含有裂变物质的包装件，分别根据 10.7.1.3.6，10.7.1.3.3 或 10.7.1.3.7 标记 ☐ ☐ ☐

标签

38. 在包装件的相对两面按 DGD 贴有相同级别的标签[10.7.4] ☐ ☐
    38.1—根据要求，标注核素符号或 LSA/SCO[10.7.3.3.1] ☐ ☐
    38.2—活度，以 Bq(或其倍数)表示。对于裂变物质，用克表示的总质量(可能会替代使用)[10.7.3.3.2] ☐ ☐
    38.3—对于 II 级、III 级，与 DGD 一致的运输指数 TI，并进位到小数点后一位[10.7.3.3.3] ☐ ☐ ☐
39. 适用的次要危险性的标签[10.7.3.2;10.7.4.3] ☐ ☐
40. 如适用，两个仅限货机标签，分别在危险性标签的同一侧面粘贴，并毗邻危险性标签[10.7.4.2.4;10.7.4.3.1;10.7.4.4.1] ☐ ☐
41. 对于裂变物质，粘贴两个正确填写了临界安全指数(CSI)的标签，与危险性标签位于同一侧面上[10.7.3.3.4;10.7.4.3.1] ☐ ☐ ☐
42. 除去或覆盖无关的标记和标签[10.7.1.1;10.7.2.1] ☐ ☐

关于 Overpack

43. 包装使用标记和标签必须清晰可见或复制到 Overpack 的外表面[10.7.1.4.1;10.7.4.4] ☐ ☐
44. 如果 Overpack 内的包装件的标记、标签不可见，标明"Overpack"字样[10.7.1.4.1] ☐ ☐
45. 当交运的 Overpack 超过一个时，显示识别标记[10.7.1.4.3] ☐ ☐
46. 危险性标签显示 Overpack 内装的核素、每单个核素的活度及运输指数[10.7.3.4] ☐ ☐

一般情况

47. 符合国家和经营人的差异[2.8] ☐ ☐
48. 仅限货机的货物，所有航段均由货运飞机运输 ☐ ☐ ☐
49. 内装固体二氧化碳(干冰)的包装件，要符合相应的标记、标签和文件的要求[包装说明 954;7.1.4.1(d);7.2.3.9.1] ☐ ☐ ☐

意见：_____

检查人：_____
地点：_____ 签字：_____
日期：_____ 时间：_____

* 如果任何一项检查为"否"，工作人员将不得收运该货物，并将一份填写好的检查单的副本交给托运人。

图 7-3(续)

2021年干冰收运检查单

下列各项内容是否正确?
文件

航空运单号:	始发地:	目的地:

是 否* 不适用

在航空货运单的"货物性质和数量"栏中应包含以下信息[8.2.3]:
1. "UN1845" ··· □ □
2. "固体二氧化碳"或"干冰"的字样 ·· □ □
3. 包装件数量(除非此票货物中仅有干冰包装件) ······························· □ □
4. 以千克为单位的干冰净重 ·· □ □

国家和经营人差异
5. 符合国家和经营人差异[2.8] ·· □ □ □
注:下列问题不适用当干冰或含干冰的包装件在ULD中交运。

数量
6. 每个包装件中的干冰在200千克以下[4.2] ······································· □ □

包装件及Overpack
7. 包装件数与货运单所示相同 ·· □ □
8. 包装件无破损和泄漏 ··· □ □
9. 包装件应符合包装说明954,且包装件可以允许气体释放 ··············· □ □

标记和标签
10. 标记"UN1845"[7.1.4.1(a)] ·· □ □
11. "固体二氧化碳"或"干冰"的字样[7.1.4.1(a)] ································· □ □
12. 托运人和收货人的全称和地址[7.1.4.1(b)] ···································· □ □
注:包装件上显示的托运人及收货人名称及地址可以与货运单上的不一致
13. 每个包装件中干冰的净重[7.1.4.1(d)] ··· □ □
14. 正确粘贴第9类标签[7.2.3.9,7.2.6] ·· □ □
15. 除去或覆盖无关的标记和标签[7.1.1(b);7.2.1(a)] ························· □ □ □
注:标记与标签的要求不适用于含有干冰的集装器(ULDs)。

关于Overpack
16. 包装使用标记、危险性标签及操作标签必须清晰可见
    或复制在Overpack的外表面[7.1.7.1,7.2.7] ···································· □ □
17. 如果所有标记和标签不可见,则需有"Overpack"字样[7.1.7.1] ········· □ □ □
18. 固体二氧化碳(干冰)的总净重标注在Overpack上[7.1.7.1] ············· □ □ □
注:标记与标签的要求不适用于含有干冰的集装器(ULDs)。

意见:_____

检查人:_____
地点:_____ 签字:_____
日期:_____ 时间:_____

*如果任何一项检查为"否",工作人员将不得收运该货物,并将一份填写好的检查单的副本交给托运人。

图7-4 干冰收运检查单

第二节 危险品的储存

危险品储存要格外细致、谨慎,相关人员要有高度的责任心和安全意识,一旦发生事故,后果不堪设想。因此,要严格遵守IATA和CCAR-276部的规章和有关法律法规。

一、危险品储存的基本要求

危险品储存的基本要求如下。

(1) 危险品的包装件应存放在专门设计的危险品仓库或危险品存放区。该区域在通风良好,无阳光直射,远离各种热源,备好各种消防安全设施,如黄沙、铁锹、水龙头、水管等。

(2) 如果没有专门用来存放危险物品的仓库,危险品的储存可在普通仓库单独开辟一块区域,要有明显的标志和隔离设施,要保持整洁、通风良好,远离各种热源,夏季温度不宜过高。

(3) 危险品在危险品仓库中的存储,应按其类别、项别分别放置在不同的仓库中或不同的区域内。

(4) 仓库的管理规定要明确,仓库及其附近区域严禁使用明火、严禁吸烟。保安措施要严格,无关人员不得随意进入仓库。

(5) 危险品仓库应配备防护用品,在发生危险品事故时能采取应急措施,进行个人防护。

(6) 危险品仓库或存放区内外明显位置应明示应急电话号码。

二、危险品仓库的管理

危险品仓库的管理要求如下。

(1) 危险品仓储从业人员必须定期接受危险品的训练,熟练掌握各类危险品的性质及事故应急处理方法。

(2) 危险品仓库管理方要建立严格、完善的仓库管理制度并定期进行相关的员工培训。

(3) 危险品出入库工作人员必须加强责任心,做好出入库的清点、记录工作,做到危险品货物"单单相符、单货相符"。

(4) 存储区域应贴有不相容危险品隔离表及各部门应急救援联系方式图,以便操作人员抬头即见。

三、危险品的码放

危险品的码放要求如下。

(1) 操作人员必须依照轻拿轻放原则和请勿倒置原则搬运和存放危险品包装件。

(2) 各类各项危险品应按照其危险性的类别、项别分别放置在不同的区域内。

(3) 危险品货物应小心轻放,避免滚动、重摔、地面上拖拽等行为,要按照箭头向上的方向存放,做到大不压小、重不压轻。

(4) 性质相抵触的危险品包装件在仓库的存放,必须符合 DCR9.3.A 的隔离表,需要隔离的包装件在任何时候不得相互接触或相邻放置,在仓库中要保持 2m 以上的间隔距离。

以下为几种特殊货物的存放有特殊要求。

① 压缩气瓶:气瓶可以直立放在瓶架上,也可以平放在干燥的地面上,但不可倒置、不可滚动,注意控制仓库温度不得超过 35℃。

② 液氮罐:应保持直立向上;数量多时,不能重摔,注意仓库要通风良好,防止窒息。

③ 自身反应物质与有机过氧化物包装件:必须避免阳光直射,放在远离热源且通风良好的地方。

④ 用于储存第 7 类放射性物质的仓库，其墙壁及仓库大门必须具备一定的屏蔽射线的功能。每一堆货物的包装件、合成包装件和放射性专用箱的总运输指数或总临界安全指数不得超过 50。对于总运输指数或总临界安全指数超过 50 的一堆货物，须将超出指数部分的包装件分开码放，且分开的两堆货物之间距离至少保持 6 米。

第三节 危险品的装载

一、危险品装载的基本要求

1. 机型、客货舱的限制装载

除了旅客和机组允许携带的危险品和放射性物品例外包装件外，不得将危险品装入飞机驾驶舱或载有旅客的客舱。另外，只要客机的主货舱符合 B 级或 C 级飞机货舱的所有适航标准，就可以将危险品装入该货舱。带有"Cargo Aircraft Only（仅限货机）"标签的危险品，不得用客机装运。

2. 不相容危险品的隔离

1) 隔离表

不相容的危险品包装件，不得在飞机上靠在一起码放。必须遵照隔离表 9.3.A（表 7-1）所示的要求隔离。隔离要求必须同时考虑是主要危险性还是次要危险性。

表 7-1 隔离表（DGR9.3.A）

Hazard Label	1 excl. 1.4S	2.1	2.2, 2.3	3	4.1	4.2	4.3	5.1	5.2	8	9 see 9.3.2.1.3
1 excluding 1.4S	See 9.3.2.2.5	×	×	×	×	×	×	×	×	×	×
2.1	×	—	—	—	—	—	—	—	—	—	×
2.2, 2.3	×	—	—	—	—	—	—	—	—	—	—
3	×	—	—	—	—	—	—	—	—	—	—
4.1	×	—	—	—	—	—	—	—	—	—	×
4.2	×	—	—	—	—	—	—	—	—	—	—
4.3	×	—	—	—	—	—	—	—	—	—	—
5.1	×	—	—	—	—	—	—	—	—	—	—
5.2	×	—	—	—	—	—	—	—	—	—	—
8	×	—	—	—	—	—	—	—	—	—	—
9 see 9.3.2.1.3	×	×	—	×	×	—	×	—	—	—	—

注：① 在行和列的交叉点注有"×"，表明装有这些类或项的危险品的包装件必须相互隔开。若在行和列的交叉点注有"-"，则表明装有这些类/项的危险品包装件无须隔开。

② 表 9.3.A 中不包含 1.4、5、6、7 和 9 类（锂电池除外），它们不需与其他类别的危险品隔开。

③ 根据 UN3480 的 PI965 IA 或 IB 部分准备的含锂离子电池的包装件及 Overpack 包装，以及根据 PI968 IA 或 IB 部分准备的含锂金属电池的包装件及 Overpack 包装，由于相互会引发火灾及损坏，所以这些包装件和 Overpack 包装在装机时均不得与贴有第 1 类（1.4S 除外）、2.1 项、第 3 类、4.1 项或 5.1 项危险性标签的包装件及 Overpack 包装邻近码放或放在同一位置，必须遵守表 9.3.A 中所示的隔离要求。有关隔离的规定适用于包装件及 Overpack 包装上粘贴的所有危险性标签，无论是主要危险性标签还是次要危险性标签。

2) 隔离方法

不相容的危险品包装件在收运、储存、装载时都不能接触或相邻放置,在仓库中存储时,应保持 2m 以上的间隔,装在集装板上放入货舱时,隔离方法有以下两种。

(1) 不相容的危险品包装件分别用牢固的绳子固定在集装板或飞机货舱地板上,二者隔离的距离为 1m,如图 7-5 所示。

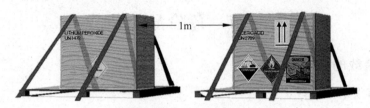

图 7-5　分别固定隔离方法

(2) 两个不相容的危险品包装件放置普通货物包装件,隔离距离为 0.5m,如图 7-6 所示。

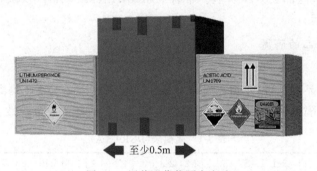

图 7-6　用普通货物隔离方法

3) 爆炸品的隔离

(1) 只有 1.4 项 S 配装组的爆炸品允许使用客机运输。除了 1.3 项配装组 C、G 和 1.4 项配装组 B、C、D、E、G、S,其他爆炸品不能用货机运输。

(2) 可码放在一起的爆炸品是由其相容性决定的,即如果它们能码放在一起,但又不会大幅增加事故可能性,或在一定数量下不会增加此类事故破坏性,则认为爆炸品是相容的。

(3) S 配装组的爆炸品可与所有配装组的爆炸品一起码放。

(4) 1.4B 项的爆炸品不得与 1.4S 项以外的其他爆炸品装在一起。当 1.4B 爆炸品与 1.4S 以外的其他爆炸品装载在同一架飞机时,必须分别装载在不同的集装器内,装机时集装器之间必须由其他货物分隔开并保持最小距离 2m。如不使用集装器装载,1.4B 必须与其他的爆炸品装载在不同且不相邻的位置且之间用其他货物隔离最小 2m 的距离。

(5) 除了上面的第(4)条情况外,不同配装组的爆炸品可装载在一起,不论其是否属于同一项别。

3. 固定货物

危险品包装件装入集装器或飞机货舱后,装载人员应将它们在货舱内固定住,防止起飞降落或飞行途中滑动或倾倒。散装的包装件要避免在货舱内移动,尽量用其他货物从各个方向紧紧卡住散装的包装件。

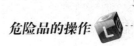

第七章 危险品的操作

4. 全货机的货物可接近

全货机上的货物量大、种类多，在装载货物时，要将危险品包装件装在机组人员能够看见、能够靠近的位置，比如装在靠近驾驶舱通道的位置，万一发生事故，机组能够第一时间发现并迅速将其处置、搬离。

二、特殊货物的装载

1. 磁性物质的装载

装载在对罗盘影响最小的位置上，注意多个包装件磁性会产生累积效应。

2. 固体二氧化碳(干冰)

固体二氧化碳(干冰)可以单独作为货物或作为其他物品的制冷剂运输，经营人必须确保将飞机上将装有或已装有固体二氧化碳(干冰)的情况通知给地面工作人员。飞机在到达或中转经停时，应将舱门打开一段时间，等待空气充分流通后，工作人员再进行作业。

机组和旅客的交运行李中如果有干冰，则必须使用标记，表明其中含有干冰，且标明干冰数量，或标明内装不超过2.5kg的干冰。为了便于处理含有干冰的机组和旅客交运行李，经营人可使用这种行李牌来标识此类交运行李，图7-7为行李牌样本。

图 7-7　含有干冰的行李使用的行李牌

3. 低温液体的装载

经营人应通知地面工作人员低温液体的装载情况，对于抵达或中转的情况，要提醒装载人员在进入飞机货舱前打开货舱门通风。

4. 可膨胀聚合物颗粒及塑料模塑化合物的装载(UN2211 及 UN3314)

净重不超过 100kg 的可膨胀聚合物颗粒或塑料模塑化合物，参照包装说明957，装载于任何飞机上的不可接近的货舱内。

5. 活体动物与危险品的装载

活体动物不得靠近低温液体或固体二氧化碳(干冰)装载。由于固体二氧化碳(干冰)释放的气体比空气重，这些气体会集中在货舱底层。因此，活体动物的装载位置应高于含固体二氧化碳(干冰)的包装件。

贴有Ⅱ级黄和Ⅲ级黄色标签的包装件和放射性专用货箱必须与活体动物隔离。运输时间小于或等于24h，最小间隔距离为0.5m；运输时间大于24h，最小间隔距离为1m。

6. 自反应物质和有机过氧化物的装载

在装载过程中，含有4.1项自反应物质和5.2项有机过氧化物的包装件或集装器必须避免日光直射远离热源和保持良好通风。

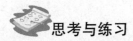

思考与练习

一、单项选择题

1. 两种性质相互抵触的危险品在仓库储存时，两者的间距至少(　　)m。

A. 1   B. 1.5   C. 2   D. 3

2. 每一堆第 7 类放射性物质的包装件和放射性专用箱的总运输指数或总临界安全指数不得超过（ ）。

  A. 50   B. 40   C. 30   D. 20

3. 货舱中活体动物的装载位置比干冰的包装件（ ）。

  A. 高   B. 矮   C. 一样高   D. 没要求

4. 在储存和装载时可以相邻放置的是（ ）。

  A. PI9651A 和第 3 类   B. 4.2 和 5.1
  C. 3 和 8   D. PI965 的 1B 和 2.1

5. 危险性是 3(8) 的包装件和危险性是 5.1 的包装件（ ）。

  A. 可以相邻放置   B. 不可相邻放置
  C. 不能上下相邻放置   D. 没有要求

二、填空题

1. 根据危险品的存储与装载相容性表 9.3.A，下列危险品是否需要隔离？
放射性物品与易燃液体_____，4.2 与 5.1 _____。

2. 贴有 Ⅱ 级黄和 Ⅲ 级黄色标签的包装件、Overpack 包装和放射性专用货箱必须与活体动物隔离。运输时间小于或等于 24h，最小间隔距离为_____ m；运输时间大于 24h，最小间隔距离为_____ m。

3. 在装载过程中，含有 4.1 项自反应物质和 5.2 项有机过氧化物的包装件或集装器必须避免_____和_____。

4. 为了规范收运操作流程，_____应使用收运检查单仔细检查申报单、包装、标记标签的各项细节工作。检查完成，由_____签字生效，如有不合格的项目，应该立刻退回_____纠正后再提交。

5. 对于总运输指数或总临界安全指数超过_____的一堆货物，须将超出指数部分的包装件分开码放，且分开的两堆货物之间距离至少保持_____ m。

三、判断题

1. 彼此可能发生危险反应的危险品包装件不得靠在一起码放。（ ）

2. 干冰对于活体动物存在两种危险性，一是释放的二氧化碳气体使动物窒息；二是使动物处于低温环境，因此干冰和活体动物不得相邻放置。（ ）

3. 有液体向上标签的包装件在操作时必须按此标签进行码放和装载。（ ）

4. 根据隔离表 9.3.A，第 7 类危险品不需要跟其他危险品隔离。（ ）

5. 6.1 项由于不在隔离表 9.3.A 里面，不需要跟其他危险品隔离。（ ）

四、简答题

1. 根据 9.3.A 隔离表，哪些锂电池包装件需要隔离？为什么要隔离？

2. 一旦发生危险事故，应急反应信息可以通过哪些途径获得？

3. 为什么全货机的危险品货物要具有可接近性？

4. 不相容的危险品包装件在装载时不能接触或相邻放置，在飞机上隔离的方法有哪两种？

第八章
危险品运输的限制

知识要求

(1) 熟悉禁止航空运输的危险品的种类。
(2) 了解禁运、豁免、批准的有关规定。
(3) 掌握隐含危险品的判断方法。
(4) 掌握旅客、机组携带危险品的规定。
(5) 掌握例外数量、有限数量运输危险品的要求。
(6) 了解航空邮件、运营人资产中的危险品的运输规定。
(7) 了解各国、各运营人运输危险品的差异性规定。

技能要求

具有按 DGR 有关限制条款进行危险品操作的能力。

隐含危险品案例

通过学习隐含的危险品和旅客机组携带的危险品的知识,引导学生仔细观察,快速准确识别和判断危险品,培养学生善于观察、善于思考、严谨科学的工作作风,为更好地践行当代民航精神而努力。

如何携带温度计乘坐飞机

想必大家都知道发烧了要用温度计量体温——一个玻璃棒状的物体,里面有银灰色的液体。放腋下里一会儿,银灰色液体就会往上跑,然后就知道体温了。

这么普通常见的家庭必备物品,怎么带着它坐飞机还有要求呢?绝大多数旅客更不知道现在如上图中的水银(也叫"汞")温度计是不让携带入客舱的?那以后坐飞机遇到发烧的情况怎么办?是不是又是一帮人拍脑袋想出来的规定啊?

2018年2月11日,一家四口,爷爷、儿子、儿媳及一名婴儿,乘坐国内一航空公司航班,

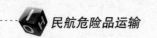

婴儿发烧,家人自行携带了一只水银温度计,用于测量婴儿体温,飞行过程中,为婴儿测量体温时,不慎将其打碎,导致水银泄露。飞机到达目的地下客后,乘务组发现座位上有打碎的温度计,并在座椅上发现有残留的水银后,立即报告公司,并按照程序进行了及时处置。

经调查,该旅客在飞行过程中曾向乘务员询问机上是否提供温度计。乘务组提供了机上温度计供旅客使用,并在使用后进行了回收,且确认机上温度计一切正常。飞行过程中,该旅客还提出可否留存机上温度计方便随时使用,乘务组告知该旅客温度计为易碎物品应由乘务组保管,如需要可以随时提出。在此期间,该旅客并未告知乘务组自己携带了温度计及打碎的情况。所幸乘务组及时发现了水银泄漏,并按标准程序进行了及时的清理,未造成更大的损失和伤害。

不论谁对谁错,既然事情发生了,"风险已经成为危害",就要想办法解决已经存在的危害。事件的原因大概有以下几个。

(1) 首先是对于旅客携带危险物品乘机的宣传不足。水银温度计在2017年以前是可以由旅客携带入飞机客舱的,但是2017年以后,国际民航组织规定:旅客不可以手提或随身携带水银温度计,但可以托运水银温度计。该事件中,旅客不甚了解该规定的变化,未能提前杜绝该事件的发生。

(2) 技术原因导致单支温度计安检的检出率不高。水银虽属高密度重金属,但旅客携带的温度计中水银含量较少,以现有的X射线检查手段,单支温度计图像在与行李箱包及包内其他物品图像叠加后,辨识难度较大;此外,单支温度计一般情况下不足以对航空安全造成大的直接危害,因而安检人员一定程度上会降低对其关注度。

(3) 旅客自身的安全意识和公德意识有待提高。旅客在值机环节未向工作人员申明带有水银温度计;机上有温度计可供使用,完全可以将自己携带的温度计放入托运行李中。

在发生温度计破碎,水银泄漏后,未能及时向机组进行报告,有刻意隐瞒之嫌。水银会缓慢挥发,导致自身以及周边旅客在飞行途中暴露于泄漏的水银环境造成慢性身体损害,且造成航空公司维护清扫损失。

资料来源:浩南. 如何携带温度计乘坐飞机(一)? [EB/OL]. (2018-06-13)[2021-09-07]. https://mp.weixin.qq.com/s/m6BbJ1lj-AJq95DhMxW8kQ.

讨论:
(1) 旅客将水银温度计带入客舱有什么危险?
(2) 旅客要将水银温度计带进客舱,应该符合什么条件?
(3) 航空公司应该采取什么措施避免此类事故的发生??
(4) 针对此案,航空公司应该开展哪方面的员工培训?

第一节 禁止航空运输的危险品

一、在任何情况下都禁止航空运输的危险品

在正常运输条件下容易发生爆炸、危险性反应、起火或产生导致危险的热量、散发导致危险的毒性、腐蚀性或易燃性气体或蒸气的任何物品或物质,在任何情况下都禁止使用航空运输。

第八章 危险品运输的限制

这些禁运的危险品已包含在危险品表中,在 I、J、K 和 L 栏中用"Forbidden"(禁运)字样标明。它们没有 UN 编号并注明"Forbidden 禁止运输"字样,如表 8-1 所示。

表 8-1 禁运危险品的品名表示例

UN/ID No.	Proper Shipping Name/Description	Class or Div. (Sub Hazard)	Hazard Label(s)	PG	EQ see 2.6	Ltd Qty		Passenger and Cargo Aircraft		Cargo Aircraft Only		S.P. see 4.4	ERG Code
						Pkg Inst	Max Net Qty/Pkg	Pkg Inst	Max Net Qty/Pkg	Pkg Inst	Max Net Qty/Pkg		
A	B	C	D	E	F	G	H	I	J	K	L	M	N
	Aerosols, non-flammable, containing substances in Class 8, Packing Group I						Forbidden		Forbidden		Forbidden		

二、经豁免可以运输的危险品

有些危险品在一般情况下禁止航空运输,但在非常紧急的情况下,或当其他运输方式不合适,或完全按照所规定的要求而违背公众利益时,有关国家(指货物运输的始发国、中转国、飞越领空国、到达国和运营人注册国)可以豁免有关禁运的规定而进行航空运输。豁免的前提是,须保证运输整体安全水平与《技术细则》所规定的安全水平至少相当。

如表 8-2 所示的 UN0171 一般情况下禁止空运,由于它有品名和 UN 编号,虽然 I、J、K、L 栏有"Forbidden"(禁运)字样,但是,经豁免是可以空运的。

表 8-2 经豁免可以运输的品名表示例

UN/ID No.	Proper Shipping Name/Description	Class or Div. (Sub Hazard)	Hazard Label(s)	PG	EQ see 2.6	Ltd Qty		Passenger and Cargo Aircraft		Cargo Aircraft Only		S.P. see 4.4	ERG Code
						Pkg Inst	Max Net Qty/Pkg	Pkg Inst	Max Net Qty/Pkg	Pkg Inst	Max Net Qty/Pkg		
A	B	C	D	E	F	G	H	I	J	K	L	M	N
0171	Ammunition, illuminating † with or without burster, expelling charge or propelling charge	1.2G					Forbidden		Forbidden		Forbidden		1L

经豁免可以运输的航空禁运危险品有下面几种情况。

(1) 以下放射性物品:带通气设施的 B(M)型包装件;需要辅助冷却系统进行外部冷却的包装件;在运输过程中需要操作控制的包装件;爆炸品;可自发火的液体。

(2) 除非另有规定,在危险品表中标明禁止运输的,带联合国编号的物品和物质(包括被注明"未另详述 n.o.s."的物品)。

(3) 被传染的活体动物。

(4) 需要 I 级包装的具有蒸气吸入毒性的液体。

(5) 温度等于或高于 100℃ 的液态物质或温度等于或高于 240℃ 的固态物质。

(6) 国家有关部门指定的任何其他物品或物质。

第二节　隐含的危险品

在托运人申报的货物中,有些货物的名称很大,包含的货物种类很多,但在该名称下可能隐含某些危险品。例如货运单上写的"集运货物",那么,此时可能含有任何类别的危险品。这就需要工作人员在看到这些可疑名称的时候,进一步排查,如果经核查该货物不属于危险品,托运人则必须在"航空货运单"上注明"Not Restricted";如果核查下来是危险品,则必须按照按危险品的规则运输。典型的可能隐含危险品的名称如下。

(1) 紧急航材/航空器零备件/航空器设备,可能含有爆炸物品、化学氧气发生器、不能使用的轮胎装置、钢瓶或压缩气体(氧气瓶、二氧化碳气瓶、氮气瓶或灭火瓶)油漆、黏合剂、气溶胶、救生器材、发动机、急救箱、设备中的燃油、湿电池或锂电池、火柴等(图 8-1 和图 8-2)。

图 8-1　紧急航材

图 8-2　急救箱

(2) 汽车、汽车零部件/用品,轿车、汽车、摩托车可能含有虽不符合对磁性物质的定义,但由于可能影响航空器仪器而需符合特殊装载要求的铁磁性材料,也可能含发动机,包括燃料电池发动机、化油器或含有装过燃料的燃料箱、湿电池或锂电池、轮胎充气装置中的压缩气体、灭火器、含氮震台架或支柱、气囊充气机、气袋模块、易燃黏合剂、油漆、密封剂和溶剂等(图 8-3 和图 8-4)。

隐含的危险品

(3) 电池供电的装置/设备,可能含湿电池或锂电池(图 8-5)。

(4) 呼吸器,可能含有压缩空气瓶或氧气瓶、化学氧气发生器或深冷液化氧气(图 8-6)。

(5) 野营用具,可能含有易燃气体(丁烷、丙烷等)、易燃液体(煤油、汽油等)、易燃固体(火柴等)或其他危险品(图 8-7 和图 8-8)。

图8-3 气囊充气机

图8-4 摩托车

图8-5 含锂电池的平衡车

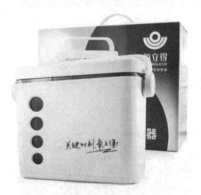

图8-6 制氧机

图8-7 野营炉

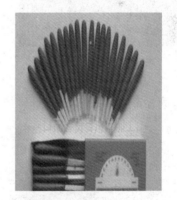

图8-8 安全火柴

(6) 化学品,可能含有任何类别符合危险品定义的物质,尤其是易燃液体、易燃固体、氧化剂、有机过氧化物、毒性或腐蚀性物质(图8-9)。

(7) 经营人物资,如航空器零件,可能含有不可或缺的危险品,如旅客服务设备中的化学氧气发生器,各种压缩气体,如氧气、二氧化碳和氮气、气体打火机、气溶胶、灭火器;易燃液体,如燃油、油漆和黏合剂;腐蚀性材料,如电池;其他物品,如照明弹急救包、救生设备、火柴、磁性材料等。

(8) 集运货物,可能含任何类别的危险品。

(9) 低温(液体),可能有低温液化气体,如氩、氮、氖、氨等(图8-10)。

图 8-9　化学品硝酸

图 8-10　低温液体

(10) 气瓶,可能含有压缩或液化气体(图 8-11)。

(11) 牙科器械,可能包含易燃树脂或溶剂、压缩或液化气体、汞和放射性物品(图 8-12)。

图 8-11　液化气瓶

图 8-12　牙科器械

(12) 诊断标本,可能含有感染性物质(图 8-13)。

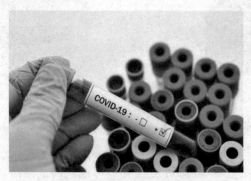

图 8-13　Covid-19 诊断标本

(13) 潜水设备,可能含压缩气瓶(空气、氧气等)(图 8-14),如自携式潜水呼吸氧气桶、背心气瓶等。也可能含强光潜水灯(图 8-15),当在空气中启动时可能产生极高的热量。为安全载运,灯泡或电池必须保持断路。

图 8-14 压缩气瓶

图 8-15 潜水灯

（14）钻探及采掘设备，可能含爆炸品和(或)其他危险品(图 8-16)。

（15）液氮灌，可能含有游离液氮。只有在包装以任何朝向放置液氮都不会流出的情况下，才不受本规则限制(图 8-17)。

图 8-16 炸药

图 8-17 液氮罐

（16）电气设备或电子设备可能含磁性材料(图 8-18)或在开关装置和电子管(图 8-19)中的汞、湿电池、锂电池或燃料电池或含有装过燃料的燃料电池盒。

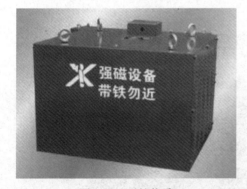

图 8-18 磁性物质

图 8-19 电子管

（17）电动器械，如轮椅、割草机、高尔夫球车等，可能装有湿电池锂电池或燃料电池或盛有或曾经盛装燃料的燃料电池盒(图 8-20)。

(18)探险设备,可能含爆炸品(照明弹)、易燃液体(汽油)、易燃气体(丙烷、野营燃气),或其他危险品(图 8-21)。

图 8-20　轮椅电池　　　　　　　　图 8-21　丙烷气罐

(19)摄影或媒体设备,可能含爆炸性烟火设施(图 8-22)、内燃机发电机(图 8-23)、湿电池锂电池燃料、发热物品等。

图 8-22　烟火设施　　　　　　　　图 8-23　发电机

(20)冷冻胚胎,可能含制冷液化气体或固体二氧化碳(干冰)(图 8-24)。

(21)冷冻水果、蔬菜等,可能包装在固体二氧化碳(干冰)中(图 8-25 和图 8-26)。

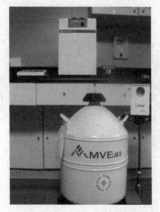 

图 8-24　冷冻胚胎容器　　　　　　图 8-25　冷冻水果

(22) 燃料,能含有易燃液体、易燃固体或易燃气体(图 8-27 和图 8-28)。

图 8-26　干冰

图 8-27　固体酒精

(23) 燃料控制器,可能含有易燃液体(图 8-29)。

图 8-28　加气罐

图 8-29　燃料控制器

(24) 热气球,可能含装有易燃气体的气瓶灭火器内燃机电池等(图 8-30)。

(25) 家具用品,可能含有符合危险品任何标准的危险品,如油漆、上光剂(图 8-31)、气溶胶、漂白剂(图 8-32)、腐蚀剂罐或下水道清洗剂、弹药、火柴等。

图 8-30　热气球

图 8-31　家具上光剂

(26) 仪器,可能藏有气压计(图 8-33)、血压计、汞开关、整流管、温度计(图 8-34)等含有汞的物品。

图 8-32 漂白剂

图 8-33 气压计

(27) 实验室/试验设备(图 8-35),可能含符合危险品任何标准的物品,特别是易燃液体、易燃固体、氧化剂、机过氧化物、毒性或腐蚀性物质(图 8-36)、锂电池、压缩气瓶等。

图 8-34 温度计

图 8-35 试验仪设备

(28) 机械部件,可能含黏合剂、油漆、密封胶溶剂、湿电池和锂电池、汞、含压缩或液化气体的气瓶等。

(29) 磁铁或其他类似物,其磁性单独或累积可能符合磁性物质的定义(图 8-37)。

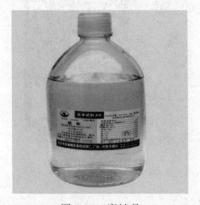
图 8-36 腐蚀品

图 8-37 磁铁

（30）医疗用品/设备，可能含符合危险品任何标准的物品，特别是易燃液体、易燃固体、氧化剂、有机过氧化物、毒性、腐蚀性物质或锂电池（图 8-38 和图 8-39）。

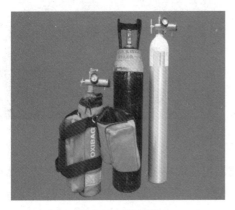

图 8-38　氧气瓶

图 8-39　血压计

（31）金属建筑材料、金属栅栏、金属管材，可能含有的铁磁性物质会影响航空器仪器的准确度，需要有特殊的装载要求（图 8-40 和图 8-41）。

图 8-40　强磁套筒

图 8-41　强磁图钉

（32）汽车部件（轿车、机动车、摩托车），可能装有湿电池等（图 8-42）。

（33）旅客行李、促销材料，可能含符合危险品任何标准的物品。例如，爆竹、家庭用的易燃液体、腐蚀剂罐或下水道清洗剂、易燃气体或液体打火机燃料储罐、野营炉的气瓶、火柴弹药、漂白粉以及根据规定不允许携带的气溶胶等。

（34）药品，可能含符合危险品任何标准的物品，尤其是放射性物品、易燃液体、易燃固体、氧化剂、有机过氧化物、毒性或腐蚀性物质（图 8-43）。

图 8-42　汽车湿电池

（35）摄影器材、设备，可能含符合危险品任何标准的物品，尤其是发热装置、易燃液体、易燃固体、氧化剂、有机过氧化物、毒性或腐蚀性物质或锂电池（图 8-44）。

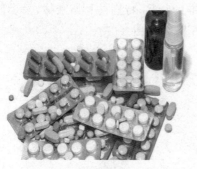 

图 8-43　药品　　　　　　　　图 8-44　摄影器材

（36）赛车或摩托车队设备，可能装有发动机，包括燃料电池发动机、化油器或含燃料或残余燃料的油箱、易燃气溶胶、压缩气瓶、硝基甲烷，其他燃油添加剂或湿电池、锂电池等（图 8-45）。

（37）电冰箱，可能含液化气体或氨溶液（图 8-46）。

图 8-45　摩托车发动机　　　　图 8-46　电冰箱

（38）修理箱，可能含有机过氧化物和易燃黏合剂、溶剂型油漆、树脂（图 8-47）。

（39）试验样品，可能含有符合危险品任何标准的物品，特别是感染性物质、易燃液体、易燃固体、氧化剂、有机过氧化物、毒性或腐蚀性物质。

（40）精液，可能用固体二氧化碳（干冰）或制冷液化气体包装（图 8-48 所示的液氮罐）。

图 8-47　修理箱　　　　　　图 8-48　装精液的液氮罐

(41) 船舶零备件,可能含有爆炸品(照明弹)(图8-49)、含压缩气体的气瓶(如救生筏)、油漆、锂电池(如应急定位发射器)等。

(42) 演出、电影、舞台与特殊效果设备,可能含易燃物质、爆炸品或其他危险品(图8-50)。

图8-49　照明弹

图8-50　舞台焊接设备

(43) 体育运动用品及体育团队设备,可能含压缩或液化气(空气、二氧化碳等)气瓶、锂电池、丙烷喷灯、急救箱、易燃黏合剂、气溶胶等(图8-51)。

(44) 游泳池化学品,可能含氧化或腐蚀性物质(图8-52)。

图8-51　运动员急救箱

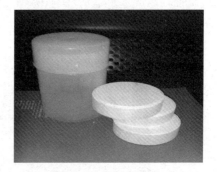
图8-52　泳池消毒片

(45) 电子设备或仪器开关,可能含汞(图8-53)。

图8-53　设备开关

(46) 工具箱,可能含爆炸品(如射钉枪)、压缩气体或气溶胶,易燃气体(如丁烷气瓶或焊枪)、易燃黏合剂或油漆、腐蚀性液体、锂电池等。

(47) 火炬，小型火炬和通用点火器，可能含易燃气体，并配有电子打火器。大型火炬可能包含安装在易燃气体容器或气瓶上的火炬头（通常有自动点火开关）（图8-54）。

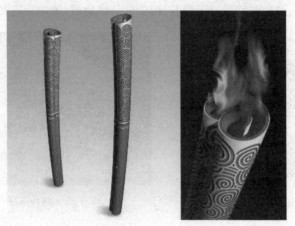

图 8-54 奥运火炬

(48) 无人伴随行李、私人物品，可能含符合危险品任何标准的物品，如爆竹、家庭用的易燃液体、腐蚀剂罐或下水道清洗剂、易燃气体或液体打火机燃料储罐或野营炉的气瓶、火柴、漂白剂、气溶胶等（图8-55和图8-56）。

图 8-55 烃类卷发棒　　　　　图 8-56 打火机燃料添加剂

(49) 疫苗，可能包装在固体二氧化碳（干冰）中（图8-57和图8-58）。

 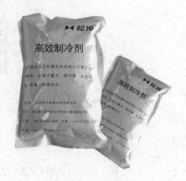

图 8-57 疫苗　　　　　　　　图 8-58 制冷剂

第三节　旅客或机组人员携带危险品的规定

一般情况下,旅客、机组人员的手提行李或交运行李中不允许夹带危险品。但有些危险品是旅客或机组生活、工作中的常用品,如果数量很小,危险性也有限,在符合本节有关规定的条件下,是可以作为行李交运、手提或随身携带的,否则必须到货运处按货运危险品的要求办理托运手续进行货物运输。

(一) 禁止携带物品

1. 公文箱、现金箱(袋)

除了符合 DGR 要求的保安型设备之外,内装锂电池和(或)烟火材料等危险品的公文箱、现金箱、现金袋等保密型设备绝对禁止携带。

2. 使人丧失能力的装置

禁止随身、在交运的行李中或在手提行李中携带诸如催泪毒气、胡椒喷雾器等带刺激性或使人丧失行为能力的装置。

3. 液氧装置

禁止随身、在交运的行李中或在手提行李中携带使用液氧的个人医用氧气装置。

4. 电击武器

禁止在手提行李或交运行李中或随身携带含有诸如爆炸品、压缩气体锂电池等危险品的电击武器(如电击枪等)。

5. 锂电池驱动的打火机

无安全帽或无防止意外启动的保护措施的锂离子电池或锂金属电池驱动的打火机。

醇类洗手液属于危险品吗

醇基的洗手液,无论是液体还是凝胶,多数都含有体积百分比60%左右的乙醇。那么这些醇基洗手液对航空安全的影响到底有多大,有时并不得而知。正常情况下,飞机上使用的多是高闪点的乙二醇和水的混合物。为此,某技术中心做了一系列的洗手液及抗菌液体皂易燃性的实验,并评估了对典型航空材料的影响。

实验如预期,得到如下结论。

(1) 所有醇基洗手液都是易燃的,且很容易被点燃。

(2) 着火点比燃油、塑料、赛璐珞要低。

(3) 燃烧的峰值温度在 260~537.7℃。

(4) 液体醇基洗手液比凝胶的燃烧温度更高。

(5) 如果在洗手液底部加热,蒸气被点燃;但如果洗手液底部未加热,蒸气在环境37.8℃下不会着火。

(6) 12盎司的醇基洗手液燃烧的峰值温度超过815.5℃。

(7) 醇基洗手液对航空材料未造成明显影响航空安全的破坏。

(二) 经运营人批准只能作为交运行李接收的物品

(1) 弹药包装牢固的 1.4S 项弹药筒（小型武器子弹）在仅供自用条件下，每人携带毛重不超过 5kg，不包括爆炸性或燃烧性的射弹。两人以上所携带的弹药不得合并成一个或数个包装件。

(2) 装有密封型湿电池或镍氢电池或干电池的轮椅/助行器是指由于残疾、健康或年龄或临时行动问题（如腿部骨折）而活动受限的旅客使用的装有密封型湿电池或符合特殊规定 A123 或 A199 电池的轮椅或其他类似的助行器。

(3) 装有非密封型电池的轮椅/助行器。由于残疾、健康或年龄或临时行动问题（如腿部骨折）而活动受限的旅客使用的装有非密封型电池的轮椅或其他类似的助行器。

(4) 装有锂电池的轮椅/助行器。由于残疾、健康或年龄或临时行动问题（如腿部骨折）而活动受限的旅客使用的装有锂离子电池的轮椅或其他类似的助行器。

(5) 野营炉以及装有易燃液体燃料的燃料容器。

(6) 符合相关规定的保安型设备。

(三) 经运营人批准，仅可作为手提行李接收的物品

(1) 水银气压计或温度计。既指政府气象局或类似官方机构携带的温度计。

(2) 备用锂电池。指便携医疗电子设备（PMED）、体外心脏电击去颤器、轻便电子设备如电动工具、摄像机和笔记本电脑等设备的备用电池。

(四) 经运营人批准，可交运或手提行李的物品

(1) 医用氧气。既指医用的气态氧气或空气气瓶，也指受过专业医疗训练人员携带的气瓶，但液态氧的个人医疗用氧气装置禁止携带。

(2) 安装在设备上的小型非易燃气罐。是指为自动充气安全设备如救生衣或救生背心配备的小型气罐。

(3) 雪崩救援背包。雪崩救援背包可能含有 1.4S 项爆炸品的烟火引发装置。

(4) 化学品监视设备。是指含有放射性物品的仪器，化学品监视器（CAM），或者迅速报警和识别装置监视器（RAID-M）。

(5) 固体二氧化碳（干冰）。通常用作某种物品的制冷剂出现在行李中。

(6) 产生热量的物品，是指能产生大量热量的以电池组为动力的设备，例如潜水高强度灯，如果启动可能引起火灾。

(7) 锂电池供电的电子设备。是指装有锂金属或锂离子电池芯或电池的轻便医疗电子设备（PMED），如体外心脏电击去颤器（AED）、便携式集氧器（POC）和持续阳压呼吸辅助器（CPAP），作为医疗用途可以由旅客携带。

(五) 无须运营人批准可接收的物品

(1) 药品或化妆品和 2.2 项的气溶胶，是指非放射性药品或化妆品，如发胶、香水、科隆香水及含酒精药品。

(2) 用于机械假肢的气瓶，是指为操纵机械假肢而携带的 2.2 项小气瓶。

(3) 心脏起搏器/放射性药剂，是指放射性同位素心脏起搏器或其他医疗设备，包括那些植入人体内或配置在体外以锂电池为动力的装置或作为治疗手段置于人体内的放射性药剂。

第八章 危险品运输的限制

(4) 医用/临床用温度计,是指供个人使用的含汞的医用或临床用体温计。

(5) 安全火柴或打火机,是指自用的安全火柴或不含有未吸收的液体燃料(不包括液化气)的小型打火机,但禁止空运即擦火柴。

(6) 酒精饮料,是指在零售包装内体积浓度在24%以上但不超过70%盛装在容器内的含酒精饮料。

(7) 卷发器,含烃类气体的卷发器,每一旅客或机组人员只可携带一支,但其安全盖必须紧扣于发热元件上。在任何时候卷发器都不得在航空器上使用。

(8) 内含电池的便携式电子设备(PED)(包括医疗设备)及备用电池,是指个人自用的内含锂金属或锂离子电池芯或电池的轻便电子装置包括医疗装置,如便携式集氧器(POC)和消费电子产品,如照相机、手机、笔记本电脑、平板电脑和充电宝。

(9) 便携式电子设备中的燃料电池,是指为轻便电子设备(如照相机、手机、手提电脑,以及便携摄像机等)提供电力的燃料电池及燃料盒,燃料包括只可以含易燃液体、腐蚀性物质、液化易燃气体、水反应物质或金属氢化物形式的氢。

(10) 含冷冻剂液氮的隔热包装(液氮干装),是指隔热包装里含有的液氮全部被多孔材料吸附,用于在低温下运输非危险品。

(11) 与少量易燃液体一起包装的非感染性标本,是指在交运或手提行李中含有符合DGRA180特殊规定的非感染性样本,如含有少量易燃液体的哺乳类、鸟类、两栖类、爬行类动物、鱼、昆虫和其他无脊椎动物的样本。

(12) 内燃机或燃料电池发动机,是指交运行李中,单独运输或安装在机器或其他限制设备上的内燃机或燃料电池发动机。

(13) 渗透装置,是指交运行李中含有的校准空气质量监测设备的渗透装置。

以上限制携带危险品的详细信息,请参考表8-3(DGR 2.3.A表),旅客或机组携带危险品必须严格按照这些IATA的要求操作,特别注意的是,如果在国内乘坐民用航班,还必须遵守中国民航或者航空公司的差异化规定,如中国民航的限液令和禁火令等。

表8-3 旅客与机组携带危险品的规定(DGR 2.3.A表)

	允许在交运行李中或作为交运行李	允许在手提行李中或作为手提行李	必须通知机长装载位置	需由经营人批准
酒精饮料 Alcoholic beverages 在零售包装内体积浓度在24%以上但不超过70%的酒精饮料,装于不超过5升的容器内,每个人携带的总净数量不超过5升。	是	是	否	否
安全包装的弹药(武器弹药筒、子弹夹)Ammunition(cartridges for weapons) (只限1.4S UN0012和UN0014),仅限本人自用,每人携带毛重不超过5千克。一人以上所携带的弹药不得合并成一个或数个包装件。	是	否	否	否
雪崩救援背包 Avalanche rescue backpack 每人允许携带一个含有2.2项压缩气体的气瓶。也可装备有净重小于200毫克1.4S项物质的焰火引发装置。这种背包的包装方式必须保证不会意外开启。背包中的气囊必须装有减压阀。	是	是	是	否

续表

物品	需由经营人批准	允许在交运行李中或作为交运行李	允许在手提行李中或作为手提行李	必须通知机长装载位置
电池,备用/零散的,包括锂金属或锂离子电池芯或电池 Batteries, spare/loose, including lithium metal or lithium ion cells or batteries 便携式电子设备所用电池只允许旅客在手提行李中携带。对于锂金属电池,锂金属含量不能超过2克,对于锂离子电池,额定瓦特小时不能超过100Wh。主要作用是作为电源的制品,如移动电源视为备用电池。这些电池必须单独保护以防止短路。每人可最多携带20块备用电池。 *经营人可以批准携带超过20块电池。	否	否	是	否
野营炉具和装有易燃液体燃料的燃料罐 Camping stoves and fuel containers that have contained a flammable liquid fuel 带有空燃料罐和/或燃料容器(详见DGR 2.3.2.5)。	是	是	否	否
化学品监视设备 Chemical Agent Monitoring Equipment 由禁止化学武器组织(OPCW)的官方人员公务旅行携带的(见DGR 2.3.4.4)。	是	是	是	否
使人丧失行为能力的装置 Disabling devices 含有刺激性和使人丧失行为能力的物质,如催泪瓦斯、胡椒喷雾剂等,禁止随身、放入交运行李和手提行李中携带。	禁止			
干冰(固体二氧化碳)Dry ice (carbon dioxide, solid) 用于不受本规则限制的鲜活易腐食品保鲜的干冰,每位旅客携带不得超过2.5千克,可以作为手提或交运行李,但包装要留有释放二氧化碳气体的通气孔。交运的行李必须标注"干冰"或"固体二氧化碳"及其净重,或注明干冰小于或等于2.5千克。	是	是	是	否
电子香烟 E-cigarettes 含有电池的(包括电子雪茄、电子烟斗、其他私人用汽化器)必须单独保护以防意外启动。	否	否	是	否
电击武器 Electro shock weapons (如泰瑟枪)含有诸如爆炸品、压缩气体、锂电池等危险品,禁止放入手提行李或交运行李或随身携带。	禁止			
含有燃料的燃料电池 Fuel cells 为轻便电子装置供电(如照相机、手机、笔记本电脑和小型摄像机等),详见DGR 2.3.5.10。	否	否	是	否
备用燃料电池罐 Fuel cell cartridges, spare 为便携式电子设备供电,详见DGR 2.3.6.10。	否	是	是	否
小型非易燃气罐 Gas cartridges, small, non-flammable 安装在自动充气安全设备,如救生衣或背心上的装有二氧化碳或其他2.2项气体的小型气罐,每个设备携带不超过2个气罐。每位旅客携带不超过2个设备和不超过2个备用小型气罐。不超过4个其他设备用的水容量最多50mL的气罐(见DGR 2.3.4.2)。	是	是	是	否
非易燃无毒气体气瓶 Gas cylinders, non-flammable, non-toxic 用于操作机械假肢的气瓶。以及为保证旅途中使用而携带的大小相仿的备用气瓶。	否	是	是	否
含有烃类气体的卷发器 Hair curlers containing hydrocarbon gas 如果卷发器的加热器上装有严密的安全盖,则每名旅客或机组人员最多可带一个。这种卷发器任何时候都禁止在航空器上使用,其充气罐不准在手提行李或交运行李中携带。	否	是	是	否
产生热量的物品 Heat producing articles 如水下电筒(潜水灯)和电烙铁(详见DGR 2.3.4.6)。	是	是	是	否

续表

物品	需由经营人批准	允许在交运行李中或作为交运行李	允许在手提行李中或作为手提行李	必须通知机长装载位置
含有冷冻液氮的隔热包装 Insulated packagings containing refrigerated liquid nitrogen （液氮干装）液氮被完全吸附于多孔物质中，内装物仅为非危险品。	否	是	是	否
内燃机或燃料电池发动机 Internal combustion or fuel cell engines 必须符合A70（详见DGR 2.3.5.15）。	否	是	否	否
节能灯 Lamps，energy efficient 个人或家庭使用的装在零售包装内的节能灯。	否	是	是	否
锂电池：装有锂电池的保安型设备 Lithium Batteries：Security-type equipment containing lithium batteries （详见DGR 2.3.2.6）。	是	是	否	否
锂电池：含有锂金属或锂离子电池芯或电池的便携式电子设备（PED）Lithium Batteries：Portable electronic devices（PED）containing lithium metal or lithium ion cells or batteries 包括医疗设备如旅客或机组人员携带的供个人使用的便携式集氧器（POC）和消费电子产品，如照相机、移动电话、笔记本电脑和平板电脑（见DGR 2.3.5.9）。锂金属电池的锂含量不得超过2克，锂离子电池的瓦时数不得超过100Wh。在交运行李中的设备必须完全关闭并且加以保护防止损坏（不能为睡眠或休眠模式）。每人最多可携带15台PED。 ＊经营人可以批准携带超过15台PED。	否	是	是	否
锂电池：备用/零散的，包括移动电源，见电池，备用/零散的				
锂电池供电的电子设备 Lithium battery-powered electronic devices 供便携式电子设备（包括医用）使用的瓦特小时大于100Wh但不大于160Wh的锂离子电池。锂金属含量超过2克但不超过8克的仅供便携式医疗电子设备专用的锂金属电池。在交运行李中的设备必须完全关闭并且加以保护防止损坏（不能为睡眠模式或休眠模式）。	是	是	是	否
锂电池：备用/零散的 Lithium batteries，spare/loose 消费类电子装置和便携式医疗电子设备（PMED）使用的瓦特小时大于100Wh但不大于160Wh的锂离子电池，或仅供便携式医疗电子设备（PMED）专用的锂金属含量超过2克但不超过8克的锂金属电池。最多2个备用电池仅限在手提行李中携带。这些电池必须单独保护以防短路。	是	否	是	否
安全火柴（一小盒）或一个小型香烟打火机 Matches，safety（one small packet）or a small cigarette lighter 个人使用带在身上的不含未被吸附的液体燃料且非液化气体的打火机。打火机燃料或燃料充装罐不允许随身携带，也不允许放入交运行李或手提行李中。 注："即擦式"火柴、"蓝焰"或"雪茄"打火机禁止运输。	否	否	带在身上	否
助行器 Mobility Aids：装有密封型湿电池或符合特殊规定A123或A199电池的电动轮椅或其他类似助行器（详见2.3.2.2）。	是	是	否	否
助行器 Mobility Aids：装有非密封型电池或锂电池的轮椅或其他类似电动助行器（详见2.3.2.3和2.3.2.4）。	是	是	否	是
助行器 Mobility Aids：装有锂离子电池（可拆卸的）的电动助行器，锂离子电池必须拆卸下来，且在客舱内携带（详见2.3.2.4(d)）。	是	否	是	是

续表

	需由经营人批准	允许在交运行李中或作为交运行李	允许在手提行李中或作为手提行李	必须通知机长装载位置
非放射性药品或化妆用品 Non-radioactive medicinal or toiletry articles （包括气溶胶）如发胶、香水、科隆香水以及含酒精的药品。	否	是	是	否
2.2项非易燃无毒的气溶胶 Non-flammable, non-toxic（Division 2.2）aerosols　无次要危险性，体育运动用或家用。非放射性药品和化妆用品和2.2项非易燃无毒的气溶胶总净数量不得超过2千克或2升，每单个物品的净数量不得超过0.5千克或0.5升。气溶胶阀门必须有盖子或用其他方法保护，以防止意外打开阀门释放内容物。	否	是	否	否
氧气或空气气瓶 Oxygen or air, gaseous, cylinders　用于医学用途，气瓶的毛重不得超过5千克。注：液态氧装置禁止运输。	是	是	是	是
渗透装置 Permeation devices　必须符合A41（详见DGR 2.3.5.16）。	否	是	否	否
含有密封型电池的便携式电子设备 Portable electronic devices containing non-spillable batteries　电池必须符合A67且等于或小于12V和等于或小于100Wh。最多可携带2个备用电池（详见DGR 2.3.5.13）。	否	是	是	否
放射性同位素心脏起搏器 Radioisotopic cardiac pacemakers　或其他装置，包括那些植入体内或体外安装的以锂电池为动力的装置或作为治疗手段植入体内的放射性药剂。	否	带在身上		否
保险型公文箱、现金箱、现金袋 Security-type attache cases, cash boxes, cash bags　除DGR 2.3.2.6节以外，装有锂电池和/或烟火材料等危险品，是完全禁运的。见DGR 4.2危险品表中的条目。		禁止		
非感染性样本 Specimens, non-infectious　与少量易燃液体包装在一起，必须符合A180（详见DGR 2.3.5.14）。	否	是	否	否
医疗或临床用温度计 Thermometer, medical or clinical　含汞，个人使用每人允许携带一支，放在保护盒内。	否	是	否	否
水银气压计或温度计 Thermometer or barometer, mercury filled　由政府气象局或其他类似官方机构携带的（详见DGR 2.3.3.1）。	是	否	是	是

禁止在飞机客舱抽烟（含电子烟）

2021年1月，一名女性乘客在三亚飞往北京的航班上抽起了电子烟。机组人员发现后及时制止并报警。该女子后被机场公安局处以行政拘留7日的处罚。该名旅客自称未注意机舱里播报的禁烟广播，也不知道飞机上是禁止抽电子烟的，以为电子烟可以通过安检带上飞机，就可以在飞机上使用。

第八章

危险品运输的限制

2020年12月,在长沙飞抵北京的航班上,一名男子在飞机下降过程中抽起了电子烟。航班机组人员发现后及时报警。该旅客被机场公安局处以行政拘留5日的处罚。

据美国航空局统计,2020年3月至2021年3月,共发生9起因电子烟过热冒烟或起火导致的航空不安全事件。例如,一架由达拉斯飞往印第安纳波利斯市的航班中途迫降在阿肯色州的小石城,原因是"一名乘客的电子烟突然失灵"。该名旅客的电子烟出现了热失控问题,引发燃烧。

近年来随着电子烟的出现,发生了不少在飞机上吸电子烟被处罚的事件。大部分乘坐飞机的人都知道飞机上是禁止吸烟的,但是电子烟作为一项新兴事物,由于其不需借助火源助燃、不产生明火且吸食时无明显异味,使人们误认为在飞机上吸食电子烟不属于禁烟的范畴,殊不知此种行为会带来严重的危害。

在《中华人民共和国治安管理处罚法》《中华人民共和国民用航空安全保卫条例》以及《中国民用航空局公安局关于维护民用航空秩序保障航空运输安全的通告》的规定中都明确提出了飞机上严禁吸烟(含电子烟)的相关要求。2006年中国民航局还曾专门发布《关于在飞机上禁用"如烟"雾化电子烟的咨询通告》,由此可见,电子烟是不能在客舱内使用的。

如果旅客在客舱中使用电子烟,属于涉嫌扰乱公共交通工具上的秩序,依据《中华人民共和国治安管理处罚法》第23条第1款第(三)项,可能面临行政拘留5日及以上的行政处罚。情节严重的,还可能被追究刑事责任。

旅客携带内含锂电池的便携式电子吸烟装置乘坐飞机时,包括电子烟、电子雪茄、电子烟斗、个人喷雾器和个人电子尼古丁输送系统等,应符合以下要求。

(1) 仅限旅客或机组为个人自用携带,且不能在机上使用或充电。

(2) 便携式电子吸烟装置及其备用电池只能随身携带或者放入手提行李中,不得放入托运行李中托运。

(3) 所有的锂电池都通过UN38.3测试,锂离子电池的额定能量不得超过100Wh,锂金属电池的锂含量不得超过2g。

(4) 便携式电子吸烟装置应单独保护防止意外启动。如果携带了电子烟装置的备用电池,电池必须单个做好保护以避免发生短路。

旅客、机组携带
危险品的规定

(5) 电子烟的烟油与液体物品运输规则一致,必须托运。

典型案例

白云机场查获一起新式钢笔催泪器

2012年8月19日下午,广州白云国际机场安检员在一名前往科伦坡的外籍旅客包内首次查获两瓶新型的多功能催泪器。

下午4点30分左右,外籍旅客ZIA/ULHAQ走进白云国际安检通道想要前往科伦坡。当安检员小吴在检查其随身行李时发现其行李包内有疑似催泪器的可疑物品,于是要求进行开包检查。经开包检查在其行李箱内查获两瓶新型的多功能催泪器。此催泪器外观呈椭圆形,尺寸为9cm×3.8cm,净重约50g,整体呈粉色,外壳主要由塑料制成,内部装有10mL防身喷雾一瓶,配备有三颗电池,具有手电筒、验钞、防身的功能。

白云安检提醒：根据民航局规定，催泪器属于禁止随身携带与托运的违禁物品，请各广大旅客切勿携带，以免耽误您的行程。

资料来源：林秋珍，吴君. 白云国际机场安检人员首次查获多功能催泪器[EB/OL]. (2012-08-21) [2021-09-07]. http://news.carnoc.com/list/231/231627.html.

第四节　危险品的邮政运输

按照国际民航组织《危险品安全航空运输技术细则》(ICAO-TI)、万国邮政联盟及《中国民用航空危险品运输管理规定》(CCAR-276部)规定：不得通过航空邮件邮寄危险品或者在航空邮件内夹带危险品。不得将危险品匿报或者谎报为普通物品进行邮寄。对于某些化工产品，如果邮政部门不能确定其是否为危险品，应先将该物品送到国家有关部门进行检测，经鉴定是危险品的，不能按航空邮件运输的，必须作为货物在货运部门交运。规定可以邮寄的危险品除外。

除了下列物品，不得通过航空邮件邮寄危险品或者在航空邮件内夹带危险品。

（1）感染性物质，仅限于生物质，B级(UN3373)，且按照包装要求650进行包装；和用作感染性物质(UN3373)制冷剂的固体二氧化碳（干冰）。

（2）病患标本，病毒存在可能性很低，并按照规定进行分类包装及标记。

（3）放射性物品，仅限例外包装件中的UN2910和UN2911，其活度不超过DGR表10.3.C中所规定标准的十分之一。其包装件必须标注托运人和收货人的姓名，包装件必须标记"放射性物品——邮政允许数量"并且贴有放射性物品例外包装件标签。

（4）安装在设备中的锂离子电池(UN3481)，符合包装说明967第Ⅱ部分规定，且不超过4个电池芯或2个电池的，可以在任何单个包装件中邮寄。

（5）安装在设备中的锂金属电池(UN3091)，符合包装说明970第Ⅱ部分规定，且不超过4个电池芯或2个电池的，可以在任何单个包装件中邮寄。

危险品邮件空运的程序由邮件接收国家民航当局审查批准。指定邮政经营人必须得到民航部门的特定批准后才可以接受如上述(4)和(5)的锂电池。

第五节　运营人财产中的危险品(COMAT)

运营人财产中的一些物品和物质可能归类为危险品，安装在飞机上时不受《危险品规则》的限制，而替换或报废时作为货物运输，必须按照危险品办理运输。主要有以下几种。

一、航空器设备

已分类为危险品，但按照有关适航要求运行规定或经营人所属国家规定，为满足特殊要求而装载于航空器内的物品或物质。

二、消费品

飞行或连续飞行中，在经营人的航空器上使用或出售的气溶胶酒精饮料、香水、液化气打火机和含有符合 DGR 2.3.5.8 节规定的锂离子或锂金属电池芯或电池的便携式电子设备,但不包括一次性气体打火机和减压条件下易泄漏的打火机。

三、固体二氧化碳(干冰)

用于冷藏在航空器上服务用食品和饮料的固体二氧化碳(干冰)。

四、电池驱动的电子设备

符合《危险品规则》规定的经营人带上航空器使用的含有锂金属或锂离子电芯或电池的电子设备,如电子飞行包、个人娱乐设备、信用卡读卡器等的电子设备及其备用锂电池。未使用的备用锂电池必须单独作防短路保护。

第六节 例外数量的危险品

当运输危险品的数量极少、危险性又不是很大时,可以作为例外数量危险品运输,它的运输接近普通货物,并可以免受《危险品规则》关于危险品标记、装载和文件要求的限制,该货物就是例外数量的危险品。

但是,例外数量危险品不允许作为交付行李或手提行李,也不允许作为邮件。

一、允许以例外数量运输的危险品

允许以例外数量运输的危险品如下。

(1) 无次要危险性的 2.2 项的物质,但不包括 UN1043、UN1044、UN1950、UN2037、UN2073、UN2857、UN3164、UN3500 及 UN3511。

(2) 第 3 类物质,所有包装等级,不包括有次要危险性的Ⅰ级包装和 UN1204、UN2059 和 UN3473。

(3) 第 4 类物质,包装等级为Ⅱ级和Ⅲ级,但不包括所有自反应物质和 UN2555、UN2556、UN2557、UN2907、UN3292 和 UN3476。

(4) 5.1 项包装等级为Ⅱ级和Ⅲ级的物质。

(5) 仅限于装在化学品箱、急救箱或聚酯树脂箱中的 5.2 项物质。

(6) 除了包装等级为Ⅰ级具有吸入毒性的那些物质外,所有 6.1 项中的物质。

(7) 第 8 类物质,包装等级为Ⅱ级和Ⅲ级,但 UN1774、UN2794、UN2795、UN2800、UN2803、UN2809、UN3028 和 UN3477、UN3506 除外。

(8) 除固体二氧化碳、转基因生物、转基因微生物以外的第 9 类的物质,不包括所有物品。

注意:以上类别、项别和包装等级的物品和物质也可以是放射性物质例外包装件。

二、例外数量的危险品的数量限制

在 DGR 的品名表中,F 栏分配了一个由 E0 到 E5 的"EQ"代号(如表 8-4 所示的 F 栏),以便识别一种危险品是否可以例外数量运输。

表 8-4 DGR 的品名表节选

UN/ID No.	Proper Shipping Name/Description	Class or Div.(Sub Hazard)	Hazard Label(s)	PG	Passenger and Cargo Aircraft					Cargo Aircraft Only		S.P. see 4.4	ERG Code
					EQ see 2.6	Ltd Qty							
						Pkg Inst	Max Net Qty/Pkg	Pkg Inst	Max Net Qty/Pkg	Pkg Inst	Max Net Qty/Pkg		
A	B	C	D	E	F	G	H	I	J	K	L	M	N
1454	Calcium nitrate	5.1	Oxidizer	III	E1	Y546	10kg	559	25kg	563	100kg	A83 A803	5L
1910	Calcium oxide	8	Corrosive	III	E1	Y845	5kg	860	25kg	864	100kg	A803	8L
1455	Calcium perchlorate	5.1	Oxidizer	II	E2	Y544	2.5kg	558	5kg	562	25kg		5L
1456	Calcium permanganate	5.1	Oxidizer	II	E2	Y544	2.5kg	558	5kg	562	25kg		5L
1457	Calcium peroxide	5.1	Oxidizer	II	E2	Y544	2.5kg	558	5kg	562	25kg		5L
1360	Calcium phosphide	4.3 (6.1)	Dang. when wet & Toxic	I	E0	Forbidden		Forbidden		487	15kg		4PW
1855	Calcium, pyrophoric	4.2				Forbidden		Forbidden		Forbidden			4W
1313	Calcium resinate	4.1	Flamm. solid	III	E1	Y443	10kg	446	25kg	449	100kg	A803	3L
1314	Calcium resinate, fused	4.1	Flamm. solid	III	E1	Y443	10kg	446	25kg	449	100kg	A803	3L
	Calcium selenate, see Selenates★ (UN 2630)												
	Calcium selenite, see Selenites★ (UN 2630)												
1405	Calcium silicide	4.3	Dang. when wet	II III	E2 E1	Y475 Y477	5kg 10kg	484 486	15kg 25kg	490 491	50kg 100kg	A3 A803	4W 4W

其中,F 栏的 E0 到 E5 的内、外包装的限量见表 8-5。如果每个危险品内、外包装里数量不超过表 8-5 中的规定,则可以按例外数量包装运输。

表 8-5　危险品表中例外数量危险品代号

代号	每个内包装的最大净数量	每个外包装的最大净数量
E0	不允许例外数量运输	
E1	30g/30mL	1kg/1L
E2	30g/30mL	500g/500mL
E3	30g/30mL	300g/300mL
E4	1g/1mL	500g/500mL
E5	1g/1mL	300g/300mL

小知识

丙酮(ACETONE)的运输方式

丙酮属于危险化学品,应由有资质的运输企业进行运输,且相关人员必须具有上岗证件,同时接受过相关培训,并在运输过程中配备相应防护用品及应急处理设备。其危险品名表的信息如表 8-6 所示。

表 8-6　危险品名表

| 1090 | Acetone | 3 | Flamm.liquid | Ⅱ | E2 | Y341 | 1L | 353 | 5L | 364 | 60L | | 3H |

丙酮的运输方式通常有以下两种。

1. 按有限数量运输——大宗丙酮运输

丙酮属于危险货物,联合国编号 UN1090,第 3 类易燃液体,包装等级Ⅱ级,有限数量 Y341。如果丙酮运输量较大,在满足资质要求的前提下,对丙酮按照 Y341 要求进行运输准备即可,合规合法运输。

2. 按例外数量运输——小件丙酮运输

丙酮常以高纯试剂使用,单次用量少,价格昂贵。客户相对分散。对于小件的丙酮可以按如表 8-5 所示例外数量运输,例外数量编码为 E2,每个内包装的最大数量为 30mL,每个外包装的最大数量为 500mL。

三、例外数量的危险品的包装

1. 包装要求

(1) 例外数量包装件必须使用内包装,而且内包装必须用塑料制造(当用于液体危险品包装时它必须不小于 0.2mm 的厚度),或者用玻璃、瓷器、炻器、陶瓷或金属制造。每一内包装的封盖用线带保持牢靠;任何具有带模压螺纹颈的容器必须具有一个防漏带螺纹的帽。

(2) 每一内包装必须用衬垫材料牢固地包装在中层包装内。对于液体危险品,中层包装或外包装必须含有足够的吸附材料,以吸收内包装的全部内容物。危险品不得与衬垫材料、吸附材料和包装材料产生危险的反应。

(3) 中层包装必须牢固地包装在一个高强度的刚性外包装中(木材、纤维板或其他等强度材料)。

(4) 每个包装件的尺寸必须有足够的空间以适应所有必需的标记。

(5) 可以使用 Overpack 包装,而且 Overpack 包装可以包含危险品包装件或普通货物包装件。

2. 包装标记

含例外数量危险品的包装件必须耐久和清晰地标以如图 8-59 所示的标记。

图 8-59 例外数量包装标记
注:＊位置标注类别或项别,＊＊位置标注
托运人或收件人的名称。

该标记必须为正方形。影格线和符号必须在白色或合适背景上使用同一颜色,黑色或红色。标记的尺寸最小为 100mm×100mm。此标签不得折叠,不得将同一标签的各部分贴在包装件的不同侧面上。

3. 包装测试要求

准备运输的整个包装件,其内包装装入不少于容量 95% 的固体或不少于容量 98% 的液体,必须能承受以下两个试验,而任何内包装没有断裂或泄漏,也不显著降低其效能。

(1) 从 1.8m 高度跌落至一个坚硬、无弹性、平坦的水平面。

(2) 在持续 24h 内对试样顶部施加一个等于同样包装件(包括试样)堆码到 3m 高度总质量的力。

四、文件要求

(1) 不要求托运人危险品申报单。

(2) 运输例外数量的危险品,在货运单"物品的性质和数量"栏需要标明"例外数量的危险品(dangerous goods in excepted quantities)"和件数,但如果此票货物中只有该例外数量的危险品,则不必标明件数。

第七节　有限数量的危险品

有些危险品在有限、较少的数量下运输时呈现出危险性减小的现象,可以使用指定类型的高质量但并未经过相应的联合国测试的包装。

一、允许以有限数量运输的危险品

只有被允许由客机载运并符合下列类别、项别和包装等级的危险品才可按有限数量的危险品的规定进行运输。

(1) 第 2 类:2.1 项和 2.2 项的 UN1950,无次要危险的 2.1 项和 2.2 项的 UN2037、UN3478 和 UN3479。

(2) 第 3 类：包装等级为Ⅱ级和Ⅲ级的易燃液体和 UN3473。

(3) 第 4 类：4.1 项中包装等级为Ⅱ级和Ⅲ级的易燃固体,自反应物质和聚合物质除外, 4.3 项中包装等级为Ⅱ级和Ⅲ级的物质,只限固体和 UN3476。

(4) 第 5 类：5.1 项中包装等级Ⅱ级和Ⅲ级的氧化剂；5.2 项中仅限包装在化学品箱或急救箱内的有机过氧化物。

(5) 第 6 类：6.1 项中包装等级Ⅱ级和Ⅲ级的毒性物质。

(6) 第 8 类：包装等级Ⅱ级和Ⅲ级的第 8 类腐蚀性物质和 UN3477(燃料电池罐,含腐蚀性物质),但不包括 UN2794、UN2795、UN2803、UN2809、UN3028 和 UN3506。

(7) 第 9 类：仅限二溴二氟甲烷(UN1941)、苯甲醛(UN1990)、硝酸铵肥料(UN2071)、固体 n.o.s.(UN3077)、环境危害物质、液体 n.o.s.(UN3082)、化学品箱或急救箱(UN3316)、航空限制的液体(UN3334)、航空限制的固体(UN3335)和日用消费品(ID8000)。

二、有限数量的危险品的数量限制

(1) 每个包装的净数量不得超过危险品名表 H 栏规定的数量。

(2) "有限数量"包装件的毛重不得超过 30kg。

三、有限数量的危险品的包装

1. 包装要求

(1) 已被使用过的包装,包括封盖,前一次的内装物必须被清理后再装。

(2) 必须使用组合包装,不允许使用单一包装,包括复合包装。

(3) 有限数量的危险品包装必须符合危险品表中 G 栏内前缀为"Y"的包装说明的要求。

2. 包装标记

含有限数量危险品的包装件必须耐久和清晰地标以如图 8-60 所示的标记。

图 8-60　有限数量包装标记

3. 包装测试要求

(1) 跌落试验：准备载运的包装件,必须能够承受由 1.2m 高度位置跌落于坚硬的、无弹性的水平表面上的测试,经试验后,外包装不得有任何影响安全的损坏,内包装也不得有泄漏迹象。

(2) 堆码试验：每个包装件必须能够承受对其顶部表面施加的负荷,所施加的负荷应等于在运输中可能堆码在其上面的相同包装件的毛重量。堆积高度为 3m,持续时间为 24h。试验后,任何内包装无破损或泄漏且其效能无明显削弱。

四、文件要求

填写危险品申报单和货运单。

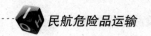

第八节　危险品运输的差异条款

当某个国家或承运人对危险品运输有更严格的规定时,可以向国际民用航空组织或国际航空运输协会申报差异,并列在《危险品规则》的国家、承运人差异中。在运输危险品之前,应根据出发国、目的国、运营人等信息查阅国家及运营人的差异。

一、国家或地区差异

1. 格式

国家或地区差异3个字母标识,最后一个字母经常是"G"(政府),后面是两个数字,例如澳大利亚国家的第一个差异,表示为"AUG-01"。

2. 已申报的国际或地区差异

如表8-7所示国家和地区已申报差异条款。

表8-7　已申报差异条款的国家或地区

国家或地区	代码	页码
埃及	EGG	44
阿鲁巴	AWG	38
澳大利亚	AUG	37
巴林	BHG	40
比利时	BEG	38
巴西	BRG	41
文莱	BNG	40
柬埔寨	KHG	52
加拿大	CAG	41
中国	CNG	43
克罗地亚	HRG	48
朝鲜	KPG	52
丹麦	DKG	44
埃塞俄比亚	ETG	45
斐济	DQG	44
法国	FRG	45
德国	DEG	43
加纳	GHG	47
中国香港特别行政区	HKG	48
印度	ING	49
印度尼西亚	IDG	49

续表

国家或地区	代码	页码
伊朗	IRG	49
意大利	ITG	50
牙买加	JMG	51
日本	JPG	51
科威特	KWG	52
吉尔吉斯斯坦	KGG	52
卢森堡	LUG	52
中国澳门特别行政区	MOG	53
马来西亚	MYG	53
尼泊尔	NPG	55
荷兰	NLG	53
阿曼	OMG	55
巴基斯坦	PKG	55
秘鲁	PEG	55
波兰	PLG	56
罗马尼亚	ROG	56
俄罗斯	RUG	57
沙特阿拉伯	SAG	57
塞尔维亚	RSG	56
新加坡	SGG	57
南非	ZAG	67
西班牙	ESG	45
斯里兰卡	VCG	65
瑞士	CHG	43
土耳其	TRG	58
乌克兰	UKG	58
阿拉伯联合酋长国	AEG	36
英国	GBG	47
美国	USG	59
瓦努阿图	VUG	67
委内瑞拉	VEG	66
津巴布韦	ZWG	68

3. 国家差异举例

中国的国家差异为：欲使用航空器载运危险品运进、运出中国或飞越中国的经营人，必须预先得到中国民用航空局的书面许可。更多信息可从中国民用航空局运输司获得。

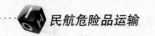

二、已申报的运营人差异

运营人的差异是由航空公司名称二字代码字母和两个数字字符组成,例如,国航提交的第一条差异为 CA-01,第五条差异为 CA-05。运营人已申报差异如表 8-8 所示。

表 8-8　运营人已申报差异

航空公司名称	二字代码	航空公司名称	二字代码
ABSA 货运航空公司	M3	新西兰航空公司	NZ
爱尔兰航空公司	EI	新几内亚航空公司	PX
俄罗斯航空公司	SU	塔希提航空公司	VT
阿根廷航空公司	AR	波利西亚塔希提航空公司	TN
秘鲁航空公司	PL	塞尔维亚航空公司	JU
哥伦比亚国家航空	AV	塞舌尔航空	HM
墨西哥航空公司	AM	加拿大越洋航空公司	TS
阿尔及利亚航空公司	AH	瓦努阿图航空公司	NF
阿斯塔那航空公司	KC	威斯康星航空公司(美国)	ZW
亚特兰大冰岛航空公司	CC	阿拉斯加航空公司(美国)	AS
奥斯特拉尔航空公司	UU	意大利航空公司	AZ
波罗的海航空	BT	全日本航空公司	NH
柏林航空公司	AB	美国航空公司	AA
俄罗斯空桥货运航空	RU	美国喷气机公司	M6
新喀里多尼亚航空	TY	韩亚航空公司	OZ
喀里多尼亚航空	SB	比利时航空公司	3V
加拿大航空公司	AC	阿斯特拉航空公司	8V
加拿大胭脂航空	RV	土耳其 Atlasjet 航空公司	KK
加勒比航空公司	TX	奥斯特拉尔航空公司	AU
加勒比大西洋航空	8X	奥地利航空公司	OS
科西嘉航空公司	XK	哥伦比亚航空公司	AV
中国国际航空集团公司	CA	哥斯达黎加航空公司	LR
欧罗巴航空公司	UX	阿维安卡洪都拉斯航空	WC
欧罗巴航空快递	X5	危地马拉航空	GU
法国航空公司	AF	厄瓜多尔航空	2K
香港航空公司	LD	巴西蔚蓝航空公司	AD
印度航空公司	AI	曼谷航空公司	PG
肯尼亚快运有限公司	P2	孟加拉比曼航空公司	BG
马达加斯加航空公司	MD	蓝镖航空有限公司	BZ
马耳他航空公司	KM	英国航空公司	BA
毛里求斯航空公司	MK	布鲁塞尔航空公司	SN
纳米比亚航空公司	SW	喀麦隆航空公司	UY

续表

航空公司名称	二字代码	航空公司名称	二字代码
英国国际货运航空公司	P3	港龙航空公司(香港)	KA
卢森堡国际航空货运公司	CV	西班牙航空公司	IB
卢森堡意大利航空货运公司	C8	伊比利亚快递	I2
加勒比航空公司	BW	伊朗航空公司	IR
卡皮特航空公司	V3	日本航空公司	JL
香港国泰航空公司	CX	爵士乐航空	QK
中国东方航空公司	MU	捷星航空公司	JQ
中国南方航空公司	CZ	捷星亚洲航空	3K
商业(控股)航空公司	MN	捷星太平洋航空	BL
秃鹰柏林航空公司	DE	捷星日本航空	GK
巴拿马空运公司(货运)	CM	真航空	IJ
克尔斯航空公司	SS	肯尼亚航空公司	KQ
克罗地亚航空公司	OU	大韩航空公司	KE
捷克航空公司	OK	智利国家航空公司	LA
三角航空公司(美国)	DL	阿根廷国家航空	4M
德国汉莎航空公司	LH	智利货运航空	UC
敦豪航空公司	DO	哥伦比亚南美航空	4C
埃及航空公司	MS	厄瓜多尔南美航空	XL
以色列航空公司	LY	LAN 快运	LU
酋长国航空公司(阿联酋)	EK	秘鲁国家航空	LP
时代航空(美国)	7H	波兰航空公司	LO
埃塞俄比亚航空	ET	卢森堡航空公司	LG
阿提哈德	EY	马来西亚航空公司	MH
欧洲货运航空公司	QY	马丁荷兰航空公司	MP
长荣航空公司	BR	里迪恩纳航空公司(Meridiana)	IG
联邦快递公司(美国)	FX	蒙古航空公司	OM
斐济航空公司	FJ	中东航空公司	ME
芬兰航空公司	AY	勒奥斯航空	NO
迪拜航空	FZ	日本货运航空公司	KZ
法国蓝航空公司	BF	阿曼航空公司	WY
印度尼西亚鹰航空公司	GA	菲律宾航空公司	PR
戈尔航空公司	G3	西伯利亚航空公司	S7
海湾航空公司(中东地区海湾四国)	GF	快达航空公司	QF
夏威夷航空公司	HA	卡塔耳航空公司	QR
香港航空货运航空公司	RH	摩洛哥皇家航空	AT
香港航空公司	HX	文莱皇家航空公司	BI

续表

航空公司名称	二字代码	航空公司名称	二字代码
约旦皇家航空公司	RJ	罗马尼亚航空公司	RO
卢旺达航空公司	WB	泰国国际航空公司	TG
北欧航空	SK	汤姆森航空公司	BY
沙特阿拉伯航空公司	SV	天津航空	GS
虎航	TR	Transavia Airlines C. V.	HV
顺丰航空	O3	Transportes del Mercosul-TAM	PZ
丝绸之路航空公司	7L	图伊飞航空	HF
新加坡航空（货运）公司	SQ	突尼斯航空公司	TU
SkyWork 航空公司	SX	土耳其航空公司	TK
所罗门航空公司	IE	乌克兰国际航空公司	PS
南方航空运输公司	SJ	联合航空公司	UA
美国西南航空公司	WN	联合包裹服务公司（美国）	5X
斯里兰卡航空公司	UL	越南航空公司	VN
阳光快递	XQ	维珍大西洋航空公司	VS
瑞士国际航空有限责任公司	LX	维珍澳大利亚航空公司	VA
中美洲航空公司（国际）	TA	西捷航空公司	WS
巴西支线骨干航空公司	JJ	西捷恩科尔航空公司	WR
坦帕货运航空公司	QT	也门航空公司	IY

三、运营人差异举例

1. MU（中国东方航空公司）申报的差异（共 5 条）

（1）MU-01：不收运第 7 类可裂变的放射性物品。

（2）MU-02：不收运集运的危险品，以下情况除外：集运货物中含有用作冷冻剂的 UN1845,固体二氧化碳（干冰）；集运货物只有一票分运单。

（3）MU-03：拒绝收运从中国始发的夹带危险品的邮件。

（4）MU-04：不收运从中国始发的烟花爆竹。

（5）MU-05：旅客不允许携带医疗用小型氧气瓶或空气瓶登机。如旅客需要额外的氧气，必须预先向中国东方航空公司提出申请。

2. CZ（中国南方航空公司）

（1）CZ-01：不使用。

（2）CZ-02：南航不收运含有危险品的集运货物，但是，一票或多票分运单的集运货物，其中仅有一票分运单中含有危险品，且此票分运单中仅含有危险品的情况除外。

（3）CZ-03：托运人必须提供某个人员/机构的 24 小时应急电话号码，该人员或机构必须了解所运输的（每一种）危险品的危险性、特性以及发生事故或事故征候情况下应采取的行动。该电话号码必须包括国家和地区号码，号码前标注"紧急联系电话"（emergency contact

或"24小时电话"(24-hour number)的字样。电话号码必须写在托运人危险品申报单上,比较合适的位置是填在"其他操作信息(additional handling information)"栏中,不需要托运人危险品申报单的货物,则不需要24小时应急电话号码。

(4) CZ-04:南航不接收需放入冷库存储的危险品货物,但以固体二氧化碳(干冰)作为非危险品冷冻剂的货物除外。

(5) CZ-05:南航不指定销售代理人在中国境内收运和处理危险品(经特殊批准的危险品除外)。

(6) CZ-06:不接受2.3项毒性气体(见包装说明200和206)。

(7) CZ-07:南航不接收Ⅲ级-黄色的放射性物品。

(8) CZ-08:南航不接收以下锂电池芯和电池:按照包装说明968运输的锂金属或锂合金电池芯和电池(UN3090);按照包装说明969第Ⅰ部分、970第Ⅰ部分运输的与设备安装在一起或安装在设备中的锂金属或锂合金电池芯和电池(UN3091)。但是,本条规定不适用于经营人物资(COMAT)。

(9) CZ-09:对于UN3480,锂离子电池芯和电池(第ⅠA、ⅠB和第Ⅱ部分);托运人必须明确指出锂离子电池芯和电池的充电状态(SOC)不超过其30%的额定容量。在托运人申报单中,信息应显示在"附加操作信息"栏中。对于UN3480第Ⅱ部分,托运人必须在航空货运单上注明含有该信息的合规性声明。

思考与练习

一、单项选择题

1. 下列(　　)物品需要航空公司批准才能带上飞机。
   A. 安全火柴　　　　　　　　　B. 酒精饮料
   C. 110Wh的备用锂电池　　　　D. 催泪瓦斯

2. 下面(　　)说法是正确的。
   A. 干冰是危险品,所以不允许带入客舱。
   B. 安全火柴不可以手提,但可以托运。
   C. 有些危险禁止航空运输,但如果获得民航局的批准,可以允许其实施航空运输。
   D. 超过110Wh的锂电池设备不可以带上飞机,托运手提都不可以。

3. 锂离子电池的瓦时数不超过100Wh的便携式电子设备,每位旅客最多可以带(　　)台。
   A. 20　　　　　B. 10　　　　　C. 11　　　　　D. 15

4. 下列(　　)物品需要通知机长装载位置。
   A. 锂电池驱动的轮椅　　　　　B. 体积浓度为50%的酒精饮料
   C. 130Wh的备用锂电池　　　　D. 催泪瓦斯

5. 某货运单的货物品名为电子设备或仪器开关的货物,可能含有(　　)危险品。
   A. 毒性物质　　B. 易燃固体　　C. 汞　　　　　D. 磁性物质

二、填空题

1. 货运单上货物品名是"家居用品"时,可能含有_____危险品。

2. 按 IATA 的规定,含有锂金属或锂离子电池芯或电池的便携式电子设备(PED)每人可最多携带_____台 PED。

3. 经营人可以经过经营人批准后,旅客可以携带_____台 PED。

4. 每位旅客携带干冰不超过_____kg,可以作为_____行李,但包装要求_____。

5. 备用/零散的锂离子电池只允许旅客在_____行李中携带,额定瓦特小时不能超过 100Wh,每人可最多携带_____块备用电池,经营人可以批准携带_____块电池。

三、判断题

1. 锂电池驱动的电动轮椅,其电池应该卸下手提,并且须告知机长电池的装载位置。
(   )

2. 旅客乘飞机时携带的锂电池设备(170Wh)应该托运。 (   )

3. 中国民航规定每个旅客可以随身携带 1 盒安全火柴。 (   )

4. 例外数量的危险品因为量非常少,危险性很低,可以放在手提行李中带上飞机。
(   )

5. 禁止随身、在交运行李中携带催泪装置,执行任务的警察、军人除外。 (   )

四、简答题

1. 当货运收货人员或办理乘机手续人员怀疑某货物可能含有某种危险品时,应该如何处理?

2. 查阅品名表,指出下列物质是否可作为"例外数量"处理。

(1) Allyltrichlorosilane, stabilized

(2) Ammonium picrate, wetted

(3) Adhesives

3. 确定表 8-9 中下列物质的例外数量代号和内外包装允许的最大净数量。

表 8-9 货物名称及相关信息表

货物名称	包装等级	例外数量编号	每个内包装的最大净数量	每个外包装的最大净数量
Aluminium ferrosilicon powder				
2-Amino-4-chlorophenol				
Aluminium carbide				

4. 完成下列货物的"例外数量危险品标记(图 8-6I)"上应该填写的内容。

托运人信息:

John Smith, Shippig Manger

J.S. Mnufacturing Co., Ltd.

32 Bean Street

图 8-61　例外数量危险品标记

London，SW1 ESC，England

货物名称：

300g 的 Aldol，装于一个纤维板箱子里。

5. 某旅客有两个备用的锂离子电池，电池上标注为 12V，110W，请问是否需要经人批准，能否放入或作为交运行李运输，能否放入或作为手提行李运输或带在身上？是否需要通知机长装载的位置？

第九章 放射性物质

 学习目标

知识要求

(1) 了解有关放射性物质的基本知识。
(2) 了解放射性物质的分类。
(3) 掌握放射性物质运输专用名称和 UN 编号的确定方法。
(4) 掌握放射性物质的包装要求及方法。
(5) 掌握放射性物质包装件标记标签的有关规定。
(6) 掌握放射性物质运输文件的填制方法。
(7) 了解放射性物质的存储、装载要求。

技能要求

具有正确地按 IATA 要求运输放射性物质的能力。

 思政园地

放射性物品具有很强的放射性和穿透性,但人体很难感受到,在运输、储存、包装过程中都要更加严格遵守相关规则,始终将安全放在第一位,提高安全防护意识,保护好自己和他人的健康生命安全。

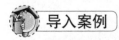 **导入案例**

造原子弹的铀球居然用车床车出,浓度那么高没有辐射吗?

我国第一颗原子弹的铀球是车床直接车制的,当年是 20 世纪 60 年代,不像现在有数控车床,而且可以用机械手来操作完成,完全是原公浦师傅利用普通车床(图 9-1)手工操作完成的!原公浦是国家二机部在上海选调到西北参与原子弹研制的优秀技术工人,后被选为原子弹关键的核心部件加工人员。他经过大量练习、精心操作,完成了我国第一颗原子弹的"心脏"——铀球的精细加工,为第一颗原子弹的成功爆炸做出了重要贡献。2020 年 1 月 15 日,原公浦被授予中国核工业功勋奖章。

第九章

放射性物质

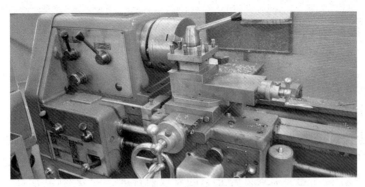

图 9-1 加工铀球的车床

当然原公浦师傅也有口罩和乳胶手套，车床也加了玻璃罩，这些防护手段对于放射性物质的 α 衰变时重原子核会发射的氦核来说，防护其实还是可以的，但对于 β 衰变时的高速电子流和 γ 衰变的伽马射线来说，这些防护如同虚设！

但原公浦师傅并没有明显受到辐射影响，一直到 80 多岁时确诊为前列腺癌，与当年车制铀球相隔几乎半个世纪，很难确认两者之间有什么直接联系，至少我们也可以认为当年的车制铀球对这次癌症应该没有强相关联性！

那么为什么我国原子弹的铀球还能车呢？这个我们必须得来了解下铀-235 的衰变了！毕竟像日本东海村核事故中的三位工人那样，一个月左右就全身溃烂惨不忍睹，最后他们在无比痛苦中去世。

铀-235 的衰变链第一就是 α 衰变，释放氦核后衰变称钍-231，然后 β 衰变，这个会有高速电子流产生，防护开始有点困难，但最恐怖的 γ 衰变并没有出现，而且这个作为原子弹核装药的铀球，其是高度浓缩铀，铀-235 的比例很高，杂质也是铀-238，其他元素比例极低！

而且铀-235 的半衰期是 7.04 亿年，尽管不能理解为到 7.04 亿年才开始衰变，但从理论上讲，半衰期越久，单位时间内衰变的原子核就越少！后面钍-231 衰变的高速电子流也越少，因此原公浦师傅的防护服防护 α 粒子并不是什么大问题，这也是铀球敢于上普通车床车制的原因！

如果是个钴-60 球的话，就没人敢加工了。钴-60 的半衰期只有 1925.2 天，钴-60 辐射性极强，会严重损害人体血液内的细胞组织，造成白血病甚至死亡。

资料来源：佚名. 为什么造原子弹的铀球，工人能用车床车！浓度那么高没有辐射吗？[EB/OL]. (2020-10-25)[2021-09-07].https://mp.weixin.qq.com/s/nc4Yxjni21CrCizrV0UyTA.

讨论：

（1）中国制造核武器的主要原材料是什么？

（2）中国在经济、技术基础薄弱和工作条件十分艰苦的情况下，自力更生，突破了核弹、导弹和人造卫星等尖端技术，对你有何启发？

（3）结合当代民航精神，谈谈如何学习原公浦为国家事业献身的精神。

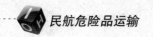

第一节 放射性物质基础知识

一、相关基本概念

1. 放射性衰变

元素的原子核自发地放出某种射线而转变成新的原子核的现象,称为放射性衰变。能发生放射性衰变的核素,称为放射性核素(或称放射性同位素)。衰变是自发地,连续不断地进行的,一直到原子处于稳定状态才停止。随着放射性原子的衰变,其活性也随之下降。我们用"半衰期"来表示衰变的快慢程度。放射性物质的原子数目因衰变而减少到原来一半所需要的时间,称为半衰期。换句话说,半衰期就是放射性元素的原子核有半数发生衰变时所需要的时间。

同 位 素

同位素是质子数相同而中子数不同的同一化学元素的不同核素。同位素是同一个化学元素的不同形式,原子质量不同。

换一句通俗的话说就是:在元素周期表中占据相同的位置。同位素化学性质几乎相同(但是 1H、2H(D)和 3H(T)的性质有些微差异),但放射性、质谱性质和物理性质(例如在气态下的扩散本领、熔沸点)有所差异。

如果该同位素是有放射性的话,会被称为放射性同位素。每一种元素都有放射性同位素。有些放射性同位素是自然界中存在的,有些则是用核粒子,如质子、α粒子或中子轰击稳定的核而人为产生的。

19 世纪末先发现了放射性同位素,随后又发现了天然存在的稳定同位素,并测定了同位素的丰度。大多数天然元素都存在几种稳定的同位素。已发现的元素有 118 种,只有 20 种元素未发现稳定的同位素。大多数的天然元素都是由几种同位素组成的混合物,稳定同位素约有 300 多种,而放射性同位素竟达约 3200 种以上。

在自然界中天然存在的同位素称为天然同位素,人工合成的同位素称为人造同位素。

2. 放射性活度

放射性活度是衡量放射性强弱的一个物理量,单位时间内某放射性物质发生核衰变的次数称为放射性活度。单位时间内发生衰变的子数目越多,放射性活度就越大,放射性越强,危害也越大。

放射性活度的单位用贝可[勒尔](符号为 Bq),1 贝可[勒尔]等于每秒钟衰变 1 次。贝可[勒尔]单位很小,故常用千贝可[勒尔]、兆贝可[勒尔]、吉贝可[勒尔]、太贝可[勒尔],有时也用居里(Ci)表达,换算关系如下:

$$1kBq = 10^3 Bq$$
$$1MBq = 10^6 Bq$$

第九章 放射性物质

$$1\text{GBq} = 10^9 \text{Bq}$$
$$1\text{TBq} = 10^{12} \text{Bq}$$
$$1\text{Ci} = 3.7 \times 10^{10} \text{Bq}$$

 典型案例

诺奖官方：居里夫人笔记至今仍具放射性 还将持续 1500 年

2020年11月11日，诺贝尔奖官方推特发布了一条科普公告，称居里夫人曾经使用的实验笔记本时至今日依然具有放射性，且还将持续1500年。

文章内容中提到，玛丽·居里(Marie Curie)于1934年死于再生障碍性贫血，她工作多年，一直暴露在放射线下。即使到今天，她自1899—1902年在实验室中使用的笔记本(图9-2)仍具放射性，并将持续1500年。

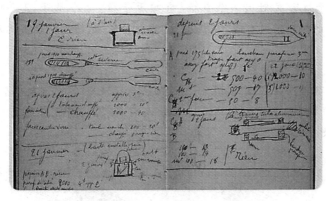

图 9-2　居里夫人日记

诺贝尔奖官网还提到，居里夫人患病去世，可能是长年暴露在辐射下所致。她的一些书籍和论文仍具有强烈放射性，必须放在铅盒中保存。"这也说明，居里夫人留下的科学遗产实际上是无法触及的"。诺贝尔奖官网称她为"现代科学界的偶像"。

玛丽·居里出生于波兰华沙，毕业于巴黎大学，是著名科学家、物理学家、化学家，放射性研究的先驱者，世称"居里夫人"。她发现了放射性元素钋(Po)和镭(Ra)，成为世界首位两获诺贝尔奖的人。

资料来源：王珊宁. 将持续1500年！居里夫人笔记仍具放射性[EB/OL].(2020-11-10)[2021-09-07]. https://mp.weixin.qq.com/s/Wu_2ZgWG0NhleO0qGPUo0A.

3. 剂量当量

剂量当量是用来衡量人体被射线辐射的程度的一个物理量。国际单位制用希沃特(符号为Sv)作为计量单位，希沃特又分为毫希[沃特](符号为mSv)、微希[沃特](符号为μSv)，

$$1\text{Sv} = 10^3 \text{mSv} = 10^6 \mu\text{Sv}$$

旧单位制用雷姆(符号为rem)作为计量单位。雷姆又分为毫雷姆(符号为mrem)、微雷姆(符号为μrem)。换算关系如下：

$$1\text{rem} = 10^3 \text{mrem} = 10^6 \mu\text{rem}$$

单位时间的剂量当量称为剂量当量率,又叫辐射水平,计量单位为希[沃特]每小时(符号为 Sv/h)或雷姆每小时(符号为 rem/h)。接受辐射的时间越短,接受的剂量当量越大,货物的辐射水平就越高,说明该放射性货物的放射危险性就越大。

放射性物品的运输必须遵照辐射防护方案,对人员的辐射剂量要限制在安全的剂量以下,采取的防护和安全措施应尽量使单次辐射量、接触辐射的人数和接触辐射的可能性降至最低,如果有效剂量在每年 1~6mSv 时,必须实施工作场地监测或个人监测。每年可能超过 6mSv 时,必须进行个人监测并保留相关记录。如果每年的有效剂量几乎不可能超过 1mSv,则不需要采取特殊的工作方式、详细监测、测量评估方案或保存个人记录。

α 衰 变

α 衰变时重原子核会发射出一个氦核(氦四原子核:2 个质子,2 个中子,如图 9-3 所示),这种衰变释放的辐射就是氦原子核,质量大,但飞不远,而且一张纸就能挡住。

β 衰 变

弱相互作用下的衰变是 β 衰变,比如自由中子会释放一个电子和一个反中微子而成为质子,也就是氢原子核!β 衰变发射的高速电子流速度很高,可达光速的 99%,因此它有比较强的穿透力,如图 9-4 所示。

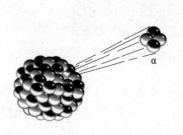

图 9-3 α 衰变

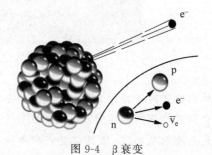

图 9-4 β 衰变

γ 衰 变

还有一种是 γ 衰变,当发生 α 衰变和 β 衰变时,处于激发态的原子核是不稳定的,从低激发态和基态跃迁时往往释放出光子,这就是 γ 衰变(图 9-5),γ 衰变不改变核电荷数和核子数,但 γ 射线不好处理,穿透力太强,能量很大,会造成生物体 DNA 断裂进而引起细胞突变,所以后果挺严重。

4. 运输指数

运输指数(transport index,TI)是指距放射性货包或货物外表面 1m 处最大辐射水平的数值。它是运输

图 9-5 γ 衰变

中控制辐射暴露的一个重要参数,如果剂量率以毫希[沃特]/小时(mSv/h)为单位表示,测定出的值必须乘以100(如果是以毫雷姆/小时为单位表示,测定值不变)。每个Overpack包装或放射性专用货箱的运输指数是所有包装件的运输指数之和。

5. 临界安全指数

临界安全指数是指对含有裂变物质的包装件、集合包装或放射性物质专用货箱规定的数字,用于控制含裂变物质的包装件、集合包装或放射性物质专用货箱的累计数量。

二、放射性物质的分类

(一) 特殊形式放射性物质

特殊形式放射性物质指非弥散的固体放射性物质或内装有放射性物质的密封容器。如果是装有放射性物质的密封容器,该密封盒只有当被破坏后才能被打开。特殊形式放射性物质的设计尺寸至少有一边不小于5mm。特殊形式的设计必须得到单方的批准,特殊形式的性质和设计必须符合国际航协《危险品规则》要求的相关条件。

(二) 低比度放射性物质

低比度放射性物质(或LSA物质)是指其本身的活度有限的放射性物质。低比度放射性物质分为低比度放射性-Ⅰ级(LSA-1);低比度放射性-Ⅱ级(LSA-Ⅱ);低比度放射性-Ⅲ级(LSA-Ⅲ)。

(三) 表面污染物体(SCO)

表面污染物体是指本身没有放射性,但其表面散布有放射性物质的固态物体。表面污染物体划分为三个等级:表面污染物体-Ⅰ级(SCO-Ⅰ);表面污染物体-Ⅱ级(SCO-Ⅱ);表面污染物体-Ⅲ级(SCO-Ⅲ)。其中,SCO-Ⅲ物质禁止航空运输。

(四) 裂变物质

裂变物质是指铀-233、铀-235、钚-238、钚-239、钚-241或它们之中的任意组合。

(五) 低弥散物质

低弥散物质指弥散度有限的非粉末状固体放射性物质或封入密封包壳的固体放射性物质。

(六) 其他形式放射性物质

其他形式放射性物质是指不符合特殊形式定义的放射性物品。

三、活度的确定

对于装有放射性物质的包装件,其活度限值根据"特殊形式"放射性物质的活度值和"其他形式"放射性物质的活度值确定。特殊形式放射性物质的活度值为A_1,其他形式放射性物质的活度值为A_2。

表9-1列出了节选的放射性核素的A_1和A_2值。它是选用A型包装件要查阅的活度限值。

表 9-1 放射性核素的 A_1 和 A_2 值表（DGR 10.3.A 节选）

放射性核素 (Radionuclide)	元素（原子序数） (Element (Atomic No.))	A_1（特殊形式）(Special form)/TBq	A_2（其他形式）(Other form)/TBq	豁免货物的活度浓度限值 (Activity concentration limit for exempt material)/(Bq/g)	豁免货物的活度限值 (Activity limit for an exempt consignment)/Bq
Ac-225[a]	Actinium 锕(89)	0.8	0.006	1×10^1	1×10^4
Ac-227[a]		0.9	0.00009	1×10^{-1}	1×10^3
Ac-228		0.6	0.5	1×10^1	1×10^6
Ag-105	Silver 银(47)	2	2	1×10^2	1×10^6
Ag-108m[a]		0.7	0.7	1×10^{1b}	1×10^{6b}
Ag-110m[a]		0.4	0.4	1×10^1	1×10^6
Ag-111		2	0.6	1×10^3	1×10^6
Al-26	Aluminum 铝(13)	0.1	0.1	1×10^1	1×10^5
Am-241	Americium 镅(95)	10	0.001	1×10^0	1×10^4
Am-242m[a]		10	0.001	1×10^{0b}	1×10^{4b}
Am-243[a]		5	0.001	1×10^{0b}	1×10^{3b}
Ar-37	Argon 氩(18)	40	40	1×10^6	1×10^8
Ar-39		40	20	1×10^7	1×10^4
Ar-41		0.3	0.3	1×10^2	1×10^9
As-72	Arsenic 砷(33)	0.3	0.3	1×10^1	1×10^5
As-73		40	40	1×10^3	1×10^7
As-74		1	0.9	1×10^1	1×10^6
As-76		0.3	0.3	1×10^2	1×10^5

第二节 放射性物质的识别

根据 DGR 的规则，放射性物品必须被指定一个在表 10.4.A 中列明的运输专用名称、UN 编号，如表 9-2 所示。

表 9-2 运输专用名称/UN 编号的指定（DGR 10.4.A）

UN Number UN 编号	Proper Shipping Name 运输专用名称
例外包装件 Excepted Package	
UN2908	放射性物品，例外包装件，空包装 Radioactive material, excepted package-empty packaging
UN2909	放射性物品，例外包装件，贫铀制品 Radioactive material, excepted package-articles manufactured from depleted uranium
UN2909	放射性物品，例外包装件，天然钍制品 Radioactive material, excepted package-articles manufactured from natural thorium

续表

UN Number UN 编号	Proper Shipping Name 运输专用名称
UN2909	放射性物品,例外包装件,天然铀制品 Radioactive material, excepted package-articles manufactured from natural uranium
UN2910	放射性物品,例外包装件有限数量物质 Radioactive material, excepted package-limited quantity of material
UN2911	放射性物品,例外包装件,制品 Radioactive material, excepted package-articles
UN2911	放射性物品,例外包装件,仪器 Radioactive material, excepted package-instruments
UN3507	六氟化铀,放射性物品,例外包装件,每个包装小于0.1kg,非裂变或例外裂变 Uranium hexafluoride, radioactive material, excepted package, less than 0.1kg per package, nonfissile or fissile-excepted

低比活度(LSA)物质
Low Specific Activity (LSA) Material

UN Number UN 编号	Proper Shipping Name 运输专用名称
UN2912	放射性物品,低比活度(LSA-Ⅰ),非裂变或例外裂变物质 Radioactive material, low specific activity (LSA-Ⅰ), non fissile or fissile-excepted
UN3321	放射性物品,低比活度(LSA-Ⅱ),非裂变或例外裂变 Radioactive material, low specific activity (LSA-Ⅱ), non fissile or fissile-excepted
UN3322	放射性物品,低比活度放射性(LSA-Ⅲ),非裂变或例外裂变 Radioactive material, low specific activity (LSA-Ⅲ), non fissile or fissile-excepted
UN3324	放射性物品,低比活度(LSA-Ⅱ),裂变 Radioactive material, low specific activity (LSA-Ⅱ) fissile
UN3325	放射性物品,低比活度放射性(LSA-Ⅲ),裂变 Radioactive material, low specific activity (LSA-Ⅲ) fissile

表面污染物体(SCO)
Surface Contaminated Objetcs (SCO)

UN Number UN 编号	Proper Shipping Name 运输专用名称
UN2913	放射性物品,表面污染物体(SCO-Ⅰ),非裂变或例外裂变 Radioactive material, surface contaminated objects(SCO-Ⅰ), non fissile or fissile excepted
UN2913	放射性物品,表面污染物体(SCO-Ⅱ),非裂变或例外裂变 Radioactive -material, surface contaminated objects(SCO-Ⅱ), non fissile or fissile excepted
UN2913	放射性物品,表面污染物体(SCO-Ⅲ),非裂变或例外裂变 Radioactive material, surface contaminated objects (SCO-Ⅲ), non fissile or fissile excepted
UN3326	放射性物品,表面污染物体(SCO-Ⅰ),裂变 Radioactive material, surface contaminated objects (SCO-Ⅰ), fissile
UN3326	放射性物品,表面污染物体(SCO-Ⅱ),裂变 Radioactive material, surface contaminated objects (SCO-Ⅱ), fissile

A型包装件
Type A Package

UN Number UN 编号	Proper Shipping Name 运输专用名称
UN2915	放射性物品,A型包装件,非特殊形式,非裂变或例外裂变 Radioactive material, Type A package, non-special form, non fissile or fissile-excepted

续表

UN Number UN 编号	Proper Shipping Name 运输专用名称
UN3327	放射性物品,A 型包装件裂变,非特殊形式 Radioactive material, Type A package, fissile, non-special form
UN3332	放射性物品,A 型包装件,特殊形式,非裂变或例外裂变 Radioactive material, Type A package, Special Form, non fissile or fissile-excepted
UN3333	放射性物品,A 型包装件,特殊形式,裂变 Radioactive material, Type A package, Special Form, fissile

B(U) 型包装件
Type B(U) Package

UN Number UN 编号	Proper Shipping Name 运输专用名称
UN2916	放射性物品,B(U)型包装件,非裂变或例外裂变 Radioactive material, Type B(U) package, non fissile or fissile-excepted
UN3328	放射性物品,B(U)型包装件,裂变 Radioactive material, Type B(U) package, fissile

B(M)型包装件
Type B(M) Package

UN Number UN 编号	Proper Shipping Name 运输专用名称
UN2917	放射性物品,B(M)型包装件,非裂变或例外裂变 Radioactive material, Type B(M) package, non fissile or fissile-excepted
UN3329	放射性物品,B(M)型包装件,裂变 Radioactive material, Type B(M) package, fissile

C 型包装件
Type C Package

UN Number UN 编号	Proper Shipping Name 运输专用名称
UN3323	放射性物品,C 型包装件,非裂变或例外裂变 Radoactive material, Type C package, non fissile or fissile-excepted
UN3330	放射性物品,C 型包装件,裂变 Radioactive material, Type C package, fissile

特殊安排
Special Arrangement

UN Number UN 编号	Proper Shipping Name 运输专用名称
UN2919	放射性物品,特殊安排下运输,非裂变或例外裂变 Radioactive material, transported under special arrangement, non fissile or fissile-excepted
UN3331	放射性物品,特殊安排下运输,裂变 Radioactive material, transported under special arrangement, fissile

六氟化铀
Uranium Hexafluoride

UN Number UN 编号	Proper Shipping Name 运输专用名称
UN2978	放射性物品,六氟化铀,非裂变或例外裂变 Radioactive material, uranium hexafluoride, non fissile or fissile-excepted
UN2977	放射性物品,六氟化铀,裂变 Radioactive material, uranium hexafluoride, fissile
UN3507	六氟化铀,放射性物品,例外包装件,每包装小于 0.1kg,非裂变或例外裂变 Uranium hexafluoride, radioactive material, excepted package, less than 0.1kg per package, non fissile or fissile-excepted

第三节　放射性物质的包装

一、放射性物质的包装要求

（1）放射性物品的包装要求随所含放射性核素的不同而不同。如果物质不是"特殊形式"，则考虑泄漏的可能性；如果物质是裂变的，则考虑临界的可能。如果放射性物品数量非常大，即活度很大，则应考虑到辐射可能会产生相当多的热量，在这种情况下应考虑散热问题。

（2）等量的两种不同的放射性核素，每一种都包装在同一类型的包装中，包装件的外表面和任何特定的距离处的剂量率可能不同。因此，为了确保剂量率符合规定的允许限值，所允许的放射性物品具体数量应随着包装内具体放射性核素的不同而变化。

（3）包装要求中使用的术语 A_1 和 A_2 分别指每种核素允许装在 A 型包装件中的"特殊形式"和"其他形式"的最大活度（或数量）限制。

（4）已完成的包装件必须给出"运输指数"。

（5）包装好的包装件划分为三个等级中的一种，然后贴上该等级的危险性标签。

二、包装类型

包装件的类型有例外包装件、工业包装件、A 型包装件、B(U) 和 B(M) 型包装件、C 型包装件、含有裂变物质的包装件。

（一）例外包装件

以下放射性物品可以作为例外包装件。

（1）表 9-3（即 DGR 表 10.3.C）"物质-包装件限值"栏指定的未超过活度限值的放射性物质。

表 9-3　例外包装件的放射性活度限制

内装物性质		物质	仪器和制成品	
		包装件限值*	物品限值*	包装件限值*
固体	特殊形式	$10^{-3} A_1$	$10^{-2} A_1$	A_1
	其他形式	$10^{-3} A_2$	$10^{-2} A_2$	A_2
液体		$10^{-4} A_2$	$10^{-3} A_2$	$10^{-3} A_2$
气体	氚	$2 \times 10^{-2} A_2$	$2 \times 10^{-2} A_2$	$2 \times 10^{-1} A_2$
	特殊形式	$10^{-3} A_1$	$10^{-3} A_1$	$10^{-2} A_1$
	其他形式	$10^{-3} A_2$	$10^{-3} A_2$	$10^{-2} A_2$

（2）表 9-3 中"仪器和制成品"栏指定的未超过活度限值的仪器或物品。

（3）天然铀、贫化铀或天然钍的制成品。

(4) 装载过放射性物品的空包装。

例 4-1 放射性物质的核素符号为：Ag-105，液体，活度值为 0.3GBq。该物质是否可以作为例外包装件运输？

解：查表 9-3(DGR 表 10.3.C)，该物质的例外包装件活度限制为 $10^{-4}A_2$。查表 9-1(DGR 表 10.3.A)可知，$A_2=2$TBq。

$$10^{-4}A_2 = 10^{-4} \times 2\text{TBq} = 10^{-4} \times 2 \times 1000\text{GBq} = 0.2\text{GBq}$$

0.3GBq 大于 0.2GBq，所以不能采用例外数量包装。

(二) 工业包装件

工业包装件可用于低比度放射性(LSA)物质和表面污染物体(SCO)的包装。工业包装件可分为 1 型工业包装件、2 型工业包装件、3 型工业包装件，如表 9-4 所示。

表 9-4 对 LSA 和 SCO 的工业包装件要求(DGR 表 10.5.A)

内装物		工业包装件类型	
		专项运输使用	非专项运输使用
LSA-Ⅰ	固体	1 型	1 型
	液体	1 型	2 型
LSA-Ⅱ	固体	2 型	2 型
	液体和气体	2 型	3 型
LSA-Ⅲ		2 型	3 型
SCO-Ⅰ		1 型	1 型
SCO-Ⅱ		2 型	2 型

(1) 1 型工业包装件(IP-1)是指装有低比度放射性物质(LSA)或表面污染物质(SCO)，包装设计符合《危险品规则》要求的包装件或放射性专用货箱。

(2) 2 型工业包装件(IP-2)是指装有低比度放射性物质(LSA)物质或表面污染物体(SCO)，包装设计符合《危险品规则》要求的包装件或放射性专用货箱。2 型工业包装件的设计也必须满足 1 型工业包装件的要求，另外它应防止放射性内装物的损失和弥散；防止由于密封屏蔽的损失而使包装的任意外表面的辐射水平的增加超过 20%。

(3) 3 型工业包装件(IP-3)是指装有低比度放射性物质(LSA)或表面污染物体(SCO)，包装设计符合《危险品规则》要求的包装件或放射性专用货箱。3 型工业包装件的设计还必须满足 1 型工业包装件和 A 型包装件的要求。

(三) A 型包装件

1. 活度限值

当放射性物质包装的活度值不大于下列限制时，可以采用 A 型包装。

(1) 特殊形式放射性物品：A_1。

(2) 其他形式放射性物品：A_2。

(3) 如果运输的是特殊形式放射性物质，需要特殊形式放射性物质的批准。

2. 特殊形式放射性物质的设计

用于不可弥散固体放射性物质或储藏有放射性物质的密封盒的特殊形式的放射性物质的设计,要求单方批准,例如仅由始发国主管部门批准。

3. 特殊形式的批准证书

主管部门必须开具一份证明,证明这种设计满足特殊形式放射性物质定义的"特殊形式批准证书",而且必须标上识别标记。

4. A 型包装件的设计要求

A 型包装件的设计不要求主管部门批准,除非用于包装裂变物质。

(四) B 型包装件

B 型包装件用于运输活度值较高的放射性物质,超过 A 型包装件活度值限制的放射性物质使用 B 型包装件。B 型包装件分为 B(U)型和 B(M)型。

1. 活度限值

B(U)型和 B(M)型包装件的放射性活度不得超过以下限值。

(1) 对于低弥散性放射性物质,包装件设计批准证书上许可的限值。

(2) 对于特殊形式放射性物质,$3000A_1$ 和 $100000A_2$ 中的较小值。

(3) 对于其他所有放射性物质,$3000A_2$。

2. 单方批准

包装件的设计都需要经过单方批准,即只需设计开始国主管部门的批准。以下包装件除外。

(1) 裂变物质的 B(U)型包装设计必须经过多方批准。

(2) 低弥散放射性物质的 B 型(U)型包装设计需要多方批准。

3. 多方批准

每个 B(M)型包装件的设计都需要经过多方批准,即包装件运输的始发、途经国和到达国主管部门的批准。B(M)型包装件禁止用客机装运。

(五) C 型包装件

C 型包装件的包装要求比 B 型包装更加严格,增加了强热试验时间(由 30min 增加至 60min)及穿透试验的高度等。

1. 活度限值

C 型包装件所含活度可以超过 A_1(如特殊形式放射性物品)或 A_2(如非特殊形式放射性物品)。

2. 单方批准

每个 C 型包装设计都需要单方批准,即仅获得设计原产国主管部门的批准,但裂变材料的 C 类包装和低弥散放射性物质的 C 型包装设计需要多方批准。

(六)含有裂变物质的包装件

1. 裂变物质放射性活度限值

含有裂变物质的包装件内装物必须符合本规则或批准证书的规范。

2. 批准

除非根据 DGR 的 10.3 或 10.6 属于例外的,每个裂变物质包装件的设计都需要经过多方批准,即包装件运输的始发国、途经国和到达国主管部门的批准。

三、包装级别的确定

包装件、Overpack 包装及放射性专用货箱都必须根据表 10.5.C 和下列的规定划分为 I 级白色、II 级黄色或 III 级黄色,如表 9-5 所示。

表 9-5　包装件、Overpack 包装及放射性专用货箱级别的确定(DGR 表 10.5.C)

包装件、Overpack 和放射性专用货箱的级别(例外包装件除外)		
运输指数	外表面任一点最大辐射水平	级别
0*	不大于 0.005mSv/h(0.5mrem/h)	I 级-白色
大于 0 而不大于 1*	大于 0.005mSv/h(0.5mrem/h)而不大于 0.5mSv/h(50mrem/h)	II 级-黄色
大于 1 而不大于 10	大于 0.5mSv/h(50mrem/h)而不大于 2mSv/h(200mrem/h)	III 级-黄色
大于 10	大于 2mSv/h(200mrem/h)而不大于 10mSv/h(1000mrem/h)	III 级-黄色**

注:* 若测量出的运输指数(TI)不大于 0.05,可视为零。

** 必须转载运输并特殊安排放射性专用货箱除外。

(1)在确定包装件、Overpack 包装或放射性专用货箱划归哪一类更为合适时,运输指数和表面剂量率两者都必须考虑在内。当运输指数满足某一类的条件而表面剂量率满足另类条件时,该包装件、Overpack 包装或放射性专用货箱则必须划归为两类中较高的那一类。

(2)如果运输指数大于 10,包装件或 Overpack 包装必须按专载运输方式运输。

(3)如果表面剂量率大于 2mSv/h(200mrem/h),包装件或 Overpack 包装必须专载运输。

(4)在特殊安排下运输的包装件、Overpack 包装或放射性专用货箱必须划归为III-黄色。

第三节　放射性物质的标记标签

一、标记的基本要求

(1)托运人负责使每个含放射性物品的包装件或放射性专用货箱上的所有必要的标记和标签都符合相关要求。

(2)对于每个需要加标记的包装件,托运人必须做到:检查包装件上已有的任何相关标记是否在正确的位置并符合质量和规格的要求;除去或覆盖包装件上已有的无关标记,将适当的新标记标在正确位置上,并确保该标记经久耐用,规格正确;除始发国可能要求的语言外,标记上的文字必须使用英语。

二、要求的标记

（一）基本标记

在装放射性物品的所有 IP-1、IP-2 和 IP-3 型工业包装件，A 型、B(U)型、B(M)型和 C 型包装件上，要求有下列标记。

(1) 运输专用名称。

(2) UN 编号，前面冠以字母"UN"。

(3) 托运人和收货人的全称和地址。

(4) 如包装件毛重超过 50kg 时，标注允许的毛重。

(5) 如果有固体二氧化碳（干冰）作为制冷剂，要按要求标注干冰的净重。

（二）第 7 类放射性物品例外包装件标记

第 7 类放射性物品的外包装件标记如下。

(1) UN 编号。

(2) 托运人和收货人的全称和地址。

(3) 超过 50kg 时，标明允许的最大毛重。

(4) 如果有固体二氧化碳（干冰）作为制冷剂，标注干冰的净重。

（三）工业包装件标记

工业包装件标记如下。

(1) IP-1 型工业包装件的每个包装件，标注"TYPE IP-1"字样。

(2) 对于 IP-2 型或 IP-3 型工业包装件，必须标注："TYPE IP-2"或"TYPE IP-3"；原设计国的国际车辆注册代码（VRI 代码）；原设计国主管当局规定的生产商名称或其他包装识别标记。

（四）A 型包装件标记

A 型包装件，必须标注："TYPE A"；包装原设计国的国际车辆注册号（VRI 代码）；原设计国主管部门规定的生产商名称或其他包装识别标记。示例如下：

```
TYPE A
GB/Bndma
```

（五）TYPE B(U)、TYPE B(M) 和 TYPE C 包装件标记

TYPE B(U)、TYPE B(M)和 TYPE C 包装件标记如下。

(1) 相应的"TYPE B(U)""TYPE B(M)"或"TYPE C"。

(2) 主管部门为设计指定的识别标记。

(3) 唯一的包装设计的序号。

(4) 在能防火防水的最外层容器上，用压纹、冲压或其他方式清楚地标出防火、防水的三叶形符号，如图 9-6 所示。

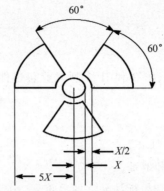

三叶形符号以圆为中心,与中心圆的半径 (X) 成一定比例均匀分布。中心圆的半径 (X) 不小于4mm。

图 9-6　三叶形符号

(六) 裂变包装件的规格标记

每个装裂变物质的包装件都必须按其类型要求进行标记。只装有裂变物质的包装件,其识别标记应包含类型代码 AF、B(U)F、B(M)F、CF 或 IF。

(七) Overpack 包装标记

Overpack 包装标记如下。

(1)"Overpack"字样。

(2) UN 编号、运输专用名称托运人和收货人的全称和地址。

(3) 如果包装件毛重超过 50kg 时,标注允许的毛重。

(4) 当货物含有一个以上的 Overpack 包装时,为了便于识别,在每个 Overpack 包装上标注识别标记(可以用字母-数字的形式)。

三、放射性物质包装件的标签

(一) 危险性标签

三种标签,尺寸、图形符号、底色必须严格符合《危险品规则》的要求,如图 9-7 所示。

图 9-7　危险性标签

1. 标签上填写的内容

1) 内装物的核素符号或种类

(1) 除 LSA-Ⅰ物质外,标明表 10.3.A 中列出的放射性核素的符号。

（2）对于放射性核素的混合物，或者同一包装件内不同的单个放射性核素，必须标明限制最严的那些核素。

（3）对于 LSA（LSA-Ⅰ除外）或 SCO，在放射性核素符号之后标记相应的"LSA-Ⅱ""LSA-Ⅲ""SCO-Ⅰ"或"SCO-Ⅱ"。

（4）对于 LSA-Ⅰ物质，只需要标记"LSA-Ⅰ"。

2）活度

放射性内装物的最大放射性活度必须以贝可［勒尔］或其倍数为单位表示。以居里或其倍数为单位表示的等量放射性活度可以写在贝可［勒尔］单位后面的括号内。对于裂变物质，可用克或千克为单位的裂变放射性核素的总质量代替放射性活度。

3）运输指数（TI）

对于Ⅱ级和Ⅲ级黄色标签，将运输指数必须填写在指定的方框内，且必须进位至第一位小数，例如 1.23 进位为 1.3。

4）临界安全指数（CSI）

临界安全指数标签上必须填写临界安全指数 CSI，Overpack 包装和放射性专用货箱标签上的临界安全指数必须是 Overpack 包装或放射性专用货箱内装物临界安全指数的总和。

2. 标签的粘贴

1）一般要求

（1）所有标签必须牢固地粘贴或印制在包装上，并使它们清楚可见、易读，且不被包装的任何、其他标签、标记所遮盖。

（2）每一标签必须粘贴或印制在反衬色背景上，或者标签的外边缘必须有虚线或实线。

（3）标签不得折叠，不得将同一标签贴在包装件的不同面上。

（4）如果包装件的形状不规则，其表面无法粘贴或打印标签，可以使用牢固的挂签作为包装件标签。

（5）包装件的尺寸必须能为所有需要的标签提供足够的位置。

2）标签的位置

（1）如果包装件有足够的尺寸，必须在包装件的同一面上将标签粘贴在运输专用名称旁边。

（2）标签应紧邻包装件上托运人或收货人的地址粘贴。

（3）如适用，次要危险性标签应紧邻主要危险性标签粘贴在包装件的同一侧面上。

（4）如果需要"仅限货机（Cargo Aircraft Only）"的操作标签，必须粘贴在包装件同一侧面的危险性标签旁边。

3）标签的数目

（1）危险性标签、临界安全指数标签以及"仅限货机（Cargo Aircraft Only）"标签，必须粘贴在包装件相对的两个侧面上。

（2）放射性专用货箱的四个侧面都必须粘贴标签。

（3）对于圆筒形的包装件，应在包装件圆周两个相对的中心位置粘贴两套标签。

(4) 对于尺寸非常小的包装件,包括圆筒形包装件,如果两套标签会互相叠盖,则只需粘贴一个标签,但标签不得自身叠盖。

(5) 如果使用刚性的 Overpack 包装,必须在 Overpack 包装相对的两个侧面各粘贴一套标签。

(6) 如果使用的是非刚性的 Overpack 包装,至少要粘贴一套标签,且标签必须粘贴在耐用的挂签上,并固定在 Overpack 包装上。

(二)操作标签

(1) B(M)型包装件或内装 B(M)型包装件的放射性专用货箱,必须使用仅限货机标签。

(2) 方向标签含液态放射性物品的包装件不必粘贴包装件方向"向上(This Way Up)"标签。

(3) 放射性物品例外包装件标签:放射性物品例外包装件必须粘贴例外包装件的操作标签。此标签必须粘贴或印制在颜色对比明显的底面上。对于内装放射性物品例外包装件的 Overpack 包装,此标签必须重新标注在 Overpack 包装的外面。

第四节 放射性物质的运输文件

一、申报单

(一)申报单的填写方法

1. 托运人

托运人(shipper):填写托运人姓名的全称及地址。

2. 收货人

收货人(consignee):填写收货人姓名的全称及地址。

3. 航空货运单号码

航空货运单号码(air waybill number):填写所申报的货运单号码。对于集运货物,应在货运单号码后填写分运单号码,中间用"/"隔开。

4. 第……页 共……页

第……页 共……页(page...of...pages):填写页码和总页数。如无续页,均填写"第1页,共1页(page 1 of 1 pages)"。

5. 机型限制

机型限制(aircraft limitation):两项中一项划掉,另一项保留。如果申报单上的货物既可以装客机,又可以装货机,则划掉仅限货机选项;如果申报单上的货物不能装客机,只能装货机,则划掉客货机选项。

6. 始发地机场名称

始发地机场名称(airport of departure):填写始发地机场或城市的全名,可由托运人、代理人操作代理人或经营人填写,此栏为可选项,可不填。

7. 目的地机场名称

目的地机场名称(airport of destination):填写目的地机场或城市的全名,可由托运人、代理人或经营人填写。此栏为可选项,可不填。

8. 运输类型

运输类型(shipment type):划掉不适合的选项。划掉 NON-RADIOACTIVE 非放射性选项。

9. 危险品的种类与数量

危险品的种类与数量(nature and quantity of dangerous goods)的填写顺序如下。

顺序一:识别。

步骤1:UN 编号(A 栏),冠以前缀"UN"。

步骤2:运输专用名称(B 栏)。

步骤3:类别号"7"(C 栏)。

步骤4:任何次要危险性类别和项别号必须填写在第 7 类危险性号码后面的括号内(C 栏)。

步骤5:对于有次要危险性的放射性物品,包装等级(F 栏),前面应冠以"PG"(例如,"PGI")。

顺序二:包装的数量及类型。

步骤1:每种放射性核素的名称或符号;物质的物理和化学形式的描述,表示物质是特殊形式放射性物品(对 UN3332 和 UN3333 不要求)或低弥散物质。

步骤2:包装件数量、包装件类型。以贝可[勒尔](Bq)表示的每个包装件内放射性内装物的最大活度。以居里表示的放射性活度,可以加到贝可[勒尔]后的括号里。对于裂变物质,以克或千克表示的裂变物质的总重量可用来代替放射性活度。对于不同的放射性核素装入同一外包装,标注每一种放射性核素的放射性活度。All Packed in One 的字样必须紧随有关条目。

步骤3:当使用 Overpack 包装时,使用"Overpack(Overpack Used)"的字样必须填写。多个 Overpack 包装含有完全相同内装物时做如下识别:"Overpack Used X"(完全相同)Overpack 包装的件数,或独立列明。

顺序三:包装说明。

对于包装件、Overpack 包装和放射性专用货箱,注明包装件的级别,即"Ⅰ级-白色"或"Ⅱ级-黄色"或"Ⅲ级-黄色";对于"Ⅱ级-黄色"或"Ⅲ级-黄色",注明每个包装件的运输指数。有"Overpack"的包装件,还必须标 Overpack 包装的运输指数,运输指数必须进位到小数点后第一位,如 1.04 进位到 1.1;对于"Ⅱ级-黄色"或"Ⅲ级-黄色",注明每个包装件的三维尺寸。如果使用 Overpack 包装或放射性专用货箱,应标明 Overpack 包装或放射性专用货箱的尺寸。应按照长×宽(桶形货的直径)×高的顺序显示尺寸。

顺序四：批准。

步骤1：主管当局签发的下列文件，识别标记要求标注在申报单，这些文件需要随附申报单：特殊形式批准证书、低弥散物质批准证书、B(U)或B(M)型包装件设计批准证书、B(M)型包装件装运批准证书、C型包装件设计批准证书和装运批准证书、裂变物质包装件设计批准证书、裂变物质包装件装运批准证书、特殊安排批准证书、例外易裂变物质。

步骤2：当货物需要进行专载运输时，注明"专载运输货物(exclusive use shipment)"。

10. 附加操作信息

附加操作信息(additional handling information)：填写如下与货物有关的特殊操作说明。

(1) 包装件安全散热所要求的任何特殊存储规定，必要时应注明包装件的平均表面热流量超过$15W/m^2$。

(2) 对于B(M)型包装件，必要时应注明不需要辅助操作控制。

(3) 有关对机型的限制和必要的航线说明。

(4) 突发事件应急措施说明。

11. 签署人的姓名

签署人的姓名(name of signatory)：申报单签署人的名字必须填入申报单。可以打印或者盖章。

12. 日期

日期(place and date)：签署申报单日期必须填入申报单。日期顺序格式是年月日YYYY-MM-DD。其他格式如下：DD/MM/YYYY；DD.MM.YYYY；DD/MMM/YYYY等，在不会产生误解的前提下均可接受。

13. 签字

签字(signature)：托运人必须在申报单上签署姓名和日期。只有当相应的法律法规认可传真签名的法律有效性时，才可以接受传真的签名。不得接受打字机或打印机签名。受雇于托运人的个人或组织（货物承揽人、货运代理人或国际航协货运代理人），代表托运人在货物准备中承担托运人的责任，并已按要求受训，可以在托运人危险品申报单上签字。如果托运人的申报信息通过电子数据处理(EDP)或电子数据交换(EDI)的方式提供给经营人，那么签名处应改由电子签名。签名用大写。

(二) 托运人申报单样本

计算机格式的空白申报单样本如图9-8所示。

手工格式的空白申报单样本如图9-9所示。

计算机格式的申报单填写样本如图9-10所示。

手工格式的申报单填写样本如图9-11所示。

第九章

放射性物质

SHIPPER'S DECLARATION FOR DANGEROUS GOODS	IATA

Shipper

Air Waybill No.

Page of Pages

Shipper's Reference No.
(optional)

Consignee

Two completed and signed copies of this Declaration must be handed to the operator.

WARNING

Failure to comply in all respects with the applicable Dangerous Goods Regulations may be in breach of the applicable law, subject to legal penalties.

TRANSPORT DETAILS

This shipment is within the limitations prescribed for:
(delete non-applicable)

PASSENGER AND CARGO AIRCRAFT	CARGO AIRCRAFT ONLY

Airport of Departure (optional):

Airport of Destination (optional):

Shipment type: (*delete non-applicable*)

NON-RADIOACTIVE	RADIOACTIVE

NATURE AND QUANTITY OF DANGEROUS GOODS

UN Number or Identification Number, Proper Shipping Name, Class or Division (*subsidiary hazard*), Packing Group (*if required*) and all other required information.

from 10.8.3.9, 10.8.3.10

(Steps 1, 2, 3, 4, 5) // (Steps 6, 7, 8) // (Step 9) // (Steps 10, 11, 12)

Additional Handling Information

I hereby declare that the contents of this consignment are fully and accurately described above by the proper shipping name, and are classified, packaged marked and labelled/placarded, and are in all respects in proper condition for transport according to applicable international and national governmental regulations. I declare that all of the applicable air transport requirements have been met.

Name of Signatory

Date

Signature
(*See warning above*)

图 9-8　计算机格式的空白申报单样本

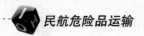

图 9-9 手工格式的空白申报单样本

第九章
放射性物质

SHIPPER'S DECLARATION FOR DANGEROUS GOODS

Shipper Advanced Chemical Co. 345 Main Street Reigate, Surrey England	Air Waybill No. 800 1234 5686 Page 1 of 1 Pages Shipper's Reference No. 1213 / A12 (optional)
Consignee ABC Co., Ltd. 1000 High Street Athens Greece	

Two completed and signed copies of this Declaration must be handed to the operator.

WARNING
Failure to comply in all respects with the applicable Dangerous Goods Regulations may be in breach of the applicable law, subject to legal penalties.

TRANSPORT DETAILS

This shipment is within the limitations prescribed for:
(delete non-applicable)

PASSENGER AND CARGO AIRCRAFT | ~~CARGO AIRCRAFT ONLY~~

Airport of Departure (optional): London Heathrow

Airport of Destination (optional): Athens

Shipment type: (*delete non-applicable*)
~~NON-RADIOACTIVE~~ | RADIOACTIVE

NATURE AND QUANTITY OF DANGEROUS GOODS

UN Number or Identification Number, Proper Shipping Name, Class or Division (subsidiary hazard), Packing Group (if required) and all other required information.

UN 3328, Radioactive material, Type B(U) package, fissile, 7
U-235, (UO_2), solid, 1 Type B(U) package x 3.4 GBq I-White, CSI=1

Type B package design approval certificate B/30/B(U)F
Fissile material package shipment approval certificate B/30/B(U)F/T attached.

Additional Handling Information

I hereby declare that the contents of this consignment are fully and accurately described above by the proper shipping name, and are classified, packaged marked and labelled/placarded, and are in all respects in proper condition for transport according to applicable international and national governmental regulations. I declare that all of the applicable air transport requirements have been met.

Name of Signatory
A. Brown

Date
1 Jan 2019

Signature *A. Brown*
(*See warning above*)

图 9-10 计算机格式的申报单填写样本

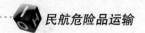

图 9-11 手工格式的申报单填写样本

二、航空货运单

放射性物质货运单相关栏目的填写内容与非放射性物质的要求基本一样。货运单的全部说明可参阅国际航空运输协会的《航空货运单手册》。

1. 客机运输的货运单

在操作信息说明（Handling Information）栏填写"Dangerous Goods as per associated Shipper's Declaration"或"Dangerous Goods as per associated DGD"，如图 9-12 所示。

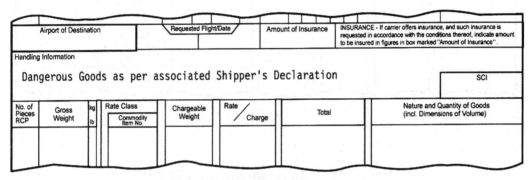

图 9-12　客机运输的危险品货运单

2. 仅限货机运输的货运单

在操作信息说明（Handling Information）栏填写"Dangerous Goods as per associated DGD-Cargo Aircraft Only"，如图 9-13 所示。

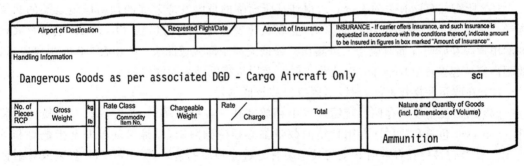

图 9-13　货机运输的危险品货运单

3. 对于混装货物

同时含有危险品和非危险品的航空货运单必须在其"操作信息"一栏中注明危险品的件数，写在"Dangerous goods as per associated Shipper's Declaration"或"Dangerous Goods as per associated DGD"的前面或后面。

4. 例外包装件

在"货物性质和数量（Nature and Quantity）"一栏中，如图 9-14 所示。注明：托运人、收货人的姓名、地址；冠有"UN"字头的 UN 编号；运输专用名称；如相关，每个主管部门证书的识别标记；包装件数（除非货物中仅含一个包装件）。

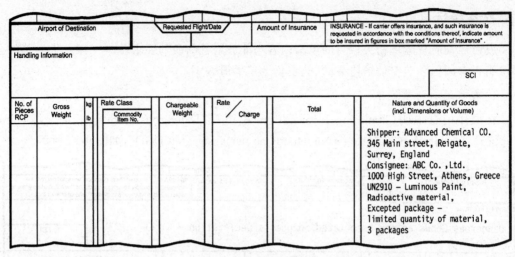

图 9-14　放射性物品例外包装件的货运单

第五节　放射性物品的操作

一、储存的基本要求

(1) 放射性物品必须与工作人员和公众有足够的隔离。工作人员经常工作区域的剂量为每年 5mSv；公众经常进入区域的剂量为每年 1mSv。

(2) 所有与存储有关的人员必须得到其所面临的危险及应遵守的预防措施之类的必要指导。保证射线辐照越低越好的原则，Ⅱ级黄色及Ⅲ级黄色的包装、Overpack 包装及放射性专用货箱在临时存储时应与人员隔离。最低隔离距离应遵照表 9-7 和表 9-8 的距离要求，此距离应从包装件、Overpack 包装及放射性专用货箱的外表面测量。

(3) 在收运及操作期间，射线辐照应保持越低越好。

(4) 易裂变物质的存储。转运过程中存放在任一存储区域的，装有易裂变物质的包装件、Overpack 包装和放射性专用货箱的数量都必须受到限制，以确保临界安全指数总和不超 50。此类包装件在存放时必须与其他装有易裂变物质的包装件 Overpack 包装或放射性专用货箱保持至少 6m 的距离。

(5) 对于无人提取的货物，必须存放在安全的场所并立即通知相关的国家主管部门，向其征求进行进一步处理工作的指导。

二、放射性物品的装载

(一) 一般要求

(1) 除经特殊安排外，不得空运表面剂量率超过 2mSv/h 的放射性物品包装件或 Overpack 包装。

(2) B(M)型包装件和专载运输货物不得用客机装运。

(3) 不得空运带通气孔的 B(M)型包装件、需要用辅助制冷系统进行外部冷却的包装件、运输中需要进行操作控制的包装件以及内含发火材料的包装件。

(4) 任一飞机上装载的工业包装件内的 ISA 材料及 SCO 的总放射性活度不得超过 DGR 10.9.A 中的限制。DGR 10.9.A 如表 9-6 所示。

表 9-6　飞机上工业包装内 LSA 材料及 SCO 的放射性活度限值（DGR 10.9.A）

材 料 属 性	每架飞机的放射性活度限值
LSA-Ⅰ	不限制
LSA-Ⅱ 和 LSA-Ⅲ 不可燃固体	不限制
LSA-Ⅱ 和 LSA-Ⅲ 可燃固体，及所有的液体和气体	$100A_2$
SCO	$100A_2$

（二）人员接触辐射的限制

所有与装载及存储有关的作业人员，必须得到有关其所面临的危险及应遵守的预防措施之类的必要指导。

（三）装载限制

1. 放射性物质与人的隔离要求

放射性物品必须与工作人员有足够隔离，经常工作区域接触的辐射剂量每年不超过 5mSv。

为使人体接触的辐射剂量保持在合理、可达，且尽可能低的水平，放射性物品的包装件应放在尽量远离旅客和机组成员的位置，比如下部货舱地板上或主货舱的最后部分。表 9-8 和表 9-9 列出了放射性物品的包装件与人体隔离的最小距离，如果可能应超过此规定距离装载。Ⅱ级黄色或Ⅲ级黄色的包装件或 Overpack 包装不得与载有旅客的客舱同舱装载，专门批准的急件护送人员伴随包装件或 Overpack 包装除外。

(1) 客货机上与人员的隔离

客货机上放射性物品的包装件与人体隔离的最小距离见表 9-7。

表 9-7　客货机上放射性物品的隔离（DGR 10.9.C）

总和（TI）	最 短 距 离	
	单位/m	单位/ft.in
0.1~1.0	0.30	1′0″
1.1~2.0	0.50	1′8″
2.1~3.0	0.70	2′4″
3.1~4.0	0.85	2′10″
4.1~5.0	1.00	3′4″
5.1~6.0	1.15	3′10″
6.1~7.0	1.30	4′4″
7.1~8.0	1.45	4′9″
8.1~9.0	1.55	5′1″

续表

总和(TI)	最短距离	
	单位/m	单位/ft.in
9.1~10.0	1.65	5′5″
10.1~11.0	1.75	5′9″
11.1~12.0	1.85	6′1″
12.1~13.0	1.95	6′5″
13.1~14.0	2.05	6′9″
14.1~15.0	2.15	7′1″
15.1~16.0	2.25	7′5″
16.1~17.0	2.35	7′9″
17.1~18.0	2.45	8′1″
18.1~20.0	2.60	8′6″
20.1~25.0	2.90	9′6″
25.1~30.0	3.20	10′6″
30.1~35.0	3.50	11′6″
35.1~40.0	3.75	12′4″
40.1~45.0	4.00	13′1″
45.1~50.0	4.25	13′11″

注：表 10.8.C 中规定的从放射性物品包装件到旅客的分隔距离是基于 0.4m 座椅高度处 0.02mSv/h 的参考剂量。

(2) 仅限货机上放射性物品的隔离

表 9-8 适用于装在货机运输的放射性物质的隔离，隔离距离指放射性物质包装件与驾驶舱或其他人员活动区域的间隔距离。

表 9-8　仅限货机上放射性物品的隔离（DGR 10.9.D）

总和(TI)	最短距离	
	单位/m	单位/ft.in
50.1~60	4.65	15′4″
60.1~70	5.05	16′8″
70.1~80	5.45	17′10″
80.1~90	5.80	19′0″
90.1~100	6.10	20′0″
100.1~110	6.45	21′2″
110.1~120	6.70	22′0″
120.1~130	7.00	23′0″
130.1~140	7.30	24′0″
140.1~150	7.55	24′10″
150.1~160	7.80	25′8″

续表

总和(TI)	最短距离	
	单位/m	单位/ft.in
160.1~170	8.05	26'6"
170.1~180	8.30	27'2"
180.1~190	8.55	28'0"
190.1~200	8.75	28'10"
200.1~210	9.00	29'6"
210.1~220	9.20	30'2"
220.1~230	9.40	30'10"
230.1~240	9.65	31'8"
240.1~250	9.85	32'4"
250.1~260	10.05	33'0"
260.1~270	10.25	33'8"
270.1~280	10.40	34'2"
280.1~290	10.60	34'10"
290.1~300	10.80	35'6"

运输指数的总和大于200的货物只适用于专载运输。

无论是客货机的隔离还是仅限货机的隔离，如果飞机上装有多于一个放射性物品的包装件或放射性专用货箱，每个包装件或放射性专用货箱的最小隔离距离必须依据它们的运输指数总和按上表确定。或者，如果将放射性物品的包装件或放射性专用货箱分组码放，每组至客舱或驾驶舱墙板或地板的最近表面的最小距离应与每组的运输指数总和相对应；但是组与组之间的隔离距离必须是运输指数之和较大那一组相对应的隔离距离的3倍以上。

2. 与未冲洗的胶卷或胶片的隔离

放射性物品必须与医用或专业摄影公司用的胶卷或胶片隔离。隔离距离必须保证未冲洗胶卷或胶片与放射性物品一同运输时，装有胶片的每件货物接触的辐射低于0.1mSv。

在无法确定该辐射量时，适用于贴有Ⅱ级黄色和Ⅲ级黄色标签的包装件的最小隔离距离见表9-9。

表9-9 放射性物品与未冲洗的胶卷或胶片的隔离(DGR 10.9.E)

运输指数	载运的持续时间											
	小于或等于2h		2~4h		4~8h		8~12h		12~24h		24~48h	
	单位/m	单位/ft.in.	单位/m	单位/ft.in.	单位/m	单位/ft.in.	单位/m	单位/ft.in.	单位/m	单位/ft.in.	单位/m	单位/ft.in.
1	0.4	1'4"	0.6	2'0"	0.9	3'0"	1.1	3'8"	1.5	5'0"	2.2	7'2"
2	0.6	2'0"	0.8	2'8"	1.2	4'0"	1.5	5'0"	2.2	7'2"	3.1	10'2"
3	0.7	2'4"	1.0	3'4"	1.5	5'0"	1.8	5'10"	2.6	8'6"	3.8	12'6"
4	0.8	2'8"	1.2	4'0"	1.7	5'8"	2.2	7'2"	3.1	10'2"	4.4	14'6"

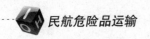

续表

运输指数	载运的持续时间										
	小于或等于2h		2～4h		4～8h		8～12h		12～24h		24～48h	
	单位/m	单位/ft.in.	单位/m	单位/ft.in.	单位/m	单位/ft.in.	单位/m	单位/ft.in.	单位/m	单位/ft.in.	单位/m	单位/ft.in.
5	0.8	2′8″	1.3	4′4″	1.9	6′2″	2.4	7′10″	3.4	11′2″	4.8	15′10″
10	1.4	4′8″	2.0	6′6″	2.8	9′2″	3.5	11′6″	4.9	16′0″	6.9	22′8″
20	2.0	6′6″	2.8	9′2″	4.0	13′2″	4.9	16′0″	6.9	22′8″	10.0	32′10″
30	2.4	7′10″	3.5	11′6″	4.9	16′0″	6.0	19′8″	8.6	28′2″	12.0	39′4″
40	2.9	9′6″	4.0	13′2″	5.7	18′8″	6.9	22′8″	10.0	32′10″	14.0	45′10″
50	3.2	10′6″	4.5	14′10″	6.3	20′8″	7.9	25′10″	11.0	36′0″	16.0	52′6″

按上表的距离隔离，胶片受到的辐射剂量不会超过0.1mSv(10mrem)。

3. 与活体动物隔离

贴有Ⅱ级黄色或Ⅲ级黄色标签的包装件或放射性专用货箱必须与活体动物隔离，运输时间小于或等于24h，最小隔离距离为0.5m，运输时间大于24h，最小隔离距离为1.0m。

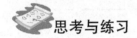

一、单项选择题

1. 豁免型包装外表面上任何一点的辐射水平不得超过（　　）。
　　A. $0.5\mu Ci/kg$　　　B. $5\mu Sv/h$　　　C. $1\mu Ci/kg$　　　D. $1mSv/h$
2. 需经多方批准的货包是（　　）型货包。
　　A. B(U)　　　B. A　　　C. B(M)　　　D. 工业
3. 一辆货车上同时摆放的所有放射性货包的运输指数之和不得超过（　　）。
　　A. 10　　　B. 50　　　C. 100　　　D. 200
4. 400mCi的磷-32，半衰期14.3天，经过43天后其活度有（　　）大。
　　A. 50　　　B. 12.5　　　C. 100　　　D. 60
5. 下列射线中需要防护外照射的是（　　）。
　　A. α射线　　　B. β射线　　　C. γ射线　　　D. 中子流

二、填空题

1. 放射性物品包装件的运输指数为5.5，则该包装件到旅客的距离至少＿＿＿＿m。
2. 工作人员经常在工作区域的剂量为每年＿＿＿＿mSv；公众经常进入区域的剂量为每年＿＿＿＿mSv。
3. 如果距离包装件1m处的辐射水平是0.0526mSV/h，则运输指数等于＿＿＿＿。
4. 放射性专用货箱的＿＿＿＿个侧面都必须粘贴标签。
5. 放射性物品包装件的运输指数为10，载运时间为3小时，其与未冲洗的胶卷或胶片的隔离＿＿＿＿m。

三、判断题

1. 半衰期就是放射性物质的原子数目因衰变而减少到原来一半所需要的时间,物质的半衰期都是恒定的。

2. B(M)型包装件和专载运输货物不得用客机装运。

3. 放射性物品标签连同次要危险性标签、临界安全指数标签以及"仅限货机(Cargo Aircraft Only)"标签,必须粘贴在包装件相对的两个侧面上。

4. 含液态放射性物品包装件不必粘贴包装件方向"向上(This Way Up)"标签。

5. 运输指数大于 10 的包装件,没有民航局的批准不可以客机运输。

四、简答题

1. 根据 DGR 表 10.3.A 和 A 型包装件的要求,检查表 9-10 中放射性物质的包装件能否采用 A 型包装。

表 9-10 放射性物质表

放射性核素符号	Form(形式)	Activity(活度值)	答案
Ac-228	Special form	0.7TBq	
Ag-111	Special form	1.8TBq	
Ar-39	Other form	40TBq	

2. 某放射性物质包装(非仪器或制品),内装物的核素符号为 Hg-197,液态,活度值为 0.0001TBq,除表 10.3.C 外,所有适用条件都满足的。请问,包装件是否可以作为例外数量包装件运输?解释原因。

3. 某货代公司拟托运 300 个仪器,每个仪器中包含固态的放射性物质 Zn-65,其他形式,每个仪器的活度值为 0.01TBq,如果每个仪器符合例外数量要求,共需要多少个包装件?

4. II-YELLOW 的包装件,其包装件外表面允许的最大辐射水平为多少?如果该包装件运输指数是 0.3,表面辐射水平 0.8mSv/h(无裂变物质),其标签级别是多少?如果该包装件运输指数是 0,表面辐射水平 0.08mSv/h(无裂变物质),其标签级别是多少?

5. 一个 Type A 包装件中两种物品:Am-241,Secial Form(证书号 A/101/S),活度为 1000MBq 和 Fe-60;other form,固体硝酸盐,活度为 30GBq,包装件运输指数为 0.7,表面辐射水平为 0.8mSv/h,尺寸为 20cm×20cm×20cm。请完成以下任务。

(1) 改正以下标签的等级,填写图 9-15 所示标签的内容。

图 9-15 物品标签

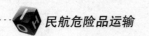

（2）完成图 9-16 所示申报单。

NATURE AND QUANTITY OF DANGEROUS GOODS						
Dangerous Goods Identification				Quantity and type of packing	Packing Inst.	Authorization
UN or ID No.	Proper Shipping Name	Class or Division (Subsidiary Risk)	Packing Group			

Additional Handling Information

图 9-16　申报单

第十章 锂电池及锂电池设备的运输

知识要求

(1) 了解锂电池的定义、分类。
(2) 了解锂电池的危险性。
(3) 掌握锂电池及其设备作为旅客、机组随身携带物品的规定。
(4) 掌握锂电池及其设备作为货物运输的规定。

技能要求

具有正确操作航空运输锂电池及设备的能力。

中国是锂电池生产和出口大国,运输量很大,给中国经济发展带来了新机遇,通过学习,让学生对我国锂电池运输的发展成就充满自信,培养民族自豪感和行业自豪感,并鼓励学生励志加入航空运输事业,培养家国情怀。

UPS航空6号班机空难

美国联合包裹运输公司(以下简称UPS)6号班机,是一班由阿联酋迪拜飞往德国科隆的货运班机。2010年9月3日,该航班由一架波音747-400F执飞,起飞不久后货舱起火,失去控制坠毁,机组2名成员全部死亡。

空难事故的调查很快展开,黑匣子信息显示,飞行员对于突发火灾后响应迅速,他们很快便启动了舱内灭火系统,但是这并没有带来好的结果,火势的蔓延远远超出飞行员的预料,浓烟更是威胁到了飞行员的生命。三天后,调查员从废墟堆中找到了损坏严重的FDR,

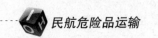

"黑匣子"即使拥有坚固的保护外壳,但是在极端情况下仍会丢失部分数据,他们随即将FDR送回位于华府的NTSB实验室对数据进行解析。

事故调查组也在外围现场有了意外发现,他们在灌木丛中找到了一粒烧焦并炸开的锂电池,这个物证让整个调查取得突破性进展。货舱单显示UPS航空6号航班搭载了许多锂电池或含有锂电子的电子产品(多达81000粒)。高附加值的电子产品是航空货运的主要运载对象,这对锂电池的需求也达到了新的高度。锂电子是电子产品不可或缺配件之一,相比碱性电池而言能提供更长的电力支持,但是锂电池具有易燃的特点,尤其在受到冲击的时候更是容易引发火灾。

调查人员发现,在飞行途中,货舱中所搭载的81000颗锂电池起火,导致飞机操作困难,机组人员只能用自动驾驶维持平衡。机长打算返回迪拜,但烟雾慢慢笼罩了驾驶舱,使机组人员看不清仪表盘。大火迅速蔓延,使得机长的氧气罩无法提供氧气,机长在摸索备用氧气罩的过程中,被浓烟呛倒,失去意识。飞机在迪拜的一个军事基地附近坠毁,两名机组人员死亡,但是副驾驶在最后时刻避开了迪拜的居民区,避免了更大伤亡。

此次事故导致美国政府对航空货运实行新的限制措施,并实行锂电池包装新方法。该措施将包括对锂电池包装的新要求及对锂电池和电子产品运输的限制。UPS在事后不仅设计了一款全新的货柜,能够抵挡住剧烈的大火,而且引进了全罩式氧气面罩(单手带上只需要3s)以及EVAS(enhanced vision assurance system,视景增强保护系统),这套系统会提供一个全密闭的气囊,即使驾驶舱被浓烟笼罩也可以看清仪表及窗外。

2010年10月,FAA(美国联邦航空管理局)发布了一份安全警告,其中对于客机携带大量锂电池产品做出了限制。同期,波音也修改了飞行员留意火灾发生的程序,这也避免了烟雾对驾驶舱的影响。

资料来源:乔善勋.锂电池如何摧毁了世界上最先进的货机?UPS航空6号航班—空难改变航空史[EB/OL].(2016-01-29)[2021-09-07].https://mp.weixin.qq.com/s/YjiG7EAzFEI1a3DVbyHejw.

讨论:

(1) 锂电池有什么危险性?
(2) 如何理解事故后美国政府对航空货运实行新的限制措施?
(3) 你认为国内锂电池航空货运企业应该从本案吸取什么教训?

第一节 锂电池基础知识

一、金属锂的危险性

锂是外观呈银白色、活泼的金属。它质地柔软、可延展,且易燃,在危险品分类中属于4.3项危险品,特性如下。

(1) 遇水或潮湿空气易释放易燃气体,化学式为 $2Li+2H_2O=2LiOH+H_2$。
(2) 呈固体状态时,当温度超过其熔点180℃时,可自己燃烧。
(3) 呈粉末时,可在室温条件下燃烧;可导致严重灼伤及腐蚀。

由于金属锂活性非常高,一旦锂电池在运输过程中受到撞击,电池中的锂就会发生剧烈的反应产生大量的热,从而引燃周围的物质发生火灾。

二、锂电池的危险性

在进行航空运输时,锂电池属于第 9 类危险品,主要危险性如下。

1. 锂电池自身易燃

锂离子电池在充电状态下容易高温分解,有导致电池爆炸、燃烧的风险。锂电池中的锂是活泼的碱性金属,锂离子电池中的负极在充电后性质类似锂金属,在空气中会迅速氧化,引发自燃。

2. 短路引发燃烧

过度的充电、极高或极低的温度、操作错误或设计缺陷等都有可能造成电池的短路,当电池短路时,产生的火花将会瞬间点燃电解液,导致锂电池燃烧。

3. 锂电池过充会发生危险

锂电池过充时,有可能造成电池的破损,甚至于爆炸。若遇到设计不合理的电路板,不仅无法保护电池,造成电池过度充电,还可能因过度充电导致电池芯变形、漏液、爆炸等。

4. 锂电池放电到最小电压时会发生危险

锂电池放电到最小电压时,电解液中的锂最容易被激发,从而造成危险,所以电池电压保持在最低与最高电压之间最稳定。

5. 灭火器难以扑灭

锂电池一旦在飞行中起火燃烧,现在飞机上使用的灭火剂并不能将其扑灭,并且其燃烧产生的溶解锂会穿透货舱或产生足够压力冲破货舱壁板,使火势能蔓延到飞机的其他部分。

电动平衡车

电动平衡车是指以锂电池为动力,可载人的单轮或多轮移动辅助工具。目前,电动平衡车的使用范围不断扩大,锂电池供电的小型个人运输装置作为货物和由旅客托运或作为随身携带行李运输的情况也越来越多,包括独轮车、电动滑板、风火轮、体感车和平衡车等。

但是,由于电动平衡车锂电池能量较大,且大多数设备锂电池能量标志不符合规定,各地接连发生此类平衡车因劣质锂电池起火爆炸的事件。为此,国际航空运输协会禁止乘客携带或托运以锂电池为动力的电动平衡车乘机。

截至目前,中国国际航空、中国东方航空、中国南方航空等 50 多家航空公司全面禁止旅客携带或托运电动平衡车。

三、锂电池的分类

1. 锂离子电池

锂离子电池是一种可以二次使用、反复充电的电池。它主要依靠锂离子在正极和负极之间移动来工作。锂离子电池一般用于消费者电子行业,如手机、相机、手提电脑等,如图 10-1 和图 10-2 所示。

图 10-1　手机用锂离子电池　　　　　图 10-2　笔记本电脑用锂离子电池

2. 锂金属电池

锂金属电池一般由锂金属或锂混合物充当阳极的一次性电池(不可充电的)。锂金属电池一般用于手表、计算器、温度数据记录仪等。锂金属电池(图 10-3)通常是不可充电的,且内含金属态的锂。

锂电池基础知识

3. 锂聚合物电池

锂聚合物电池(图 10-4)是锂离子电池的一种,又称高分子锂电池,是一种化学性质的电池。相对来说,具有能量高、小型化、轻量化的特点。锂聚合物电池具有超薄化特征,可以配合一些产品的需要,制作成不同形状与容量的电池,理论上的最小厚度可达 0.5mm。

图 10-3　锂金属电池　　　　　　　图 10-4　锂聚合物电芯

关于民航旅客携带"充电宝"乘机规定的公告

充电宝是指主要功能用于给手机等电子设备提供外部电源的锂电池移动电源。根据现行有效国际民航组织《危险物品安全航空运输技术细则》和《中国民用航空危险品运输管理规定》,旅客携带充电宝乘机应遵守以下规定。

(1) 充电宝必须是旅客个人自用携带。

第十章 锂电池及锂电池设备的运输

(2) 充电宝只能在手提行李中携带或随身携带,严禁在托运行李中携带。

(3) 充电宝额定能量不超过 100Wh,无须航空公司批准;额定能量超过 100Wh 但不超过 160Wh,经航空公司批准后方可携带,但每名旅客不得携带超过两个充电宝。

(4) 严禁携带额定能量超过 160Wh 的充电宝;严禁携带未标明额定能量同时也未能通过标注的其他参数计算得出额定能量的充电宝。

(5) 不得在飞行过程中使用充电宝给电子设备充电。对于有启动开关的充电宝,在飞行过程中应始终关闭充电宝。

上述规定同时适用于机组人员。

四、锂离子电池能量的计算

有关锂电池客货运的标准均以额定能量(单位:瓦特小时)作为规范锂电池的计量标准。

有关参数及单位符号:额定能量值,Wh、mWh、MWh;电池容量值,Ah、mAh、MAh。额定能量的计算公式为

$$Wh = V \times Ah$$

其中,V 是电池的标称电压(伏),Ah 是电池容量(安培时)。

如果电池上只标记有毫安时(mAh),可按以下公式换算:1Ah=1000mAh。

例如:锂电池标称电压为 3.7V,电池容量为 4000mAh,其额定瓦特小时的计算方法分为两步。

第一步:4000mAh/1000=4Ah。

第二步:3.7V×4Ah=14.8Wh。

小知识

现在很多航空公司都出台了规定,禁止乘客携带这种行李箱上飞机,因为其中装有不可拆卸的锂离子电池,容易引发火灾。

所以,出行前大家一定要检查行李,关于锂电池有以下两点要注意。

(1) 严禁携带任何使用锂离子电池的二轮电动板、滑板、滑翔机、电动独轮车等,除非其移动辅助设备可以拆卸随身携带。不能运输坏损的电池。

(2) 内置锂电池的电子设备,如手提电脑、手机、照相机等,如果不能拆下电池,则不得放在托运行李中,需随身携带,并确保所有电子设备都处于关机状态。而且备用电池必须用覆盖绝缘的包装,防止短路。

第二节 锂电池及锂电池设备的运输需求

锂电池在航空运输当中被划分为第九类危险品,在运输过程当中有起火的危险,而且一旦起火,其产生的火焰在短时间内难以扑灭,对航空安全造成严重的危险。为了规范锂电池的航空运输及降低风险,民航局有关部门根据国际民航组织的《危险物品安全航空运输技术

细则》(TI)的有关锂电池运输的规则,结合航空运输协会(IATA)的《锂电池航空运输指南》以及中国民航标准 MHT1020《锂电池航空运输规范》的部分内容,制订了中国航空运输的锂电池的规范操作流程。

一、一般要求

(1) 锂电池必须通过联合国"实验和标准手册"中第三部分的 38.3 安全标准测试。

(2) 不得运输受损的、有缺陷的或召回的锂电池。

(3) 单独运输的锂电池禁止在客机上运输。

(4) 锂离子电池必须使用合适的内包装并加以防短路保护,在设备中安装有锂电池的则必须加以保护,防止在无意中被激活。

(5) 货物和货运代理公司必须参加并通过锂电池的法规培训课程。

二、锂电池货物运输

锂电池及其设备在航空货运中有六种形式,分别是:单独运输的锂离子电池(lithium ion batteries);与设备包装在一起的锂离子电池(lithium ion batteries packed with equipment);与设备安装在一起的锂离子电池(lithium ion batteries contained in equipment);单独运输的锂金属电池(lithium metal batteries);与设备包装在一起的锂金属电池(lithium metal batteries packed with equipment);与设备安装在一起的锂金属电池(lithium metal batteries contained in equipment)。

运输专用名称和 UN 编号如图 10-5 所示。

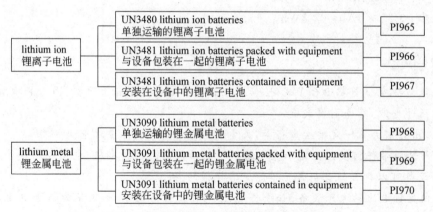

图 10-5　锂电池的运输专用名称和 UN 编号

典型案例

机舱内手机突然爆炸起火 乘客惊慌尖叫紧急逃生

2018 年 7 月 31 日,瑞安航空(Ryanair)一架从西班牙巴塞罗那飞往伊维萨岛的班机起飞前一名乘客的手机发生爆炸,造成机舱内烟雾弥漫,乘客们吓得惊慌尖叫,纷纷逃跑。空乘人员立即启动紧急装置,开启逃生梯疏散乘客。

这起事件发生时,所有乘客均已登机,飞机正准备起飞。突然机舱内听见爆炸声,随后火光蹿起,机舱内瞬间烟雾弥漫。

当时,一名乘客正用移动电源给手机充电,手机却突然爆炸起火,导致整个机舱内都烟雾弥漫,吓得所有乘客都惊声尖叫逃跑。空乘人员见状赶紧启动紧急装置,放下逃生用的气垫滑梯,疏散机内所有的乘客。从现场视频中可以看到,所有人惊慌失措地想快点从气垫滑梯上冲下来,有些人还推挤其他乘客。所幸最后没有造成人员伤亡。调查指出,当时爆炸手机在该名乘客座位上方的行李箱里。

资料来源:傅钰婷. 机舱内手机突然爆炸起火 乘客惊慌尖叫紧急逃生[EB/OL]. (2018-08-01)[2021-09-07]. https://www.kankanews.com/a/2018-08-01/0038536014.shtml.

三、锂电池的标签和标记

锂电池危险性标签如图 10-6 所示。

锂电池标记上需要在指定的位置填写 UN 编号和负责人的电话号码,如图 10-7 所示。

图 10-6 锂电池危险性标签

图 10-7 锂电池标记

四、需要的文件

第 1A、1B、Ⅰ 部分锂电池的收运需要的主要文件有:

(1) 申报单 DGD:申报单的填写方法跟其他危险品一样,参考本书第六章相关内容。

(2) 货运单 AWB:在货运单的操作说明栏(Handling Information)栏内注明如下内容:Dangerous Goods as per associated DGD(Cargo Aircraft Only)。

(3) 机长通知单 NOTOC:当空中出现紧急情况时,机长可以根据机长通知单中危险品的类别、数量及装载位置及时采取措施,并将机上载有危险品的信息通报有关空中交通管制部门,以便通知机场当局。

(4) 收运检查核查单(checklist):在收运危险品时,为了检查申报单、货运单及危险品包装件是否完全符合要求,使用危险品收运检查单逐项检查。

第 Ⅱ 部分锂电池的收运需要的主要文件是货运单,填写方法是:在货运单的"nature and quantity of goods"栏填写 Lithium ion /(lithium metal) batteries in compliance with section Ⅱ of PIxxx—(CAO)。

第 Ⅱ 部分锂电池的货物不需要填写申报单。

五、锂电池货物的文件样例

1. 申报单

按照第Ⅰ部分进行运输的锂电池申报单如图10-8所示。

UN or ID No.	Proper Shipping Name	Class or Division (Subskery Hazard)	Packing Group	Quantity and type of packing	Authorization
UN3091	Lithium mental batteries packed with equipment	9		1 Fibreboard Box×3kg	969

图10-8 按第Ⅰ部分进行运输的锂电池

按照第1B部分进行运输的锂电池申报单如图10-9所示。

UN or ID No.	Proper Shipping Name	Class or Division (Subskery Hazard)	Packing Group	Quantity and type of packing	Authorization
UN3091	Lithium mental batteries	9		1 Fibreboard Box×5kg	965 1B

图10-9 按第1B部分进行运输的锂电池

注意：图10-9中的1B可以写在包装说明965后面。

2. 货运单

按照第Ⅱ部分进行运输的锂离子电池（PI965）航空货运单（仅限货机）如图10-10所示。

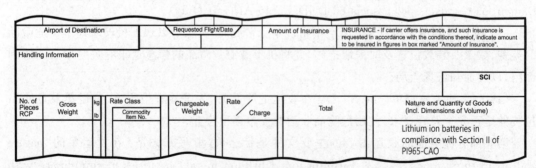

图10-10 按第Ⅱ部分进行运输的锂离子电池（PI965）货运单

第十章
锂电池及锂电池设备的运输

按照第第Ⅱ部分进行运输的锂离子/锂金属电池（PI967 和 PI970）航空货运单如图 10-11 所示。

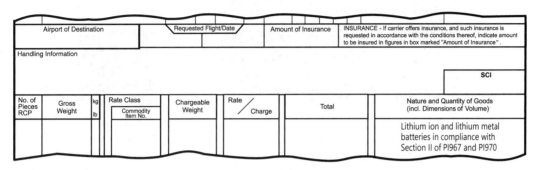

图 10-11　按第Ⅱ部分进行运输的锂离子/锂金属电池（PI967 和 PI970）货运单

六、锂电池分类流程图

1. 锂离子电池分类流程图

锂离子电池的分类和运输流程指南见图 10-12。

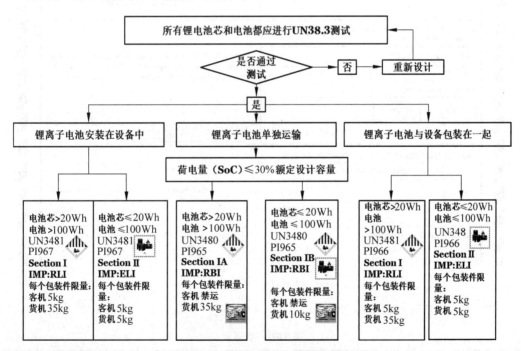

图 10-12　锂离子电池分类流程图

例 10-1　货主拟托运一票锂离子电池，每个电池的额定能量是 120Wh，每个包装件锂电池净重 30kg，请画出包装件标记标签，填妥文件。已知 Shipper：ABC；Consignee：DEF。

解：根据"锂电池分类流程图"及相关知识，解析如下。

（1）标记标签如图 10-13 所示。

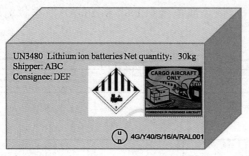

图 10-13 标记标签

锂电池货运规定

（2）申报单填写如图 10-14 所示。

Shipper ABC	Air Waybill No. 777-6420-2715 Page 1 of 1 Pages Shipper's Reference Number *(optional)*
Consignee DEF	*For optional use for Company logo name and address*
Two completed and signed copies of this Declaration must be handed to the operator.	**WARNING**
TRANSPORT DETAILS This shipment is within the limitations prescribed for: *(delete non-applicable)* XXX / CARGO AIRCRAFT ONLY Airport of Departure: SHANGHAI Airport of Destination: HONGKONG	Failure to comply in all respects with the applicable Dangerous Goods Regulations may be in breach of the applicable law, subject to legal penalties. Shipment type: *(delete non-applicable)* XXXXXXX / RADIOACTIVE

NATURE AND QUANTITY OF DANGEROUS GOODS

Dangerous Goods Identification						
UN or ID No.	Proper Shipping Name	Class or Division (Subsidiary Risk)	Packing Group	Quantity and type of packing	Packing Inst.	Authorization
UN3480	Lithium ion baterries	9		1 fibreboard box X 30kg	965	

图 10-14 申报单

（3）货运单填写如表 10-1 所示。

表 10-1 货运单

Handling Information：
Dangerous Goods as per associated DGD-cargo aircraft only

No. of pieces RCP	Gross Weight	Kg ib	Rate class	Chargeable weight	Rate/ charge	total	Nature and quantity of goods
							Lithium metal batteries in compliance with section Ⅱ of PI970 *Dim：50cm×40cm×30cm*

2. 锂金属电池分类流程图

锂金属电池的分类和运输流程指南见图 10-15。

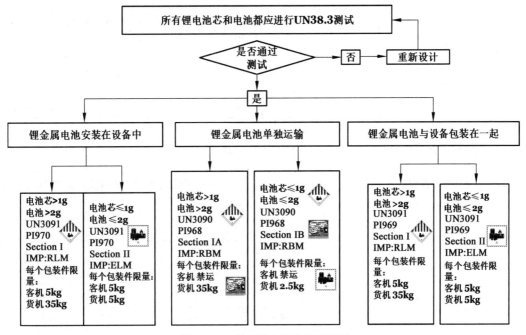

图 10-15　锂金属电池分类流程图

例 10-2　货主拟托运一票手表货物（电池安装在设备中），手表电池的锂金属含量是 0.5g，每个包装件锂电池净重 5kg，请画出包装件标记标签，并填妥文件。已知 Shipper：ABC；Consignee：DEF。

解：(1) 标记标签如图 10-16 所示。

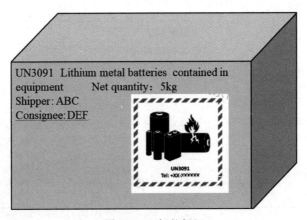

图 10-16　标签标记

(2) 申报单：此票货物为 SECTION Ⅱ，不需要填写。

(3) 货运单填写如表 10-2 所示。

表 10-2 货运单

Handling Information: Dangerous Goods as per associated DGD							
No. of pieces RCP	Gross Weight	Kg ib	Rate class	Chargeable weight	Rate/ charge	total	Nature and quantity of goods
							Lithium metal batteries in compliance with section Ⅱ of PI970 *Dim:50cm×40cm×30cm*

七、锂电池和锂电池驱动设备的行李运输一览表

锂电池和锂电池驱动的产品作为行李运输时,携带的数量、方式、保护措施和相关要求应该严格按照表 10-3 执行。

表 10-3 锂电池和锂电池驱动设备的行李运输一览表

行李条目	相关要求				
	额定能量或锂含量限制	行李类型	数量限制	批准	保护措施	通知机长
个人自用消费品设备	≤100Wh,或≤2g	托运或手提	15 块	—	防意外启动;完全关闭(不能为睡眠/休眠模式)	—
	100~160Wh 2~8g(仅 PMED)		—	经营人批准		
个人自用消费品设备的备用电池	≤100Wh 或≤2g	手提	20 块	—	单个保护	
	100~160Wh 2~8g(仅 PMED 备用电池)		每人2块	经营人批准		
安装锂电池的行李	不可拆卸型 ≤2.7Wh 或≤0.3g	托运或手提				
	可拆卸型	手提或卸下电池后托运				
电动轮椅或代步工具	锂电池不可拆卸	托运	—	建议提前告知经营人做好安排	电池防短路防受损	通知机长
	锂电池可拆卸	≤300Wh(1块) ≤160Wh(2块)	电池必须卸下并手提			
电动轮椅或代步工具的备用电池	≤160Wh	手提	每人2块			
	≤300Wh		每人1块			

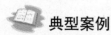

典型案例

国内首次大型动力锂电池空运出口顺利完成

2021 年 11 月,由宁德时代新能源科技股份有限公司生产的大型动力锂电池搭乘俄罗斯空

桥货运航空公司航班从上海浦东机场出发，飞抵德国法兰克福机场。这是中国生产的大型动力锂电池首次通过航空运输出口，标志着中国民航动力锂电池运输保障能力再上新台阶。

动力锂电池是我国新能源产业的重要组成部分。得益于技术进步和制造业优势，我国动力锂电池产业规模全球领先，制造技术水平一流，产品在国际上具有较强的竞争力。我国动力锂电池制造企业急需优质高效的航空运输助力，来支撑其优势技术、产品和企业走向全球市场。

然而，按照国际标准，航空运输锂电池每个包装件的最大净重不得超过35kg，超过35kg的锂电池需要根据国际民航组织《危险物品安全航空运输技术细则》特殊规定A99的要求向民航管理部门提交批准申请。只有获得始发国和承运人所在国民航主管部门的A99批准函，大型动力锂电池才能够合规空运。由于对动力锂电池的运输安全测试和包装标准要求缺乏足够了解，大型动力锂电池空运出口的技术评估工作和运输保障工作面临着挑战。

2021年以来，民航局党组扎实开展"我为群众办实事"实践活动，要求行业各单位立足本职，结合实际，切实解决基层一线、社会公众的困难和问题。为突破瓶颈、解决中国企业难题、助力航空货运发展，中国民航危险品运输管理中心与民航华东地区管理局、海关相关部门、浦东机场、宁德时代新能源科技股份有限公司等各单位协同作战，克服了重重困难。

针对此次运输任务，中国民航危险品运输管理中心制订了详细技术评估和运输方案，全程指导动力锂电池运输安全测试和包装安全测试，辅导各方准备审批文件并完成技术审查。宁德时代新能源科技股份有限公司严格按照国际标准要求对锂电池进行运输安全测试和包装安全测试。俄罗斯空桥货运航空公司积极配合准备特殊批准A99批准材料，严格执行运输操作要求。

在运输顺利完成后，中国首次国产35kg以上锂电池航空运输A99特殊审批总结会在福建宁德召开，会议回顾了运输准备和保障工作中遇到的问题，深度复盘了运输全过程，共同研讨解决办法和工作方向，总结经验。

这次运输是对供应链各方安全能力建设的一次提升，迈出了建设安全、高效、便捷、优质的危险品航空运输服务体系的关键一步，为拓宽航空物流发展空间、满足新兴市场需求等奠定了基础。

资料来源：韩磊. 国内首次大型动力锂电池空运出口顺利完成[EB/OL]. (2021-11-11)[2021-09-07]. 中国民航报第6312期.

八、消防方法

锂电池起火后，必须在最短的时间内控制火势，具体的消防方法如表10-4所示。

表10-4 锂电池的消防方法

序号	物品名称	目的或效果	备注
1	水基灭火器	喷射有效距离远（达3m）；可迅速降温，阻断锂电池热失控，防止大量有毒烟气和起火爆炸	水对锂电池降温最有效；线性喷射更准确；污染轻
2	干粉灭火器	可扑灭锂电池明火；对锂电池无明显降温作用，可能复燃	有污染，不利后续清理
3	二氧化碳灭火器	可扑灭锂电池明火；对锂电池无明显降温作用，可能复燃	无污染；使用时注意防止手冻伤

续表

序号	物品名称	目的或效果	备注
4	水或其他不可燃液体	用边上的水瓶或水杯的水尽早浇在起火的锂电池上降温，防止发生大量有害烟雾和起火爆炸	防止近距离处置时被随时可能发生的起火爆炸伤害
5	盛水的大容器	主要用作后续水源；火势稳定后将电池或含电池设备浸入盛水的容器	盛水容器最好便于移动
6	防火手套	防止参与处置人员烧伤、炸伤	
7	防护眼镜	防止参与处置人员烧伤、炸伤	面罩更好，但要佩戴便捷
8	取物夹（钳）	可协助安全取出和转移涉事物品	

思考与练习

一、单项选择题

1. 某额定能量为110Wh的锂电池安装在设备里，其联合国编号和运输专用名称分别为（　　）。

　　A. UN3481　　Lithium ion Batteries packed with equipment

　　B. UN3481　　Lithium ion Batteries contained in equipment

　　C. UN3091　　Lithium metal Batteries contained in equipment

　　D. UN3091　　Lithium metal Batteries packed with equipment

2. 运输某批充电宝，电池容量为30000mA，额定电压为4.7V，每个包装件重量10kg，该货物的外包装需要的标签为（　　）。

　　A. 锂电池危险性标签　　　　　　　　B. 仅限货机标签

　　C. 锂电池危险性标签和仅限货机标签　　D. 锂电池危险性标签和锂电池操作标签

3. 某货代公司欲运输华为牌的手机（电池安装在手机里），每部手机的额定能量为20Wh，每个包装件重量4kg，请问需要填写的运输文件是（　　）。

　　A. 申报单和货运单　　　　　　　　　B. 货运单

　　C. 申报单、货运单和机长通知单　　　D. 申报单、货运单和收运核查单

4. 拟运输某品牌手提电脑若干，电池安装在手提电脑里，锂电池额定能量为80Wh，每个包装件重量5kg，货运单的填写方法为（　　）。

　　A. 只在品名栏写：Lithium Ion batteries in compliance with section Ⅱ of PI967

　　B. 只在handling information栏写：Lithium Ion batteries in compliance with section Ⅱ of PI967

　　C. 只在品名栏写：Lithium Ion batteries in compliance with section Ⅱ of PI965-CAO

　　D. 只在 handling information 栏写：Lithium Ion batteries in compliance with section Ⅱ of PI965-CAO

5. 以下按PI968 SECTION Ⅱ运输的锂电池描述正确的有（　　）。

　　A. 需要贴仅限货机标签

B. 客机运输单个包装件净含量不得超过 10kg

C. 不需要 UN38.3 测试报告

D. 以上均不正确

二、填空题

1. 锂电池分为两类,即_____和_____。

2. UN3480 锂离子电池按 PI965 中 SECTION IB 运输时,锂电池芯额定瓦特小时不超过_____,锂电池组额定瓦特小时不超过_____。

3. 单独运输的锂金属电池,UN 编号为_____,运输专用名称为_____。

4. 某个锂离子电池包装件,内装 90Wh 的锂离子电池,净重 4kg,该包装件装机型为_____。

5. 锂电池标称电压为 3.7V,电池容量为 5000mAh,其额定瓦特小时为_____。

三、判断题

1. 充电宝由于极易引发燃烧,无论功率多大,旅客在登机时只能办理托运。 （ ）

2. 跟着主人走的行李箱（额定瓦特小时 200Wh）由于功率太大,旅客只能托运。（ ）

3. 按 Section Ⅱ 运输的锂电池,都不需要填写申报单。 （ ）

4. 按 Section 1B 运输的锂电池,只需要填写货运单。 （ ）

5. 单独运输的锂金属电池禁止装在客机上运输。 （ ）

四、综合实务题

货主拟运输一个包装件,内装物为锂电池设备（锂离子电池驱动,电池安装在设备中）8 台,设备净重 10kg,这些设备电池的额定电压是 3.7V,容量为 30000mAh。包装已通过 UN38.3 测试,所有内包装及外包装符合包装说明 PI967 的要求。收、发货人信息如下。

Shipper：Zys Sky Ltd

350 Shangnan Road

Shanghai,China

Consinee：Abc company

777 Mount wellington Highway

Auckland,New Zealand

该包装件拟交由空运,请完成以下问题。

(1) 包装的标记和标签（图 10-17）。

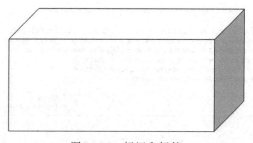

图 10-17　标记和标签

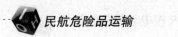

（2）申报单如图 10-18 所示。

图 10-18　申报单

(3) 货运单(图 10-19)。

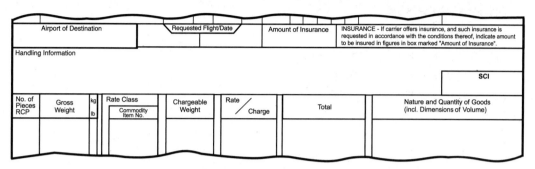

图 10-19　货运单

实训　锂电池运输操作方法

实训目的

(1) 熟悉锂电池包装要求。
(2) 掌握 IATA 锂电池申报单和货运单的填制规范。
(3) 培养学生的团队合作能力。
(4) 培养学生安全生产意识。
(5) 培养学生一丝不苟的学习态度。

实训内容

根据所给的材料,完成相关任务。

货主拟托运一票电子设备(锂离子电池驱动,电池安装在设备中)8 台,该设备净数量总计 5kg,这些设备里的锂电池的额定电压是 3.7V,容量是 40000mAh。

请完成:

(1) 画出包装示意图。
(2) 画出该包装件的标记标签。
(3) 运输文件。

实训要求

(1) 学生通过复印或打印自行获得相关标记标签和空白单证。
(2) 各小组成员应该充分参与任务。
(3) 组长合理分配各项任务,各成员充分参与。
(4) 工作过程中认真体会正确操作对于安全运输锂电池的意义。

实训课时

2 课时。

实训步骤

(1) 将学生分组,每组 6 人,指定小组长。
(2) 各成员认真阅读和分析所给的材料。
(3) 每一组都要完成任务 1～任务 3,由组长分配具体任务,记录分配情况。
(4) 各小组成员前往图书馆、机房、教师办公室查阅品名表和相关资料,并做好记录。

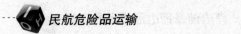

(5) 各组将成果制作成PPT，面向全班同学介绍成果。
(6) 教师点评和总结。

检查标准

(1) 各组提交完成的标记标签、文件。
(2) 各组提交制作完毕的PPT。
(3) 各组代表演讲的结果。

第十一章 危险品事故的应急处置

知识要求

(1) 掌握空中危险品事故的应急处置方法。
(2) 掌握地面危险品事故的应急处置方法。
(3) 了解各类危险品的应急处置措施。
(4) 了解危险品的分类处置原则。

技能要求

具有各种危险品事故的应急处置能力。

 思政园地

　　教育学生树立以"安全第一，预防为主"的安全生产理念，坚持安全生产"以人为本"的基本原则，强化危机意识和大局观念，潜移默化地养成对突发事故的果断反应能力和判断能力。

国内首次真实锂电池冒烟起火应急演练举行

　　2018年10月，为了全面提升机组人员锂电池机上应急处置能力，民航局举行了锂电池机上冒烟起火事件应急处置演练(图11-1)。

　　四川航空、成都航空、西藏航空分别选派乘务组进行了演练，大家围绕危险品航空运输应急、锂电池运输安全以及相关技术研究等内容进行了经验交流。此次演练是国内首次在模拟舱内采用真实锂电池冒烟起火进行的机组人员应急训练，具有很强的实战性和创新性，不同于以往假火假烟或桌面推演。此次演练验证了《锂电池机上应急处置指南》的科学性和实用性，检验了航空公司应对突发事件的快速反应、应急处置能力和协调作战能力；各参演单位和人员进一步熟悉、掌握及运用应急处置知识、处置方法，增强了应急程序和应急预案的可行性、可操作性和可靠性；锻炼了队伍，积累了实战经验，达到了训练目的，有助于增强

图 11-1　演练现场

全民航危险品运输从业人员的安全意识、责任意识和全局意识。民航局运输司对此次应急演练效果给予高度评价,对于危险品运输相关单位和从业人员不断加强应急实操训练、切实保障民航运输安全意义重大。

资料来源:何丹. 国内首次真实锂电池冒烟起火应急演练举行[EB/OL].(2018-10-22)[2021-09-07].《中国民航报》.

讨论:

(1) 危险品应急处置演练的重要性是什么?

(2) 机组人员应该具备哪些处置危险品事故的知识和能力?

第一节　危险品事故处置概述

一、危险品事故、事故征候的概念

危险品事故与危险品航空运输有关联,能造成致命或严重人身伤害或财产损失的事故为危险品事故。

危险品事故征候是指不同于危险品事故,但与危险品航空运输有关联,不一定在航空器上,但能够造成人员受伤、财产损坏或者环境破坏、起火、溢出、液体放射性渗漏或者包装破损的其他情况。任何与危险品航空运输有关并危及航空器或者机上人员的事件也被认为是危险品事故征候。

二、危险品应急处置的目的

一旦发生与危险品运输有关的紧急情况,能够依据程序进行有序、有效处置。各职能部门按公司有关危险品应急的规定,以保证人、机安全为处置的最高原则,最大限度地避免或减少人员伤亡、财产损失和环境污染,以及次生灾害。

三、危险品应急处置的操作要求

(1) 涉及公司危险品运输操作、管理及应急人员需按规定进行充分的危险品运输技能及应急处置程序的培训、复训并建立培训档案。

(2) 根据应急程序定期进行演练,使员工熟悉程序并且发现存在的不足。对演练中发现的不足进行改造和完善。

(3) 一旦发生危险品事故,按公司应急处置的要求进行应急处置。

(4) 发生危险品紧急情况,原则上由专业人员进行处置,没有接受危险品相关知识培训的人员避免盲目接触危险品。

四、应急处置人员的要求

所有涉及公司危险品运输的相关人员均应学习和掌握应急处置程序,在出现危险品紧急情况时,按该程序开展有效的处置,确保人员、设备和环境免受危害,把危害控制在最小范围内,维护运输企业的正常安全运行。

五、应急事故的报告

发生危险物品事故时,运营人必须根据发生地国家的有关部门的报告要求,向有关部门进行报告。

根据民航局《危险品航空运输事件判定和报告管理办法》(AC-276-TR-2016-05)规定,境内发生事故时,经营人应当立即通过电话向事发地监管局运输部门进行初始报告。事发12h内,经营人应使用危险品航空运输事件报告系统向局方报告。境外发生时,经营人应当立即通过电话向公司所属地监管局运输部门进行初始报告;事发后24h内,经营人应使用危险品航空运输事件报告系统向局方报告。在所有情况下都应尽快完成一份尽可能做到精确的、附有照片的书面报告。书面报告应当包括的内容如下。

(1) 事故或事件发生日期。

(2) 事故或事件发生的地点、航班号和飞行日期。

(3) 有关货物的描述及货运单、邮袋、行李标签和机票等的号码。

(4) 已知的运输专用名称(包括技术名称)和联合国编号。

(5) 类别或项别以及次要危险性。

(6) 包装的类型和包装的规格标记。

(7) 涉及的数量。

(8) 发货人或旅客的姓名和地址。

(9) 事故或事件的其他详细情况。

(10) 事故或事件的可疑原因。

(11) 采取的措施。

(12) 书面报告之前的其他报告情况。

(13) 报告人的姓名、职务、地址和联系电话。

为了对危险品事故、事件应采取及时有效的措施,把危害或损失控制在最低限度内。有关部门的电话号码应醒目地粘贴在仓库、办公室以及作业现场以备急用。各个运营人应制定危险品的应急措施。

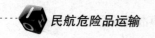

第二节 空中危险品事故的应急处置

一、飞行中发生危险品事故应急处置原则

飞行中如发生危险品事故,不论所涉及的航空器运载的是旅客还是货物,应考虑尽快着陆。机长应将危险品载运情况立即通知空中交通管制(ATC),取得 ATC 的最大帮助。如果情况允许的话,应将机载危险品的种类、数量、舱位等具体情况通知 ATC。任何人接到机上装载的危险品发生事故征候信息后,立即报告 AOC 带班主任,带班主任根据信息情况分工组织信息的确认与补充,并第一时间向应急经理、救援部门进行信息通报。具体流程如下。

(1) 查明事故发生的时间,确定机组人数、有无危险品专家、机组准备采取的措施。

(2) 查明危险品的件数、重量(毛重)、运输专用名称、UN 编号、危险品分类、危险性、机上实际装载位置、危害情况、破损泄漏情况。

(3) 查明危险品造成机上设备失效、飞机受污染情况,是否危及飞行安全,是否已做了相关处理,事故是否得到控制,机组的下一步处理措施。

(4) 机组准备在就近机场降落,与航空器降落机场的空管或应急部门取得联系,通报机上发生的情况,随时注意了解航空器降落后机场施救情况并及时上报。

(5) 应急救援小组做好赶往现场的准备工作。

在处置过程中做好对事故/事故征候发生处置情况的详细记录,工作结束后应及时汇集有关资料,做好书面上报工作。

二、空中事故的预防

在进行危险品运输时,必须以特种货物机长通知单(图 11-2)的形式向机长提供有关危险品的书面资料。特种货物机长通知单至少包括下列内容。

(1) 货运单号。

(2) 运输专用名称(必要时,附带技术名称)。

(3) 用数字表示的危险品的类别或项别,与危险品表 C 和 D 栏相符的次要危险性以及配装组(如果属于第 1 类时)。

(4) 托运人危险品申报单上所示的危险等级。

(5) (非放射性材料)包装件的数目,每个包装件的净数量或毛重(如适用)。但此条不适用于放射性材料或在托运人申报单上不需填写净数量或毛重的其他危险品及所有包装件的确切装载位置。

(6) (放射性材料)包装件、合成包装件或集装箱的数目、放射性等级、运输指数(如适用)及其确切装载位置。

(7) 包装件是否属仅限货机运输。

(8) 包装件卸货机场的名称。

(9) 关于该危险品在某一国家豁免条件下运输的说明。

特种货物机长通知单必须采用专用格式填写,不得使用货运单、托运人危险品申报单及装货清单等其他表格代替收到机长通知单,机长应在一份上签收。

SPECIAL LOAD NOTIFICATION TO CAPITAIN(NOTOC)
特种货物机长通知单

Station of Loading 装机站	Flight Number 航班号		Date 日期		Aircraft Registration 飞机注册号		Prepared by 填表人				
	DANGEROUS GOODS 危险品										
Air Waybill Number 货运单号码	Proper Shipping Name 专用名称	Class or Division (For Class 1 Comp Group) 类别 或 项别（第1类的配装组）	UN or ID Number UN 或 ID 编号	Sub Risk 次要 危险性	Number of Package 包装件数	Net Quantity or Trans.Index Per Packages 每件净重或运输指数	Radioactive Mat.Category 放射性物品等级分类	Packing Group 包装等级	Code 代码	CAO 仅限货机	ERG Code 应急反应代码	Loaded 装机
												ULD ID 集装器号	Position 位置
Station of Unloading 卸机站												

OTHER SPECIAL LOAD 其他特种货物

Air Waybill Number 货运单号码	Contents and Description 货物品名	Number of Packages 包装件数	Quantity 数量	Supplementary Information 补充说明	Code 代码	Loaded 装机
						ULD ID 集装器号	Position 位置
Station of Unloading 卸机站				EMPERATURE REQUIREMENTS 温度要求 ☐ Heating require for (Specify) ___ ℃ ☐ cooling required for (Specify) ___ ℃		
Loading Supervisor's Signature 监装负责人签字		Captain's Signature 机长签字		Other Information 其他说明和要求		

图 11-2 特种货物机长通知单

特种货物机长通知单还必须包括关于已装机的货物无任何破损或渗漏迹象的确认说明。

特种货物机长通知单必须方便机长在飞行中使用。

三、应急措施的准备

起飞前,机长必须对所载运的危险品可能发生的事故做好以下准备。

(1) 对于危险品一旦发生事故所应采取的应急措施,必须严格按照《机上危险品应急响应手册》操作。

(2) 在航空运输中发生严重事故及事故时,必须随时提供:随附托运人危险品申报单、特种货物机长通知单;《机上危险品应急响应手册》;提供其他有关机上危险品情况的等同文件。

(3) 备齐应急时所必需的用具和适用灭火器。

四、空中事故的处理

飞行机组人员应该参照ICAO的《与危险物品有关的航空器事故征候应急响应指南》(俗称红皮书)来执行危险品应急响应程序,程序文件或包含该程序的手册应该配备在飞机上,供机组成员在需要时查阅使用和按照程序进行应急处置操作。

航空器应急响应操作方法是红皮书中为机组成员提供的操作指南,用于处理在飞行中出现的事故征候。机组人员通常可以查阅特种货物机长通知单获得应急响应代码(ERG code),也可以根据危险品信息查阅危险品品名表的"N"栏获得应急响应代码,应急响应代码由1~11的某个数字加一个或两个字母组成,如6L,此代码的含义可以查阅"应急响应操作方法表"(表11-1)从而获得响应的行动指南。

表11-1 飞机应急处理方法表

操作代号	固有危险	对飞机的危险	对机组的危险	溢出或渗漏处理程序	灭火方法	其他可能发生的危险
1	爆炸可能引起结构破坏	起火和/或爆炸	操作方法字母所指出的危险	使用100%氧气,禁止吸烟	使用所有可用的灭火剂;使用标准灭火程序	可能突然失去增压
2	气体、非易燃,压力可能在火中产生危险	很小	操作方法字母所指出的危险	使用100%氧气;对于操作方法字母"A""I"或"P"的物品,要建立和保持最大通风量	使用所有可用的灭火剂;使用标准灭火程序	可能突然失去增压
3	易燃液体或固体	起火和/或爆炸	烟、烟雾和高温,以及操作方法字母所指出的危险	使用100%氧气;建立和保持最大通风,禁止吸烟。尽可能少地使用电气设备	使用所有可用的灭火剂;对操作方法字母为"W"的物品,禁止使用水灭火	可能突然失去增压

续表

操作代号	固有危险	对飞机的危险	对机组的危险	溢出或渗漏处理程序	灭火方法	其他可能发生的危险
4	当暴露于空气中时,可自动燃烧或发火	起火和/或爆炸	烟、烟雾和高温,以及操作方法字母所指出的危险	使用100%氧气;打开并保持最大限度的通风	使用所有可用的灭火剂;对操作方法字母为"W"的物品,禁止使用水灭火	可能突然失去压力;如果操作方法字母为"F"或"H",尽可能少地使用电气设备
5	氧化性物质,可能引燃其他材料,可能在火中爆炸	起火和/或爆炸,可能的腐蚀性破坏	刺激眼睛、鼻子,接触造成皮肤损伤	使用100%氧气;打开并保持最大限度的通风	使用所有可用的灭火剂;对操作方法字母为"W"的物品,禁止使用水灭火	可能突然失去增压
6	有毒物质*,如果入、摄取或被皮肤吸收,可能致命	被有毒液体的或固体污染	剧毒,中毒后果可能会延迟发作	使用100%氧气;打开并保持最大限度的通风,不戴手套不可接触	使用所有可用的灭火剂;对操作方法字母为"W"的物品,禁止使用水灭火	可能突然失去增压,如果操作方法字母为"F"或"H",尽可能少地使用电气设备
7	从破损或未防护的包装件中可能产生的辐射	被泄漏的放射性物质污染	暴露于辐射中,会对人员造成损伤	不要移动包装件,避免接触	使用所有可用的灭火剂	通知一位有资质的人接机处理
8	具有腐蚀性.烟雾如果被吸入或与皮肤接触可致残	可能造成腐蚀损坏	刺激眼睛、鼻子和喉咙,接触造成皮肤损伤	使用100%氧气;打开并保持最大限度的通风,不戴手套不可接触	使用所有可用的灭火剂;对操作方法字母为"W"的物品,禁止使用水灭火	可能突然失去增压,如果操作方法字母为"F"或"H",尽可能少地使用电气设备
9	无一般的固有危险	操作方法字母所指出的危险	操作方法字母所指出的危险	使用100%氧气;对于操作字母为"A"的物品,要保持最大通风量	使用所有可用的灭火剂;对操作方法字母为"Z"的物品,可以使用水作为灭火剂(如有),对操作方法字母为"W"的物品,禁止使用水灭火	如是操作方法字母为"Z"的物品,考虑立即着陆;否则无

续表

操作代号	固有危险	对飞机的危险	对机组的危险	溢出或渗漏处理程序	灭火方法	其他可能发生的危险
10	气体易燃,如果有任何火源,极易着火	起火和/或爆炸	烟、烟雾以及高温,以及操作方法字母所指出的危险	使用100%氧气;打开并保持最大限度的通风,禁止吸烟,尽可能少地使用电气设备	使用所有可用的灭火剂	可能突然失去增压
11	感染性物质,如果通过黏膜或外露的伤口吸入、摄取或吸收,可能会对人或动物造成影响	被感染性物质污染	对人或动物延迟发作的感染	不要接触,在受影响区域保持最低程度的再循环和通风	使用所有可用的灭火剂,对于操作字母为"Y"的物品,禁止使用水灭火	通知一位有资质的人接机处理
12	起火、高温、烟、有毒和易燃蒸气	起火和/或爆炸	烟、烟雾和高温	使用100%氧气建立和保湿最大通风量	使用所有可用灭火剂,如可用,使用水	可能突然失去增压,考虑立即落地

操作方法字母	额外危险	操作方法字母	额外危险	操作方法字母	额外危险
A	有麻醉作用	I	有刺激性或催泪	S	自动燃烧或发火
C	有腐蚀性	L	其他危险低或无	W	如果潮湿,释放有毒*或易燃气体
E	有爆炸性	M	有磁性	X	氧化性物质
F	易燃	N	有害的	Y	根据感染性物质的类别而定,有关国家主管部门可能需要对人员、动物、货物和航空器进行隔离
H	高度可燃	P	有毒(TOXIC)*(POISON)	Z	航空器货舱灭火系统可能不能扑灭火或抑制火情,考虑立即着陆

注: * 表示 toxic 与 poison 意思等同,都是"有毒"的含义。

第三节 地面危险品事故的应急处置

一、地面危险品事故征候应急处置原则

当发生地面危险品事故或事故征候时,现场人员须立即报告,通过危险品标签、容器标识、货运单、事故征候现象,向知情人员了解、评估危害和损失,同时避免多种物品可能产生的化学反应或着火、爆炸。

(1)值班人员在接到机组或有关部门的货物、行李运输中危险品事故征候情况报告时,应当要求事故现场领导查明危险品的运单号、件数/重量(毛重)、运输专用名称、UN 编号、危险品类别、危险性、危害情况等。

(2) 如果已经装机,还应包括集装器识别号、机上实际装载位置。

(3) 值班人员接到事故征候的报告后,应立即查明发生事故的区域位置,交通线路情况,及时与机场应急部门或附近的医疗、环保、防疫部门取得联系,请机场及有关部门参与处置或救援工作。

(4) 在处置过程中做好对事故征候发生处置情况的详细记录,紧急处置工作结束后应及时汇集有关资料,做好文字上报工作。

二、危险品简明应急响应表

危险品种类繁多,危险特性各异,应急处置具有极强的专业性及技术性。提高危险品应急响应能力向有关部门紧急上报,能显著地降低事故后果,减少事故损失,简明应急响应表见表11-2。

表11-2 危险品简明应急响应表

危险品类、项、配装组	类　　别	危险性描述	应急响应
1.3C,1.3G	爆炸品(仅限货机)	起火和较小爆炸	通知消防部门
1.4B,1.4C,1.4D,1.4E,1.4G		起火,无其他显著危险性	
1.4S	爆炸品(安全的)	轻微起火	
2.1 2.2 2.2	易燃气体、非易燃气体、深冷液化气体	泄漏可被点燃; 压力容器爆炸; 低温	通知消防部门 保持通风
2.3	毒性气体(仅限货机)	压力容器爆炸,吸入毒性	撤离25m以外(上风口)
3	易燃液体	放出易燃蒸汽	
4.1 4.2 4.3	易燃固体、自燃物质、遇水释放易燃气体物质	易燃,助燃; 遇空气燃烧; 遇水燃烧	通知消防部门; 不得用水
5.1 5.2	氧化剂、有机过氧化物	易燃; 与其他物质强烈反应	通知消防部门; 不得用水; 撤离25m以外(上风口)
6.1 6.2	毒性物质、感染性物质	吞食、吸入、皮肤接触有害; 人与动物患病	隔离; 寻求专业救援; 不要接触
7的Ⅰ级 7的Ⅱ/Ⅲ级	放射性物质-白、放射性物质-黄	放射性健康危害	撤离25m以外(上风口)
8	腐蚀品	皮肤与金属腐蚀	通知消防部门; 不要接触皮肤; 不得用水
9	聚合物颗粒、磁性物质、干冰、杂项危险品	产生少量易燃气体; 影响导航系统; 低温/窒息; 无其他显著危险性	避免接触皮肤; 保持通风

第四节 各类危险品的应急处置措施

一、各类危险品的应急措施

1. 爆炸品

(1) 现场抢救人员应戴防毒面具。

(2) 现场抢救人员应站在上风头。

(3) 用水和各式灭火设备扑救。

(4) 禁用砂土灭火。

2. 气体

(1) 现场抢救人员必须戴防毒面具。

(2) 现场抢救人员应避免站在气体钢瓶的首、尾部。

(3) 在情况允许时,应将火势未及区域的气体钢瓶迅速移至安全地带。

(4) 用水或雾状水浇在气体钢瓶上,使其冷却,并用二氧化碳灭火器扑救。

3. 易燃液体

(1) 现场抢救人员应戴防毒面具并使用其他防护用具。

(2) 现场抢救人员应站在上风头。

(3) 易燃液体燃烧时,可用二氧化碳灭火器、1211灭火器、砂土、泡沫灭火机或干粉灭火器扑救。

(4) 只有在确认该易燃液体比重大于水或与水互溶时,才可采用水灭火。

4. 易燃固体、自燃物质或遇水释放易燃气体的物质

(1) 现场抢救人员应戴防毒口罩。

(2) 易燃固体中的铝铁熔剂及活泼金属,燃烧时可产生上千摄氏度的高温,遇水反应,产生可燃气体(如金属钠遇水产生氢气),有燃烧、爆炸的危险,故禁止用水灭火,也不宜用卤代烷灭火剂。除活泼金属外的易燃固体,原则上可以用水、沙土及二氧化碳等灭火。

(3) 自燃物质,自燃物质中除烷基铝、烷基硼等少数物品不可用水扑救火灾外,其他自燃物品用水和砂土、石棉毯、干粉灭火都能取得良好的效果。

(4) 对于遇水释放易燃气体的物质的金属粉末,应严格禁止使用水、泡沫及潮湿的沙土灭火,可用干燥沙土或石棉毯进行覆盖,也可使用干粉灭火机扑救。

5. 氧化性物质或有机过氧化物

(1) 这类物品中的过氧化钠、过氧化钾等无机过氧化物及过苯甲酸、过氧酸等有机过氧化物遇水会分解加强燃烧,故不可用水及泡沫灭火器灭火。有机过氧化物着火时,应该用砂土、干粉灭火机、1211灭火器或二氧化碳灭火器扑救。

(2) 其他氧化剂着火时,应该使用砂土或雾状水扑救,并且要随时防止水溶液与其他易燃、易爆物品接触。

6. 毒性物质和感染性物质

(1) 现场抢救人员应做好全身性的防护,除了防毒面具之外,还应穿防护服和戴手

套等。

(2) 现场抢救人员应站在上风头。

(3) 此类物品中的氰化钾、氰化钠等氰化物严禁用酸碱灭火器灭火,以免产生剧毒的氰化氢气体,造成扑救人员中毒。硒化物、氟化锆及有毒金属粉(锑粉、铍粉)也不可用水及酸碱灭火,其他毒害品及感染性物质皆可用水及砂土灭火。

7. 放射性物质

(1) 现场抢救人员应使用辐射防护用具。

(2) 现场抢救人员应站在上风头。

(3) 应该用雾状水灭火,并要防止因水流扩散而造成大面积污染。

8. 腐蚀性物质

(1) 现场抢救人员除了防毒面具之外,还应穿防护服和戴手套等。

(2) 现场抢救人员应站在上风位置。

(3) 应该使用于砂土、泡沫灭火机或干粉灭火机扑救。因一些强酸(如浓硫酸)、氯化物(如三氯化铝)及溴化物(如三溴化碘)等遇水反应强烈,故只有在确认用水无危险时,才可用水扑灭救火。

9. 杂项危险品

就目前列于该类的物品而言,皆可用水灭火。

二、危险品分类处置原则

1. 第1类危险品(爆炸品)

爆炸品的包装一旦泄漏,附近严禁烟火,避免震动、撞击以防引起爆炸,不得使用金属工具猛力敲打,及时将破损包装件转移到安全地点,并按以下方法处理。

(1) 马上报火警,并说明爆炸品性质、数量及现场情况。

(2) 将附近其他爆炸品包装件运到安全距离之外。

(3) 火灾并可能危及其他爆炸品包装件时,应立即使用现场灭火器或按该爆炸品应急处置方法处理。

注意事项如下。

(1) 对于第1.4项的爆炸品包装件,除了含卤素灭火剂的灭火器之外,可以使用其他任何灭火器。

(2) 对于1.4S配装组的爆炸品,发生事故时,其影响范围有限,其影响主要局限于包装件本身。

(3) 对1.4S配装组之外的第1.4项爆炸品,外部明火难以引起其包装内物品的瞬时爆炸。

2. 第2类危险品(易燃气体、非易燃无毒气体、毒性气体)

如果易燃气体包装件在室内发生危险时,人员应注意避免在附近吸入有害气体,打开所有门窗,使空气充分流通,不准吸烟,严禁任何明火,不得开启任何电器开关,任何机动车辆不得靠近,然后由专业人员将货物移至室外。如果毒性气体包装件发生泄漏,应由戴防毒面具的专业人员处理。

注意事项如下。

(1) 装有深冷液化气体的包装件,如在开口处有少量的气体逸出并形成低温,属正常现象,并非事故。

(2) 对于吸入毒性气体而出现中毒症状的人员,应立即送往医疗部门急救。

3. 第 3 类危险品(易燃液体)

如果易燃液体在库房内或地面上飞机的货舱内泄漏,立即通知消防部门,同时清除泄漏出的易燃液体,在漏损包装件附近不准吸烟,严禁任何明火,不得开启任何电器开关,将破损包装件移至室外。货舱被清理干净之前,飞机不准起飞。按以下步骤处理。

(1) 立即报火警,说明现场有易燃液体包装件,并应进一步具体说明其性质(包括易燃体的 UN 或 ID 编号、运输专用名称、包装等级等及数量)。

(2) 报火警时,说明现场所备有的消防器材。

(3) 将易燃液体包装件抢运到安全距离之外。

注意事项如下。

如果包装件本身或漏出的液体起火,所使用的灭火剂不得与该易燃液体的性质相抵触。在这种情况下,通常不用水灭火。应按照消防部门根据易燃液体性质所指示的方法灭火。

4. 第 4 类危险品(易燃固体、自燃物质和遇火释放易燃气体)

易燃固体、自燃物质和遇水释放易燃气体的物质包装件发生破损,应使所有热源远离破损的包装件(遇水燃烧物品的破损包装件避免与水接触,需用防潮布盖好),在破损包装件附近,不准吸烟,严禁任何明火,并按以下要求处理。

(1) 立即报火警,说明现场有第 4 类危险品包装件存在,并应进一步具体说明其性质(包括其 UN 或 ID 编号、运输专用名称、包装件等级等)及数量。

(2) 报火警时说明现场所备有的消防器材。

(3) 将此类危险品包装件抢运到安全距离之外。

注意事项:如果包装件起火,灭火剂不得与内装物品的性质相抵触。对于第 4.3 项遇水释放易燃气体物质的包装件,杜绝用水灭火,应根据危险品性质所指示的方法灭火。

5. 第 5 类危险品(氧化剂和有机过氧化物)

第 5 类危险品泄漏发生火灾通常会损坏包装,其他危险品包装件和所有易燃材料都不准靠近泄漏的包装件,使所有热源远离有机过氧化物的包装件。在漏损包装件附近,严禁吸烟和明火,并按以下要求处理。

(1) 立即报火警,说明现场有第五类包装件存在,并应进一步说明其性质及数量。

(2) 将氧化剂或有机过氧化物的包装件抢运到安全距离之外。

注意事项:当有机过氧化物的包装件靠近热源时,内装物的化学性质会变得不稳定,并可能有爆炸的危险性。一旦发生火灾时,应将这种包装移至安全的地方,并由消防部门对其进行处理。

6. 第 6 类危险品(毒性物质和感染性物质)

(1) 毒性物质包装件泄漏、有气味或有轻微渗漏时,必须按以下规定处理。

① 现场人员应避免皮肤接触包装件,戴上防毒面具。
② 搬运包装件的人员,必须戴上专用的橡胶手套,并且事后用流动的水把手洗净。
③ 如果毒性物质的液体或粉末发生撒漏,应通知卫生检疫部门将被污染的库房、货舱及其他货物或行李进行清扫,在消除货舱的污染之前飞机不得起飞。
④ 漏损包装件需单独保管。
⑤ 如果有人员沾染上毒性物质,无论是否有中毒症状,均应送往医疗部门进行检查,并向医生说明毒性物质的名称。
⑥ 急救部门的电话号码应写在库房、办公室和可能发生事故地点的醒目位置,以备急用。

(2) 感染性物质包装件泄漏时,应按以下规定处理。
① 对于漏损包装件,尽可能少移动。如果必须移动,应从飞机上卸下,为减少传染的机会,应只由一人进行搬运。
② 搬运漏损包装件的人,作业时必须戴上专用的橡胶手套。
③ 隔离漏损包装件 5m 范围,禁止任何人进入。
④ 及时向环境保护部门和卫生防疫部门报告,并完成以下步骤:首先,托运人危险品申报单上所述的有关包装件的情况,接触过危险品的全部人员名单,该货物在运输过程中所经过的地点,通知部门主管人员。其次,严格按照有关要求,消除对飞机货舱的污染。其他货物和行李以及运输设备的污染,对接触过传染性物质包装件的人员进行身体检查,处理接触人员的衣服。通知托运人和收货人未经防疫部门的同意,该包装件不得运输。

7. 第 7 类危险品(放射性物质)

破损包装件卸下飞机之前,做记号标明它在飞机货舱中的位置,以便检查和消除污染。除了检查和搬运人员之外,任何人不得靠近破损包装件。

(1) 翻阅托运人危险品申报单,按照"ADDITIONAL HANDLING INFORMATION"(附加操作说明)栏中的应急说明,采取相应的措施。

(2) 破损包装件应放入机场专门设计的放射性物质库房内。如果没有专用库房,注意距破损包装件至少 5m 之内的范围用绳子隔离起来并做出危险的警示标记。

(3) 通知环境保护部门或辐射防护部门,由他们对货物飞机及环境的污染程度进行测量和做出判断。

(4) 必须按照环境保护部门或辐射防护部门提出的要求,消除对机舱、其他货物和行李以及运输设备的污染之后才可以起飞。

(5) 通知安检部门的主管人员对事故进行调查,注意根据国际民航组织和国际原子能机构的规定,飞机的任何可接触表面的辐射剂量 当量率不得超过 $5\mu Sv/h$,并且非固定放射性污染不得超过表 11-3(DGR 表 10.9.F)中的标准,否则飞机必须停止使用。

表 11-3 机舱可接触表面非固定放射性污染的最高允许限度(DGR 表 10.9.F)

污 染 物	适用限量*/(Bq/cm²)
β、γ 辐射源以及低毒的 α 辐射源	0.4
所有其他的 α 辐射	0.04

注:* 表示上述限量适用于任何大小为 300 cm² 表面上的平均值。

8. 第 8 类危险品(腐蚀性物质)

如果腐蚀性物质漏洒到飞机的结构部分上,必须尽快对这一部分进行彻底清洗,从事清洗的人员应戴上橡胶手套,避免皮肤与腐蚀性物质接触;搬运漏损包装件的人员,必须戴上专用的橡胶手套。

(1) 立刻通知飞机维修部门,说明腐蚀性物质的运输专用设备名称,以便及时做好彻底的清洗工作。

(2) 其他危险品包装件不得靠近该破损包装件。

(3) 发生泄漏事故后,彻底清洗飞机上的残留物,仔细地检查飞机的结构部件,如有必要应使用化学中和剂。

9. 第 9 类危险品(杂项危险品)

检查飞机是否有损坏情况,通知有关主管部门。

注意事项如下。

(1) 如果中转运输的危险品包装件破损,应通知始发站支付更换包装的全部费用,得到始发站的确认后,按照始发站的指示处理。

(2) 电子设备(含有锂电池的电子设备)起火或爆炸的处理方法如下。

① 用标准程序灭火。

② 拔掉外接电源。

③ 使用大量水降温(也可用非易燃的饮料)。

附录A
IATA《危险品规则》品名表节选

UN/ID No.	Proper Shipping Name/Description	Class or Div. (Sub Hazard)	Hazard Label(s)	PG	EQ see 2.6	Passenger and Cargo Aircraft Ltd Qty Pkg Inst	Max Net Qty/Pkg	Pkg Inst	Max Net Qty/Pkg	Cargo Aircraft Only Pkg Inst	Max Net Qty/Pkg	S.P. see 4.4	ERG Code
A	B	C	D	E	F	G	H	I	J	K	L	M	N
	Accellerene, see p-Nitrosodimethylaniline (UN 1369)												
	Accumulators, electric, see Batteries, wet, filled with acid † (UN 2794) or Batteries, wet, filled with alkali † (UN 2795) or Batteries, wet, non-spillable † (UN 2800)												
	Accumulators, pressurized, hydraulic (containing non-flammable gas), see Articles, pressurized, hydraulic (UN 3164)												
	Accumulators, pressurized, pneumatic (containing non-flammable gas), see Articles, pressurized, pneumatic (UN 3164)												
1088	Acetal	3	Flamm. liquid	II	E2	Y341	1 L	353	5 L	364	60 L		3H
1089	Acetaldehyde	3	Flamm. liquid	I	E0	Forbidden		Forbidden		361	30 L	A1	3H
1841	Acetaldehyde ammonia	9	Miscellaneous	III	E1	Forbidden		956	200 kg	956	200 kg		9L
2332	Acetaldehyde oxime	3	Flamm. liquid	III	E1	Y344	10 L	355	60 L	366	220 L		3L
2789	Acetic acid, glacial	8 (3)	Corrosive & Flamm. liquid	II	E2	Y840	0.5 L	851	1 L	855	30 L		8F
2790	Acetic acid solution more than 10% but less than 50% acid, by weight	8	Corrosive	III	E1	Y841	1 L	852	5 L	856	60 L	A803	8L
2789	Acetic acid solution more than 80% acid, by weight	8 (3)	Corrosive & Flamm. liquid	II	E2	Y840	0.5 L	851	1 L	855	30 L		8F
2790	Acetic acid solution not less than 50% but not more than 80% acid, by weight	8	Corrosive	II	E2	Y840	0.5 L	851	1 L	855	30 L		8L
1715	Acetic anhydride	8 (3)	Corrosive & Flamm. liquid	II	E2	Y840	0.5 L	851	1 L	855	30 L		8F
	Acetic oxide, see Acetic anhydride (UN 1715)												
	Acetoin, see Acetyl methyl carbinol (UN 2621)												
1090	Acetone	3	Flamm. liquid	II	E2	Y341	1 L	353	5 L	364	60 L		3H
1541	Acetone cyanohydrin, stabilized	6.1				Forbidden		Forbidden		Forbidden		A2	6L
1091	Acetone oils	3	Flamm. liquid	II	E2	Y341	1 L	353	5 L	364	60 L		3L
1648	Acetonitrile	3	Flamm. liquid	II	E2	Y341	1 L	353	5 L	364	60 L		3L
1716	Acetyl bromide	8	Corrosive	II	E2	Y840	0.5 L	851	1 L	855	30 L		8L
1717	Acetyl chloride	3 (8)	Flamm. liquid & Corrosive	II	E2	Y340	0.5 L	352	1 L	363	5 L		3C
	Acetyl cyclohexanesulphonyl peroxide, more than 82%, wetted with less than 12% water					Forbidden		Forbidden		Forbidden			
	Acetylene dichloride, see 1,2-Dichloroethylene (UN 1150)												
1001	Acetylene, dissolved	2.1	Flamm. gas		E0	Forbidden		Forbidden		200	15 kg	A1	10L
	Acetylene (liquefied)					Forbidden		Forbidden		Forbidden			
	Acetylene silver nitrate					Forbidden		Forbidden		Forbidden			
3374	Acetylene, solvent free	2.1	Flamm. gas		E0	Forbidden		Forbidden		200	15 kg	A1	10L
	Acetylene tetrabromide, see Tetrabromoethane (UN 2504)												

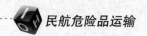

续表

UN/ID No.	Proper Shipping Name/Description	Class or Div. (Sub Hazard)	Hazard Label(s)	PG	EQ see 2.6	Passenger and Cargo Aircraft Ltd Qty Pkg Inst	Passenger and Cargo Aircraft Ltd Qty Max Net Qty/Pkg	Passenger and Cargo Aircraft Pkg Inst	Passenger and Cargo Aircraft Max Net Qty/Pkg	Cargo Aircraft Only Pkg Inst	Cargo Aircraft Only Max Net Qty/Pkg	S.P. see 4.4	ERG Code
A	B	C	D	E	F	G	H	I	J	K	L	M	N
	Acetylene tetrachloride, see **1,1,2,2-Tetrachloroethane** (UN 1702)												
1898	**Acetyl iodide**	8	Corrosive	II	E2	Y840	0.5 L	851	1 L	855	30 L		8L
2621	**Acetyl methyl carbinol**	3	Flamm. liquid	III	E1	Y344	10 L	355	60 L	366	220 L		3L
	Acetyl oxide, see **Acetic anhydride** (UN 1715)												
	Acid butyl phosphate, see **Butyl acid phosphate** (UN 1718)												
	Acid, liquid, n.o.s., see **Corrosive liquid, acidic, inorganic, n.o.s.** ★ (UN 3264) or **Corrosive liquid, acidic, organic, n.o.s.** ★ (UN 3265)												
	Acid mixture, hydrofluoric and sulphuric, see **Hydrofluoric acid and sulphuric acid mixture** (UN 1786)												
	Acid mixture, nitrating acid, see **Nitrating acid mixture** † (UN 1796)												
	Acid mixture, spent, nitrating acid, see **Nitrating acid mixture, spent** (UN 1826)												
	Acid, picric, see **Picric acid** (UN 0154) or **Trinitrophenol** (UN 0154)												
	Acid potassium sulphate, see **Potassium hydrogen sulphate** (UN 2509)												
	Acid, sludge, see **Sludge acid** † (UN 1906)												
	Acraldehyde, stabilized, see **Acrolein, stabilized** (UN 1092)												
2713	**Acridine**	6.1	Toxic	III	E1	Y645	10 kg	670	100 kg	677	200 kg		6L
2607	**Acrolein dimer, stabilized**	3	Flamm. liquid	III	E1	Y344	10 L	355	60 L	366	220 L	A209	3L
	Acrolein dimer, unstabilized					Forbidden		Forbidden		Forbidden			
1092	**Acrolein, stabilized**	6.1 (3)				Forbidden		Forbidden		Forbidden		A209	6H
	Acrolein, unstabilized					Forbidden		Forbidden		Forbidden			
2074	**Acrylamide, solid**	6.1	Toxic	III	E1	Y645	10 kg	670	100 kg	677	200 kg		6L
3426	**Acrylamide solution**	6.1	Toxic	III	E1	Y642	2 L	655	60 L	663	220 L	A3	6L
2218	**Acrylic acid, stabilized**	8 (3)	Corrosive & Flamm. liquid	II	E2	Y840	0.5 L	851	1 L	855	30 L	A209	8F
	Acrylic acid, unstabilized					Forbidden		Forbidden		Forbidden			
1093	**Acrylonitrile, stabilized**	3 (6.1)	Flamm. liquid & Toxic	I	E0	Forbidden		Forbidden		361	30 L	A209	3P
	Acrylonitrile, unstabilized					Forbidden		Forbidden		Forbidden			
	Actinolite, see **Asbestos amphibole** † (UN 2212)												
	Activated carbon, see **Carbon, activated** (UN 1362)												
	Activated charcoal, see **Carbon, activated** (UN 1362)												
	Actuating cartridge, explosive, see **Cartridges, power device** † (UN 0275, UN 0276, UN 0323, UN 0381)												
1133	**Adhesives** containing flammable liquid	3	Flamm. liquid	I	E3	Forbidden		351	1 L	361	30 L	A3	3L
				II	E2	Y341	1 L	353	5 L	364	60 L		3L
				III	E1	Y344	10 L	355	60 L	366	220 L		3L
2205	**Adiponitrile**	6.1	Toxic	III	E1	Y642	2 L	655	60 L	663	220 L		6L

IATA《危险品规则》品名表节选

续表

UN/ID No. A	Proper Shipping Name/Description B	Class or Div. (Sub Hazard) C	Hazard Label(s) D	PG E	EQ see 2.6 F	Ltd Qty Pkg Inst G	Ltd Qty Max Net Qty/Pkg H	Passenger and Cargo Aircraft Pkg Inst I	Passenger and Cargo Aircraft Max Net Qty/Pkg J	Cargo Aircraft Only Pkg Inst K	Cargo Aircraft Only Max Net Qty/Pkg L	S.P. see 4.4 M	ERG Code N
3511	Adsorbed gas, n.o.s. ★	2.2	Non-flamm. gas		E0	Forbidden		219	75 kg	219	150 kg		2L
3510	Adsorbed gas, flammable, n.o.s. ★	2.1	Flamm. gas		E0	Forbidden		Forbidden		219	150 kg		10L
3513	Adsorbed gas, oxidizing, n.o.s. ★	2.2 (5.1)	Non-flamm. gas & Oxidizer		E0	Forbidden		219	75 kg	219	150 kg		2X
3512	Adsorbed gas, toxic, n.o.s. ★	2.3			E0	Forbidden		Forbidden		Forbidden		A2	2P
3516	Adsorbed gas, toxic, corrosive, n.o.s. ★	2.3 (8)			E0	Forbidden		Forbidden		Forbidden		A2	2CP
3514	Adsorbed gas, toxic, flammable, n.o.s. ★	2.3 (2.1)			E0	Forbidden		Forbidden		Forbidden		A2	10P
3517	Adsorbed gas, toxic, flammable, corrosive, n.o.s. ★	2.3 (2.1, 8)			E0	Forbidden		Forbidden		Forbidden		A2	10C
3515	Adsorbed gas, toxic, oxidizing, n.o.s. ★	2.3 (5.1)			E0	Forbidden		Forbidden		Forbidden		A2	2PX
3518	Adsorbed gas, toxic, oxidizing, corrosive, n.o.s. ★	2.3 (5.1, 8)			E0	Forbidden		Forbidden		Forbidden		A2	2PX
	Aeroplane flares, see **Flares, aerial** † (UN 0093, UN 0403, UN 0404, UN 0420, UN 0421)												
1950	**Aerosols, flammable**	2.1	Flamm. gas		E0	Y203	30 kg G	203	75 kg	203	150 kg	A145 A167 A802	10L
	Aerosols, flammable, containing substances in Class 8, Packing Group I					Forbidden		Forbidden		Forbidden			
1950	Aerosols, flammable, containing substances in Class 8, Packing Group II	2.1 (8)				Forbidden		Forbidden		Forbidden			10C
1950	Aerosols, flammable, containing substances in Class 8, Packing Group III	2.1 (8)	Flamm. gas & Corrosive		E0	Y203	30 kg G	203	75 kg	203	150 kg	A145 A167 A802	10C
	Aerosols, flammable, containing substances in Division 6.1, Packing Group I					Forbidden		Forbidden		Forbidden			
1950	Aerosols, flammable, containing substances in Division 6.1, Packing Group II	2.1 (6.1)				Forbidden		Forbidden		Forbidden			10P
1950	Aerosols, flammable, containing substances in Division 6.1, Packing Group III	2.1 (6.1)	Flamm. gas & Toxic		E0	Y203	30 kg G	203	75 kg	203	150 kg	A145 A167 A802	10P
1950	Aerosols, flammable, containing substances in Division 6.1, Packing Group III and substances in Class 8, Packing Group III	2.1 (6.1, 8)	Flamm. gas & Toxic & Corrosive		E0	Y203	30 kg G	203	75 kg	203	150 kg	A145 A167 A802	10C
1950	Aerosols, flammable, containing toxic gas	2.3 (2.1)				Forbidden		Forbidden		Forbidden			10P
1950	Aerosols, flammable (engine starting fluid)	2.1	Flamm. gas		E0	Forbidden		Forbidden		203	150 kg	A1 A145 A167 A802	10L
1950	**Aerosols, non-flammable**	2.2	Non-flamm. gas		E0	Y203	30 kg G	203	75 kg	203	150 kg	A98 A145 A167 A802	2L
1950	**Aerosols, non-flammable** (containing biological products or a medicinal preparation which will be deteriorated by a heat test)	2.2	Non-flamm. gas		E0	Y203	30 kg G	203	75 kg	203	150 kg	A98 A145 A167 A802	2L
1950	**Aerosols, non-flammable** (tear gas devices)	2.2 (6.1)	Non-flamm. gas & Toxic		E0	Forbidden		Forbidden		203	50 kg	A1 A145 A167 A802	2P

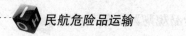

续表

UN/ID No.	Proper Shipping Name/Description	Class or Div. (Sub Hazard)	Hazard Label(s)	PG	EQ see 2.6	Ltd Qty Pkg Inst	Ltd Qty Max Net Qty/Pkg	Passenger and Cargo Aircraft Pkg Inst	Passenger and Cargo Aircraft Max Net Qty/Pkg	Cargo Aircraft Only Pkg Inst	Cargo Aircraft Only Max Net Qty/Pkg	S.P. see 4.4	ERG Code
A	B	C	D	E	F	G	H	G	H	I	J	K	L	M	N
	Aerosols, non-flammable, containing substances in Class 8, Packing Group I					Forbidden		Forbidden		Forbidden			
1950	Aerosols, non-flammable, containing substances in Class 8, Packing Group II	2.2 (8)				Forbidden		Forbidden		Forbidden			2C
1950	Aerosols, non-flammable, containing substances in Class 8, Packing Group III	2.2 (8)	Non-flamm. gas & Corrosive		E0	Y203	30 kg G	203	75 kg	203	150 kg	A145 A167 A802	2C
	Aerosols, non-flammable, containing substances in Division 6.1, Packing Group I					Forbidden		Forbidden		Forbidden			
1950	Aerosols, non-flammable, containing substances in Division 6.1, Packing Group II	2.2 (6.1)				Forbidden		Forbidden		Forbidden			2P
1950	Aerosols, non-flammable, containing substances in Division 6.1, Packing Group III	2.2 (6.1)	Non-flamm. gas & Toxic		E0	Y203	30 kg G	203	75 kg	203	150 kg	A145 A167 A802	2P
1950	Aerosols, non-flammable, containing substances in Division 6.1, Packing Group III and substances in Class 8, Packing Group III	2.2 (6.1, 8)	Non-flamm. gas & Toxic & Corrosive		E0	Y203	30 kg G	203	75 kg	203	150 kg	A145 A167 A802	2CP
1950	Aerosols, non-flammable, containing toxic gas	2.3				Forbidden		Forbidden		Forbidden			2P
1950	Aerosols, non-flammable, oxidizing	2.2 (5.1)	Non-flamm. gas & Oxidizer		E0	Forbidden		203	75 kg	203	150 kg	A145 A167 A802	2X
0331	Agent, blasting type B †	1.5D				Forbidden		Forbidden		Forbidden			1L
0332	Agent, blasting type E †	1.5D				Forbidden		Forbidden		Forbidden			1L
	Air bag inflators, see Safety devices, pyrotechnic † (UN 0503) or Safety devices † (UN 3268)												
	Air bag modules, see Safety devices, pyrotechnic † (UN 0503) or Safety devices † (UN 3268)												
1002	Air, compressed	2.2	Non-flamm. gas		E1	Forbidden		200	75 kg	200	150 kg	A302	2L
	Aircraft, see Vehicle, flammable gas powered (UN 3166) or Vehicle, flammable liquid powered (UN 3166)												
	Aircraft engines (including turbines), see Engine, internal combustion, flammable liquid powered † (UN 3528) or Engine, internal combustion, flammable gas powered † (UN 3529) or Engine, internal combustion (UN 3530)												
	Aircraft evacuation slides, see Life-saving appliances, self-inflating (UN 2990)												
3165	Aircraft hydraulic power unit fuel tank (containing a mixture of anhydrous hydrazine and methyl hydrazine) (M86 fuel)	3 (6.1, 8)	Flamm. liquid & Toxic & Corrosive	I	E0	Forbidden		Forbidden		372	42 L	A1 A48	3CP
	Aircraft survival kits, see Life-saving appliances, self-inflating (UN 2990) or Life-saving appliances, not self-inflating (UN 3072)												
1003	Air, refrigerated liquid	2.2 (5.1)	Non-flamm. gas & Oxidizer & Cryogenic liquid		E0	Forbidden		Forbidden		202	150 kg	A1	2X
3274	Alcoholates solution, n.o.s. ★ in alcohol	3 (8)	Flamm. liquid & Corrosive	II	E2	Y340	0.5 L	352	1 L	363	5 L		3C
	Alcohol, denatured, see Alcohols, flammable, toxic, n.o.s. ★ (UN 1986) or Alcohols, n.o.s. ★ (UN 1987)												
3065	Alcoholic beverages containing 70% or less but more than 24% of alcohol by volume, in receptacles, each having capacities of more than 5 Litres	3	Flamm. liquid	III	E1	Y344	10 L	355	60 L	366	220 L	A9 A58	3L

附录A

IATA《危险品规则》品名表节选

续表

UN/ID No.	Proper Shipping Name/Description	Class or Div. (Sub Hazard)	Hazard Label(s)	PG	EQ see 2.6	Passenger and Cargo Aircraft Ltd Qty Pkg Inst	Passenger and Cargo Aircraft Ltd Qty Max Net Qty/Pkg	Passenger and Cargo Aircraft Pkg Inst	Passenger and Cargo Aircraft Max Net Qty/Pkg	Cargo Aircraft Only Pkg Inst	Cargo Aircraft Only Max Net Qty/Pkg	S.P. see 4.4	ERG Code
A	B	C	D	E	F	G	H	I	J	K	L	M	N
3065	Alcoholic beverages containing more than 70% alcohol by volume	3	Flamm. liquid	II	E2	Y341	1 L	353	5 L	364	60 L		3L
	Alcoholic beverages, containing 24% or less alcohol by volume					Not Restricted		Not Restricted		Not Restricted			
	Alcohol, industrial, see **Alcohols, flammable, toxic, n.o.s.** ★ (UN 1986) or **Alcohols, n.o.s.** ★ (UN 1987)												
1987	Alcohols, n.o.s. ★	3	Flamm. liquid	II III	E2 E1	Y341 Y344	1 L 10 L	353 355	5 L 60 L	364 366	60 L 220 L	A3 A180	3L 3L
1986	Alcohols, flammable, toxic, n.o.s. ★	3 (6.1)	Flamm. liquid & Toxic	I II III	E0 E2 E1	Forbidden Y341 Y343	Forbidden 1 L 2 L	Forbidden 352 355	Forbidden 1 L 60 L	361 364 366	30 L 60 L 220 L	A3	3HP 3HP 3P
	Aldehyde, see **Aldehydes, n.o.s.** ★ (UN 1989)												
	Aldehyde ammonia, see **Acetaldehyde ammonia** (UN 1841)												
1989	Aldehydes, n.o.s. ★	3	Flamm. liquid	I II III	E3 E2 E1	Forbidden Y341 Y344	Forbidden 1 L 10 L	351 353 355	1 L 5 L 60 L	361 364 366	30 L 60 L 220 L	A3	3H 3H 3L
1988	Aldehydes, flammable, toxic, n.o.s. ★	3 (6.1)	Flamm. liquid & Toxic	I II III	E0 E2 E1	Forbidden Y341 Y343	Forbidden 1 L 2 L	Forbidden 352 355	Forbidden 1 L 60 L	361 364 366	30 L 60 L 220 L	A3	3HP 3HP 3P
2839	Aldol	6.1	Toxic	II	E4	Y641	1 L	654	5 L	662	60 L		6L
3206	Alkali metal alcoholates, self-heating, corrosive, n.o.s. ★	4.2 (8)	Spont. comb. & Corrosive	II III	E2 E1	Forbidden Forbidden		466 468	15 kg 25 kg	470 471	50 kg 100 kg	A3 A84 A803	4C 4C
1421	Alkali metal alloy, liquid, n.o.s.	4.3	Dang. when wet	I	E0	Forbidden		Forbidden		480	1 L	A84	4W
1389	Alkali metal amalgam, liquid	4.3	Dang. when wet	I	E0	Forbidden		Forbidden		480	1 L	A84	4W
3401	Alkali metal amalgam, solid	4.3	Dang. when wet	I	E0	Forbidden		Forbidden		487	15 kg	A84	4W
1390	Alkali metal amides	4.3	Dang. when wet	II	E2	Y475	5 kg	483	15 kg	489	50 kg	A84	4W
1391	Alkali metal dispersion	4.3	Dang. when wet	I	E0	Forbidden		Forbidden		480	1 L	A84	4W
3482	Alkali metal dispersion, flammable	4.3 (3)	Dang. when wet & Flamm. liquid	I	E0	Forbidden		Forbidden		480	1 L	A84	4W
	Alkaline corrosive battery fluid, see **Battery fluid, alkali** (UN 2797)												
	Alkaline corrosive liquid, n.o.s., see **Caustic alkali liquid, n.o.s.** ★ (UN 1719)												
	Alkaline corrosive solid, n.o.s., see **Corrosive solid, basic, inorganic, n.o.s.** ★ (UN 3262) or **Corrosive solid, basic, organic, n.o.s.** ★ (UN 3263)												
3205	Alkaline earth metal alcoholates, n.o.s. ★	4.2	Spont. comb.	II III	E2 E1	Forbidden Forbidden		467 469	15 kg 25 kg	470 471	50 kg 100 kg	A3 A85 A803	4L 4L
1393	Alkaline earth metal alloy, n.o.s.	4.3	Dang. when wet	II	E2	Y475	5 kg	484	15 kg	490	50 kg	A85	4W
1392	Alkaline earth metal amalgam, liquid	4.3	Dang. when wet	I	E0	Forbidden		Forbidden		480	1 L	A85	4W
3402	Alkaline earth metal amalgam, solid	4.3	Dang. when wet	I	E0	Forbidden		Forbidden		487	15 kg	A85	4W
1391	Alkaline earth metal dispersion	4.3	Dang. when wet	I	E0	Forbidden		Forbidden		480	1 L	A85	4W
3482	Alkaline earth metal dispersion, flammable	4.3 (3)	Dang. when wet & Flamm. liquid	I	E0	Forbidden		Forbidden		480	1 L	A85	4W

续表

UN/ID No.	Proper Shipping Name/Description	Class or Div. (Sub Hazard)	Hazard Label(s)	PG	EQ see 2.6	Passenger and Cargo Aircraft Ltd Qty				Cargo Aircraft Only		S.P. see 4.4	ERG Code
						Pkg Inst	Max Net Qty/Pkg	Pkg Inst	Max Net Qty/Pkg	Pkg Inst	Max Net Qty/Pkg		
A	B	C	D	E	F	G	H	I	J	K	L	M	N
3140	**Alkaloid salts, liquid, n.o.s.** ★	6.1	Toxic	I	E5	Forbidden		652	1 L	658	30 L	A3	6L
				II	E4	Y641	1 L	654	5 L	662	60 L	A4	6L
				III	E1	Y642	2 L	655	60 L	663	220 L	A6 A801	6L
1544	**Alkaloid salts, solid, n.o.s.** ★	6.1	Toxic	I	E5	Forbidden		666	5 kg	673	50 kg	A3	6L
				II	E4	Y644	1 kg	669	25 kg	676	100 kg	A5	6L
				III	E1	Y645	10 kg	670	100 kg	677	200 kg	A6 A801	6L
3140	**Alkaloids, liquid, n.o.s.** ★	6.1	Toxic	I	E5	Forbidden		652	1 L	658	30 L	A3	6L
				II	E4	Y641	1 L	654	5 L	662	60 L	A4	6L
				III	E1	Y642	2 L	655	60 L	663	220 L	A6 A801	6L
1544	**Alkaloids, solid, n.o.s.** ★	6.1	Toxic	I	E5	Forbidden		666	5 kg	673	50 kg	A3	6L
				II	E4	Y644	1 kg	669	25 kg	676	100 kg	A5	6L
				III	E1	Y645	10 kg	670	100 kg	677	200 kg	A6 A801	6L
	Alkyl aluminium halides, see **Organometallic substance, solid, pyrophoric, water-reactive** ★ (UN 3393) or **Organometallic substance, liquid, pyrophoric, water-reactive** ★ (UN 3394)												
3145	**Alkylphenols, liquid, n.o.s.** (including $C_2 - C_{12}$ homologues)	8	Corrosive	I	E0	Forbidden		850	0.5 L	854	2.5 L	A3 A803	8L
				II	E2	Y840	0.5 L	851	1 L	855	30 L		8L
				III	E1	Y841	1 L	852	5 L	856	60 L		8L
2430	**Alkylphenols, solid, n.o.s.** (including $C_2 - C_{12}$ homologues)	8	Corrosive	I	E0	Forbidden		858	1 kg	862	25 kg	A3 A803	8L
				II	E2	Y843	1 kg	859	15 kg	863	50 kg		8L
				III	E1	Y845	5 kg	860	25 kg	864	100 kg		8L
2586	**Alkylsulphonic acids, liquid** with 5% or less free sulphuric acid	8	Corrosive	III	E1	Y841	1 L	852	5 L	856	60 L	A803	8L
2584	**Alkylsulphonic acids, liquid** with more than 5% free sulphuric acid	8	Corrosive	II	E2	Y840	0.5 L	851	1 L	855	30 L		8L
2585	**Alkylsulphonic acids, solid** with 5% or less free sulphuric acid	8	Corrosive	III	E1	Y845	5 kg	860	25 kg	864	100 kg	A803	8L
2583	**Alkylsulphonic acids, solid** with more than 5% free sulphuric acid	8	Corrosive	II	E2	Y844	5 kg	859	15 kg	863	50 kg		8L
2571	**Alkylsulphuric acids**	8	Corrosive	II	E2	Y840	0.5 L	851	1 L	855	30 L		8L
	Allene, see **Propadiene, stabilized** (UN 2200)												
2333	**Allyl acetate**	3 (6.1)	Flamm. liquid & Toxic	II	E2	Y341	1 L	352	1 L	364	60 L		3P
1098	**Allyl alcohol**	6.1 (3)				Forbidden		Forbidden		Forbidden			6F
2334	**Allylamine**	6.1 (3)				Forbidden		Forbidden		Forbidden			6H
1099	**Allyl bromide**	3 (6.1)	Flamm. liquid & Toxic	I	E0	Forbidden		Forbidden		361	30 L		3P
1100	**Allyl chloride**	3 (6.1)	Flamm. liquid & Toxic	I	E0	Forbidden		Forbidden		361	30 L		3P
	Allyl chlorocarbonate, see **Allyl chloroformate** (UN 1722)												
1722	**Allyl chloroformate**	6.1 (3, 8)				Forbidden		Forbidden		Forbidden			6CF
2335	**Allyl ethyl ether**	3 (6.1)	Flamm. liquid & Toxic	II	E2	Y341	1 L	352	1 L	364	60 L		3P
2336	**Allyl formate**	3 (6.1)	Flamm. liquid & Toxic	I	E0	Forbidden		Forbidden		361	30 L		3P
2219	**Allyl glycidyl ether**	3	Flamm. liquid	III	E1	Y344	10 L	355	60 L	366	220 L		3L

附录A

IATA《危险品规则》品名表节选

续表

UN/ID No.	Proper Shipping Name/Description	Class or Div. (Sub Hazard)	Hazard Label(s)	PG	EQ see 2.6	Passenger and Cargo Aircraft Ltd Qty Pkg Inst	Passenger and Cargo Aircraft Ltd Qty Max Net Qty/Pkg	Passenger and Cargo Aircraft Pkg Inst	Passenger and Cargo Aircraft Max Net Qty/Pkg	Cargo Aircraft Only Pkg Inst	Cargo Aircraft Only Max Net Qty/Pkg	S.P. see 4.4	ERG Code
A	B	C	D	E	F	G	H	I	J	K	L	M	N
1723	Allyl iodide	3 (8)	Flamm. liquid & Corrosive	II	E2	Y340	0.5 L	352	1 L	362	5 L		3C
1545	Allyl isothiocyanate, stabilized	6.1 (3)	Toxic & Flamm. liquid	II	E0	Forbidden		Forbidden		661	60 L	A1 A209	6F
	Allyl isothiocyanate, unstabilized					Forbidden		Forbidden		Forbidden			
1724	Allyltrichlorosilane, stabilized	8 (3)	Corrosive & Flamm. liquid	II	E0	Forbidden		Forbidden		876	30 L	A1 A209	8F
	Allyltrichlorosilane, unstabilized					Forbidden		Forbidden		Forbidden			
	Aluminium alkyl halides, liquid, see **Organometallic substance, liquid, pyrophoric, water-reactive** ★ (UN 3394)												
	Aluminium alkyl halides, solid, see **Organometallic substance, solid, pyrophoric, water-reactive** ★ (UN 3393)												
	Aluminium alkyl hydrides, see **Organometallic substance, liquid, pyrophoric, water-reactive** ★ (UN 3394)												
	Aluminium alkyls, see **Organometallic substance, liquid, pyrophoric, water-reactive** ★ (UN 3394)												
2870	Aluminium borohydride	4.2 (4.3)				Forbidden		Forbidden		Forbidden			4W
2870	Aluminium borohydride in devices	4.2 (4.3)				Forbidden		Forbidden		Forbidden			4W
1725	Aluminium bromide, anhydrous	8	Corrosive	II	E2	Y844	5 kg	859	15 kg	863	50 kg		8L
2580	Aluminium bromide solution	8	Corrosive	III	E1	Y841	1 L	852	5 L	856	60 L	A3 A803	8L
1394	Aluminium carbide	4.3	Dang. when wet	II	E2	Y475	5 kg	484	15 kg	489	50 kg		4W
1726	Aluminium chloride, anhydrous	8	Corrosive	II	E2	Y844	5 kg	859	15 kg	863	50 kg		8L
2581	Aluminium chloride solution	8	Corrosive	III	E1	Y841	1 L	852	5 L	856	60 L	A3 A803	8L
	Aluminium dross, see **Aluminium smelting by-products** † (UN 3170) or **Aluminium remelting by-products** † (UN 3170)												
	Aluminium dross, hot					Forbidden		Forbidden		Forbidden			
	Aluminium dross, wet					Forbidden		Forbidden		Forbidden			
1395	Aluminium ferrosilicon powder	4.3 (6.1)	Dang. when wet & Toxic	II	E2	Y474	1 kg	483	15 kg	490	50 kg		4PW
2463	Aluminium hydride	4.3	Dang. when wet	I	E0	Forbidden		Forbidden		487	15 kg		4W
	Aluminium liquid, see **Paint** (UN 1263)												
1438	Aluminium nitrate	5.1	Oxidizer	III	E1	Y546	10 kg	559	25 kg	563	100 kg	A803	5L
	Aluminium paint, see **Paint** (UN 1263)												
	Aluminium phosphate solution, see **Corrosive liquid, n.o.s.** ★ (UN 1760)												
1397	Aluminium phosphide	4.3 (6.1)	Dang. when wet & Toxic	I	E0	Forbidden		Forbidden		487	15 kg		4PW
3048	Aluminium phosphide pesticide	6.1	Toxic	I	E0	Forbidden		Forbidden		672	15 kg	A128	6W
1309	Aluminium powder, coated †	4.1	Flamm. solid	II III	E2 E1	Y441 Y443	5 kg 10 kg	445 446	15 kg 25 kg	448 449	50 kg 100 kg	A3 A803	3L 3L

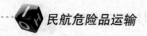

续表

UN/ID No.	Proper Shipping Name/Description	Class or Div. (Sub Hazard)	Hazard Label(s)	PG	EQ see 2.6	Passenger and Cargo Aircraft Ltd Qty Pkg Inst	Passenger and Cargo Aircraft Ltd Qty Max Net Qty/Pkg	Passenger and Cargo Aircraft Pkg Inst	Passenger and Cargo Aircraft Max Net Qty/Pkg	Cargo Aircraft Only Pkg Inst	Cargo Aircraft Only Max Net Qty/Pkg	S.P. see 4.4	ERG Code
A	B	C	D	E	F	G	H	I	J	K	L	M	N
1396	**Aluminium powder, uncoated** †	4.3	Dang. when wet	II III	E2 E1	Y475 Y477	5 kg 10 kg	484 486	15 kg 25 kg	490 491	50 kg 100 kg	A3 A803	4W 4W
3170	**Aluminium remelting by-products** †	4.3	Dang. when wet	II III	E2 E1	Y475 Y477	5 kg 10 kg	484 486	15 kg 25 kg	490 491	50 kg 100 kg	A3 A102 A803	4W 4W
2715	**Aluminium resinate**	4.1	Flamm. solid	III	E1	Y443	10 kg	446	25 kg	449	100 kg	A803	3L
	Aluminium silicon powder, coated					Not Restricted		Not Restricted		Not Restricted			
1398	**Aluminium silicon powder, uncoated**	4.3	Dang. when wet	III	E1	Y477	10 kg	486	25 kg	491	100 kg	A3 A53 A803	4W
3170	**Aluminium smelting by-products** †	4.3	Dang. when wet	II III	E2 E1	Y475 Y477	5 kg 10 kg	484 486	15 kg 25 kg	490 491	50 kg 100 kg	A3 A102 A803	4W 4W
	Amatols, see **Explosive, blasting, type B** † (UN 0082, UN 0331)												
2733	**Amines, flammable, corrosive, n.o.s.** ★	3 (8)	Flamm. liquid & Corrosive	I II III	E0 E2 E1	Forbidden Y340 Y342	 0.5 L 1 L	350 352 354	0.5 L 1 L 5 L	360 363 365	2.5 L 5 L 60 L	A3 A803	3C 3C 3C
2735	**Amines, liquid, corrosive, n.o.s.** ★	8	Corrosive	I II III	E0 E2 E1	Forbidden Y840 Y841	 0.5 L 1 L	850 851 852	0.5 L 1 L 5 L	854 855 856	2.5 L 30 L 60 L	A3 A803	8L 8L 8L
2734	**Amines, liquid, corrosive, flammable, n.o.s.** ★	8 (3)	Corrosive & Flamm. liquid	I II	E0 E2	Forbidden Y840	 0.5 L	850 851	0.5 L 1 L	854 855	2.5 L 30 L		8F 8F
3259	**Amines, solid, corrosive, n.o.s.** ★	8	Corrosive	I II III	E0 E2 E1	Forbidden Y844 Y845	 5 kg 5 kg	858 859 860	1 kg 15 kg 25 kg	862 863 864	25 kg 50 kg 100 kg	A3 A803	8L 8L 8L
	Aminobenzene, see **Aniline** (UN 1547)												
	2-Amino benzotrifluoride, see **2-Trifluoromethylaniline** (UN 2942)												
	3-Amino benzotrifluoride, see **3-Trifluoromethylaniline** (UN 2948)												
	Aminobutane, see **n-Butylamine** (UN 1125)												
2673	**2-Amino-4-chlorophenol**	6.1	Toxic	II	E4	Y644	1 kg	669	25 kg	676	100 kg		6L
2946	**2-Amino-5-diethylaminopentane**	6.1	Toxic	III	E1	Y642	2 L	655	60 L	663	220 L		6L
3317	**2-Amino-4,6-dinitrophenol, wetted** with 20% or more water by mass	4.1	Flamm. solid	I	E0	Forbidden		451	1 kg	451	15 kg	A40	3E
3055	**2-(2-Aminoethoxy)ethanol**	8	Corrosive	III	E1	Y841	1 L	852	5 L	856	60 L	A803	8L
2815	**N-Aminoethylpiperazine**	8 (6.1)	Corrosive & Toxic	III	E1	Y841	1 L	852	5 L	856	60 L	A803	8P
	1-Amino-3-nitrobenzene, see **Nitroanilines** (UN 1661)												
	1-Amino-4-nitrobenzene, see **Nitroanilines** (UN 1661)												
	1-Amino-2-nitrobenzene, see **Nitroanilines** (UN 1661)												

附录A

IATA《危险品规则》品名表节选

续表

UN/ID No.	Proper Shipping Name/Description	Class or Div. (Sub Hazard)	Hazard Label(s)	PG	EQ see 2.6	Passenger and Cargo Aircraft Ltd Qty Pkg Inst	Passenger and Cargo Aircraft Ltd Qty Max Net Qty/Pkg	Passenger and Cargo Aircraft Pkg Inst	Passenger and Cargo Aircraft Max Net Qty/Pkg	Cargo Aircraft Only Pkg Inst	Cargo Aircraft Only Max Net Qty/Pkg	S.P. see 4.4	ERG Code
A	B	C	D	E	F	G	H	I	J	K	L	M	N
2512	Aminophenols (o-, m-, p-)	6.1	Toxic	III	E1	Y645	10 kg	670	100 kg	677	200 kg	A113	6L
	Aminopropyldiethanolamine, see Amines, liquid, corrosive, n.o.s. ★ (UN 2735)												
	n-Aminopropylmorpholine, see Amines, liquid, corrosive, n.o.s. ★ (UN 2735)												
2671	Aminopyridines (o-, m-, p-)	6.1	Toxic	II	E4	Y644	1 kg	669	25 kg	676	100 kg		6L
1005	Ammonia, anhydrous	2.3 (8)				Forbidden	Forbidden	Forbidden	Forbidden	Forbidden	Forbidden	A2	2CP
2073	Ammonia solution relative density (specific gravity) less than 0.880 at 15°C in water, with more than 35% but not more than 50% ammonia	2.2	Non-flamm. gas		E0	Forbidden	Forbidden	Forbidden	Forbidden	200	150 kg	A1	2L
3318	Ammonia solution relative density (specific gravity) less than 0.880 at 15°C in water, with more than 50% ammonia	2.3 (8)				Forbidden	Forbidden	Forbidden	Forbidden	Forbidden	Forbidden	A2	2CP
2672	Ammonia solution relative density (specific gravity) between 0.880 and 0.957 at 15°C in water, with more than 10% but not more than 35% ammonia	8	Corrosive	III	E1	Y841	1 L	852	5 L	856	60 L	A64 A803	8L
1546	Ammonium arsenate	6.1	Toxic	II	E4	Y644	1 kg	669	25 kg	676	100 kg		6L
	Ammonium azide					Forbidden	Forbidden	Forbidden	Forbidden	Forbidden	Forbidden		
	Ammonium bichromate, see Ammonium dichromate (UN 1439)												
	Ammonium bifluoride, solid, see Ammonium hydrogendifluoride, solid (UN 1727)												
	Ammonium bifluoride solution, see Ammonium hydrogendifluoride solution (UN 2817)												
	Ammonium bisulphate, see Ammonium hydrogen sulphate (UN 2506)												
	Ammonium bisulphite solution, see Bisulphites, aqueous solution, n.o.s. ★ (UN 2693)												
	Ammonium bromate					Forbidden	Forbidden	Forbidden	Forbidden	Forbidden	Forbidden		
	Ammonium chlorate					Forbidden	Forbidden	Forbidden	Forbidden	Forbidden	Forbidden		
1439	Ammonium dichromate	5.1	Oxidizer	II	E2	Y544	2.5 kg	558	5 kg	562	25 kg		5L
1843	Ammonium dinitro-o-cresolate, solid	6.1	Toxic	II	E4	Y644	1 kg	669	25 kg	676	100 kg		6L
3424	Ammonium dinitro-o-cresolate solution	6.1	Toxic	II III	E4 E1	Y641 Y642	1 L 2 L	654 655	5 L 60 L	662 663	60 L 220 L	A3	6L 6L
2505	Ammonium fluoride	6.1	Toxic	III	E1	Y645	10 kg	670	100 kg	677	200 kg		6L
2854	Ammonium fluorosilicate	6.1	Toxic	III	E1	Y645	10 kg	670	100 kg	677	200 kg		6L
	Ammonium fulminate					Forbidden	Forbidden	Forbidden	Forbidden	Forbidden	Forbidden		
	Ammonium hexafluorosilicate, see Ammonium fluorosilicate (UN 2854)												
	Ammonium hydrate, see Ammonia solution (UN 2073, UN 2672, UN 3318)												
1727	Ammonium hydrogendifluoride, solid	8	Corrosive	II	E2	Y844	5 kg	859	15 kg	863	50 kg		8L
2817	Ammonium hydrogendifluoride solution	8 (6.1)	Corrosive & Toxic	II III	E2 E1	Y840 Y841	0.5 L 1 L	851 852	1 L 5 L	855 856	30 L 60 L	A3 A803	8P 8P

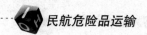

续表

UN/ID No. A	Proper Shipping Name/Description B	Class or Div. (Sub Hazard) C	Hazard Label(s) D	PG E	EQ see 2.6 F	Passenger and Cargo Aircraft - Ltd Qty - Pkg Inst G	Passenger and Cargo Aircraft - Ltd Qty - Max Net Qty/Pkg H	Passenger and Cargo Aircraft - Pkg Inst I	Passenger and Cargo Aircraft - Max Net Qty/Pkg J	Cargo Aircraft Only - Pkg Inst K	Cargo Aircraft Only - Max Net Qty/Pkg L	S.P. see 4.4 M	ERG Code N
2506	Ammonium hydrogen sulphate	8	Corrosive	II	E2	Y844	5 kg	859	15 kg	863	50 kg		8L
	Ammonium hydrosulphide solution, see **Ammonium sulphide solution** (UN 2683)												
	Ammonium hydroxide, see **Ammonia solution** (UN 2073, UN 2672, UN 3318)												
2859	Ammonium metavanadate	6.1	Toxic	II	E4	Y644	1 kg	669	25 kg	676	100 kg		6L
0222	Ammonium nitrate	1.1D				Forbidden		Forbidden		Forbidden			1L
1942	Ammonium nitrate with 0.2% or less combustible substances, including any organic substance calculated as carbon, to the exclusion of any other added substance	5.1	Oxidizer	III	E1	Y546	10 kg	559	25 kg	563	100 kg	A64 A803	5L
2067	Ammonium nitrate based fertilizer	5.1	Oxidizer	III	E1	Y546	10 kg	559	25 kg	563	100 kg	A64 A79 A803	5L
2071	Ammonium nitrate based fertilizer	9	Miscellaneous	III	E1	Y958	30 kg G	958	200 kg	958	200 kg	A90	9L
3375	Ammonium nitrate emulsion intermediate for blasting explosives	5.1				Forbidden		Forbidden		Forbidden			5L
	Ammonium nitrate explosives, see **Explosive, blasting, type B †** (UN 0082, UN 0331)												
3375	Ammonium nitrate gel intermediate for blasting explosives	5.1				Forbidden		Forbidden		Forbidden			5L
2426	Ammonium nitrate, liquid (hot concentrated solution)	5.1				Forbidden		Forbidden		Forbidden		A129	5L
3375	Ammonium nitrate suspension intermediate for blasting explosives	5.1				Forbidden		Forbidden		Forbidden			5L
	Ammonium nitrite					Forbidden		Forbidden		Forbidden			
0402	Ammonium perchlorate	1.1D				Forbidden		Forbidden		Forbidden		A22	1L
1442	Ammonium perchlorate	5.1	Oxidizer	II	E2	Y544	2.5 kg	558	5 kg	562	25 kg	A22	5L
	Ammonium permanganate					Forbidden		Forbidden		Forbidden			
1444	Ammonium persulphate	5.1	Oxidizer	III	E1	Y546	10 kg	559	25 kg	563	100 kg	A803	5L
0004	Ammonium picrate dry or wetted with less than 10% water, by weight	1.1D				Forbidden		Forbidden		Forbidden			1L
1310	Ammonium picrate, wetted with not less than 10% water, by weight	4.1	Flamm. solid	I	E0	Forbidden		451	0.5 kg	451	0.5 kg	A40	3E
2818	Ammonium polysulphide solution	8 (6.1)	Corrosive & Toxic	II III	E2 E1	Y840 Y841	0.5 L 1 L	851 852	1 L 5 L	855 856	30 L 60 L	A3 A803	8P 8P
2861	Ammonium polyvanadate	6.1	Toxic	II	E4	Y644	1 kg	669	25 kg	676	100 kg		6L
	Ammonium silicofluoride, see **Ammonium fluorosilicate** (UN 2854)												
2683	Ammonium sulphide solution	8 (3, 6.1)	Corrosive & Flamm. liquid & Toxic	II	E2	Y840	0.5 L	851	1 L	855	30 L		8FP
	Ammonium tetrachloromercurate, see **Mercury ammonium chloride** (UN 1630)												
	Ammunition, blank, see **Cartridges for weapons, blank †** (UN 0014, UN 0326, UN 0327, UN 0338, UN 0413)												
	Ammunition, fixed, semi-fixed or separate loading, see **Cartridges for weapons †** (UN 0005, UN 0006, UN 0007, UN 0321, UN 0348, UN 0412)												

附录A

IATA《危险品规则》品名表节选

续表

UN/ID No.	Proper Shipping Name/Description	Class or Div. (Sub Hazard)	Hazard Label(s)	PG	EQ see 2.6	Passenger and Cargo Aircraft Ltd Qty Pkg Inst	Passenger and Cargo Aircraft Ltd Qty Max Net Qty/Pkg	Pkg Inst	Max Net Qty/Pkg	Cargo Aircraft Only Pkg Inst	Cargo Aircraft Only Max Net Qty/Pkg	S.P. see 4.4	ERG Code
A	B	C	D	E	F	G	H	I	J	K	L	M	N
0171	**Ammunition, illuminating †** with or without burster, expelling charge or propelling charge	1.2G				Forbidden		Forbidden		Forbidden			1L
0254	**Ammunition, illuminating †** with or without burster, expelling charge or propelling charge	1.3G				Forbidden		Forbidden		Forbidden			1L
0297	**Ammunition, illuminating †** with or without burster, expelling charge or propelling charge	1.4G	Explosive 1.4		E0	Forbidden		Forbidden		130	75 kg	A802	1L
0009	**Ammunition, incendiary †** with or without burster, expelling charge or propelling charge	1.2G				Forbidden		Forbidden		Forbidden			1L
0010	**Ammunition, incendiary †** with or without burster, expelling charge or propelling charge	1.3G				Forbidden		Forbidden		Forbidden			1L
0247	**Ammunition, incendiary †** liquid or gel, with burster, expelling charge or propelling charge	1.3J				Forbidden		Forbidden		Forbidden			1L
0300	**Ammunition, incendiary †** with or without burster, expelling charge or propelling charge	1.4G	Explosive 1.4		E0	Forbidden		Forbidden		130	75 kg	A802	1L
	Ammunition, incendiary (water-activated contrivances), see **Contrivances, water-activated †★** (UN 0248, UN 0249)												
0243	**Ammunition, incendiary, white phosphorus †** with burster, expelling charge or propelling charge	1.2H				Forbidden		Forbidden		Forbidden			1L
0244	**Ammunition, incendiary, white phosphorus †** with burster, expelling charge or propelling charge	1.3H				Forbidden		Forbidden		Forbidden			1L
	Ammunition, industrial, see **Cartridges, power device †** (UN 0275, UN 0276, UN 0323, UN 0381) or **Cartridges, oil well †** (UN 0277, UN 0278)												
	Ammunition, lachrymatory, see **Ammunition, tear-producing †** (UN 0018, UN 0019, UN 0301)												
0488	**Ammunition, practice †**	1.3G				Forbidden		Forbidden		Forbidden			1L
0362	**Ammunition, practice †**	1.4G	Explosive 1.4		E0	Forbidden		Forbidden		130	75 kg	A802	1L
0363	**Ammunition, proof †**	1.4G	Explosive 1.4		E0	Forbidden		Forbidden		130	75 kg	A802	1L
	Ammunition, rocket, see **Warheads, rocket †** (UN 0286, UN 0287, UN 0369, UN 0370, UN 0371)												
	Ammunition, SA (small arms), see **Cartridges for weapons, inert projectile †** (UN 0012, UN 0328, UN 0339, UN 0417)												
0015	**Ammunition, smoke †** with or without burster, expelling charge or propelling charge	1.2G				Forbidden		Forbidden		Forbidden		A132	1L
0016	**Ammunition, smoke †** with or without burster, expelling charge or propelling charge	1.3G				Forbidden		Forbidden		Forbidden		A132	1L
0303	**Ammunition, smoke †** with or without burster, expelling charge or propelling charge	1.4G	Explosive 1.4		E0	Forbidden		Forbidden		130	75 kg	A132 A802	1L
	Ammunition, smoke (water-activated contrivances), white phosphorus, with burster, expelling charge or propelling charge, see **Contrivances, water-activated †★** (UN 0248)												

231

续表

UN/ID No. A	Proper Shipping Name/Description B	Class or Div. (Sub Hazard) C	Hazard Label(s) D	PG E	EQ see 2.6 F	Passenger and Cargo Aircraft Ltd Qty		Passenger and Cargo Aircraft		Cargo Aircraft Only		S.P. see 4.4 M	ERG Code N
						Pkg Inst G	Max Net Qty/Pkg H	Pkg Inst I	Max Net Qty/Pkg J	Pkg Inst K	Max Net Qty/Pkg L		
	Ammunition, smoke (water-activated contrivances), without white phosphorus or phosphides, with burster, expelling charge or propelling charge, see **Contrivances, water-activated** † ★ (UN 0249)												
0245	**Ammunition, smoke, white phosphorus** † with burster, expelling charge or propelling charge	1.2H				Forbidden		Forbidden		Forbidden			1L
0246	**Ammunition, smoke, white phosphorus** † with burster, expelling charge or propelling charge	1.3H				Forbidden		Forbidden		Forbidden			1L
	Ammunition, sporting, see **Cartridges for weapons, inert projectile** † (UN 0012, UN 0328, UN 0339, UN 0417)												
0018	**Ammunition, tear-producing** † with burster, expelling charge or propelling charge	1.2G (6.1, 8)				Forbidden		Forbidden		Forbidden			1CP
0019	**Ammunition, tear-producing** † with burster, expelling charge or propelling charge	1.3G (6.1, 8)				Forbidden		Forbidden		Forbidden			1CP
0301	**Ammunition, tear-producing** † with burster, expelling charge or propelling charge	1.4G (6.1, 8)	Explosive 1.4 & Toxic & Corrosive		E0	Forbidden		Forbidden		130	75 kg	A802	1CP
2017	**Ammunition, tear-producing, non-explosive** without burster or expelling charge, non-fuzed	6.1 (8)	Toxic & Corrosive		E0	Forbidden		Forbidden		679	50 kg	A1	6C
0020	**Ammunition, toxic** ★ † with burster, expelling charge or propelling charge	1.2K (6.1)				Forbidden		Forbidden		Forbidden			1P
0021	**Ammunition, toxic** ★ † with burster, expelling charge or propelling charge	1.3K (6.1)				Forbidden		Forbidden		Forbidden			1P
2016	**Ammunition, toxic, non-explosive** without burster or expelling charge, non-fuzed	6.1	Toxic		E0	Forbidden		Forbidden		679	75 kg	A1	6L
	Ammunition, toxic (water-activated contrivances), see **Contrivances, water-activated** † ★ (UN 0248, UN 0249)												
	Amorces, see **Fireworks** † (UN 0333, UN 0336, UN 0337)												
	Amosite, see **Asbestos amphibole** † (UN 2212)												
	Amphibole asbestos, see **Asbestos amphibole** † (UN 2212)												
1104	Amyl acetates	3	Flamm. liquid	III	E1	Y344	10 L	355	60 L	366	220 L		3L
2819	Amyl acid phosphate	8	Corrosive	III	E1	Y841	1 L	852	5 L	856	60 L	A803	8L
	Amyl alcohols, see **Pentanols** (UN 1105)												
	Amyl aldehyde, see **Valeraldehyde** (UN 2058)												
1106	Amylamine	3 (8)	Flamm. liquid & Corrosive	II III	E2 E1	Y340 Y342	0.5 L 1 L	352 354	1 L 5 L	363 365	5 L 60 L	A3 A803	3C 3C
2620	Amyl butyrates	3	Flamm. liquid	III	E1	Y344	10 L	355	60 L	366	220 L		3L
1107	Amyl chloride	3	Flamm. liquid	II	E2	Y341	1 L	353	5 L	364	60 L		3L
1108	n-Amylene	3	Flamm. liquid	I	E3	Forbidden		351	1 L	361	30 L		3H
1109	Amyl formates	3	Flamm. liquid	III	E1	Y344	10 L	355	60 L	366	220 L		3L
1111	Amyl mercaptan	3	Flamm. liquid	II	E2	Y341	1 L	353	5 L	364	60 L		3L
1110	n-Amyl methyl ketone	3	Flamm. liquid	III	E1	Y344	10 L	355	60 L	366	220 L		3L
1112	Amyl nitrate	3	Flamm. liquid	III	E1	Y344	10 L	355	60 L	366	220 L		3L

IATA《危险品规则》品名表节选

续表

UN/ID No.	Proper Shipping Name/Description	Class or Div. (Sub Hazard)	Hazard Label(s)	PG	EQ see 2.6	Passenger and Cargo Aircraft Ltd Qty Pkg Inst	Passenger and Cargo Aircraft Ltd Qty Max Net Qty/Pkg	Passenger and Cargo Aircraft Pkg Inst	Passenger and Cargo Aircraft Max Net Qty/Pkg	Cargo Aircraft Only Pkg Inst	Cargo Aircraft Only Max Net Qty/Pkg	S.P. see 4.4	ERG Code
A	B	C	D	E	F	G	H	I	J	K	L	M	N
1113	Amyl nitrite	3	Flamm. liquid	II	E2	Y341	1 L	353	5 L	364	60 L		3H
	tert-Amylperoxy-3,5,5-trimethylhexanoate					Forbidden		Forbidden		Forbidden			
1728	Amyltrichlorosilane	8	Corrosive	II	E0	Forbidden		Forbidden		876	30 L	A1	8F
	Anaesthetic ether, see **Diethyl ether** (UN 1155)												
	Anhydrous ammonia, see **Ammonia, anhydrous** (UN 1005)												
	Anhydrous hydrazine, see **Hydrazine, anhydrous** (UN 2029)												
	Anhydrous hydriodic acid, see **Hydrogen iodide, anhydrous** (UN 2197)												
	Anhydrous hydrofluoric acid, see **Hydrogen fluoride, anhydrous** (UN 1052)												
1547	Aniline	6.1	Toxic	II	E4	Y641	1 L	654	5 L	662	60 L	A113	6L
1548	Aniline hydrochloride	6.1	Toxic	III	E1	Y645	10 kg	670	100 kg	677	200 kg		6L
	Aniline chloride, see **Aniline hydrochloride** (UN 1548)												
	Aniline oil, see **Aniline** (UN 1547)												
	Aniline salt, see **Aniline hydrochloride** (UN 1548)												
2431	Anisidines	6.1	Toxic	III	E1	Y642	2 L	655	60 L	663	220 L		6L
2222	Anisole	3	Flamm. liquid	III	E1	Y344	10 L	355	60 L	366	220 L		3L
1729	Anisoyl chloride	8	Corrosive	II	E2	Y840	0.5 L	851	1 L	855	30 L		8L
	Anthophyllite, see **Asbestos amphibole** † (UN 2212)												
	Anti-freeze liquid, see **Flammable liquid, n.o.s.** ★ (UN 1993)												
	Anti-knock compound, mixture, see **Motor fuel anti-knock mixture** † (UN 1649)												
	Antimonious chloride, see **Antimony trichloride** † (UN 1733)												
3141	Antimony compound, inorganic, liquid, n.o.s. ★	6.1	Toxic	III	E1	Y642	2 L	655	60 L	663	220 L	A12	6L
1549	Antimony compound, inorganic, solid, n.o.s. ★	6.1	Toxic	III	E1	Y645	10 kg	670	100 kg	677	200 kg	A12	6L
	Antimony hydride, see **Stibine** (UN 2676)												
	Antimony (III) lactate, see **Antimony lactate** (UN 1550)												
1550	Antimony lactate	6.1	Toxic	III	E1	Y645	10 kg	670	100 kg	677	200 kg		6L
	Antimony oxide, see **Antimony compound, inorganic, solid, n.o.s.** ★ (UN 1549)												
1730	Antimony pentachloride, liquid	8	Corrosive	II	E2	Y840	0.5 L	851	1 L	855	30 L		8L
1731	Antimony pentachloride solution	8	Corrosive	II III	E2 E1	Y840 Y841	0.5 L 1 L	851 852	1 L 5 L	855 856	30 L 60 L	A3 A803	8L 8L
1732	Antimony pentafluoride	8 (6.1)	Corrosive & Toxic	II	E0	Forbidden		Forbidden		855	30 L	A1	8P
	Antimony pentasulphide, see **Antimony compound, inorganic, solid, n.o.s.** ★ (UN 1549)												
	Antimony perchloride, liquid, see **Antimony pentachloride, liquid** (UN 1730)												

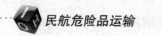

续表

UN/ID No.	Proper Shipping Name/Description	Class or Div. (Sub Hazard)	Hazard Label(s)	PG	EQ see 2.6	Passenger and Cargo Aircraft Ltd Qty Pkg Inst	Passenger and Cargo Aircraft Ltd Qty Max Net Qty/Pkg	Passenger and Cargo Aircraft Pkg Inst	Passenger and Cargo Aircraft Max Net Qty/Pkg	Cargo Aircraft Only Pkg Inst	Cargo Aircraft Only Max Net Qty/Pkg	S.P. see 4.4	ERG Code
A	B	C	D	E	F	G	H	I	J	K	L	M	N
1551	Antimony potassium tartrate	6.1	Toxic	III	E1	Y645	10 kg	670	100 kg	677	200 kg		6L
2871	Antimony powder	6.1	Toxic	III	E1	Y645	10 kg	670	100 kg	677	200 kg		6L
	Antimony sulphide and a chlorate, mixture of					Forbidden		Forbidden		Forbidden			
	Antimony sulphide, solid, see **Antimony compound, inorganic, solid, n.o.s.** ★ (UN 1549)												
1733	Antimony trichloride †	8	Corrosive	II	E2	Y844	5 kg	859	15 kg	863	50 kg		8L
	Antu, see **Naphthylthiourea** (UN 1651)												
	Aqua ammonia, see **Ammonia solution** (UN 2073, UN 2672, UN 3318)												
1006	Argon, compressed	2.2	Non-flamm. gas		E1	Forbidden		200	75 kg	200	150 kg	A69 A202	2L
1951	Argon, refrigerated liquid	2.2	Non-flamm. gas & Cryogenic liquid		E1	Forbidden		202	50 kg	202	500 kg		2L
	Aromatic liquids, see **Extracts, aromatic, liquid** † (UN 1169) or **Extracts, flavouring, liquid** † (UN 1197)												
	Arsenate of lead, see **Lead arsenates** (UN 1617)												
	Arsenates, n.o.s., see **Arsenic compound, liquid, n.o.s.** ★ (UN 1556) or **Arsenic compound, solid, n.o.s.** ★ (UN 1557)												
1558	Arsenic	6.1	Toxic	II	E4	Y644	1 kg	669	25 kg	676	100 kg		6L
1553	Arsenic acid, liquid	6.1	Toxic	I	E5	Forbidden		652	1 L	658	30 L		6L
1554	Arsenic acid, solid	6.1	Toxic	II	E4	Y644	1 kg	669	25 kg	676	100 kg		6L
1562	Arsenical dust †	6.1	Toxic	II	E4	Y644	1 kg	669	25 kg	676	100 kg		6L
	Arsenical flue dust, see **Arsenical dust** † (UN 1562)												
2760	Arsenical pesticide, liquid, flammable, toxic, ★ flash point less than 23°C	3 (6.1)	Flamm. liquid & Toxic	I II	E0 E2	Forbidden Y341	1 L	Forbidden 352	1 L	361 364	30 L 60 L	A4	3P 3P
2994	Arsenical pesticide, liquid, toxic ★	6.1	Toxic	I II III	E5 E4 E1	Forbidden Y641 Y642	1 L 2 L	652 654 655	1 L 5 L 60 L	658 662 663	30 L 60 L 220 L	A3 A4	6L 6L 6L
2993	Arsenical pesticide, liquid, toxic, flammable ★ flash point 23°C or more	6.1 (3)	Toxic & Flamm. liquid	I II III	E5 E4 E1	Forbidden Y641 Y642	1 L 2 L	652 654 655	1 L 5 L 60 L	658 662 663	30 L 60 L 220 L	A3 A4	6F 6F 6F
2759	Arsenical pesticide, solid, toxic ★	6.1	Toxic	I II III	E5 E4 E1	Forbidden Y644 Y645	1 kg 10 kg	666 669 670	5 kg 25 kg 100 kg	673 676 677	50 kg 100 kg 200 kg	A3 A5	6L 6L 6L
1555	Arsenic bromide	6.1	Toxic	II	E4	Y644	1 kg	669	25 kg	676	100 kg		6L
	Arsenic (III) bromide, see **Arsenic bromide** (UN 1555)												
	Arsenic chloride, see **Arsenic trichloride** (UN 1560)												
1556	Arsenic compound, liquid, n.o.s. ★ inorganic, including: Arsenates, n.o.s.; Arsenites, n.o.s.; and Arsenic sulphides, n.o.s.	6.1	Toxic	I II III	E5 E4 E1	Forbidden Y641 Y642	1 L 2 L	652 654 655	1 L 5 L 60 L	658 662 663	30 L 60 L 220 L	A3 A4 A6	6L 6L 6L
1557	Arsenic compound, solid, n.o.s. ★ inorganic, including: Arsenates, n.o.s.; Arsenites, n.o.s.; and Arsenic sulphides, n.o.s.	6.1	Toxic	I II III	E5 E4 E1	Forbidden Y644 Y645	1 kg 10 kg	666 669 670	5 kg 25 kg 100 kg	673 676 677	50 kg 100 kg 200 kg	A3 A5 A6	6L 6L 6L
	Arsenic, fuming liquid, see **Arsenic trichloride** (UN 1560)												

附录A

IATA《危险品规则》品名表节选

续表

UN/ID No.	Proper Shipping Name/Description	Class or Div. (Sub Hazard)	Hazard Label(s)	PG	EQ see 2.6	Passenger and Cargo Aircraft Ltd Qty Pkg Inst	Passenger and Cargo Aircraft Ltd Qty Max Net Qty/Pkg	Passenger and Cargo Aircraft Pkg Inst	Passenger and Cargo Aircraft Max Net Qty/Pkg	Cargo Aircraft Only Pkg Inst	Cargo Aircraft Only Max Net Qty/Pkg	S.P. see 4.4	ERG Code
A	B	C	D	E	F	G	H	I	J	K	L	M	N
	Ballistite, see **Powder, smokeless** † (UN 0160, UN 0161)												
	Bangalore torpedoes, see **Mines** † (UN 0136, UN 0137, UN 0138, UN 0294)												
1400	**Barium**	4.3	Dang. when wet	II	E2	Y475	5 kg	484	15 kg	490	50 kg		4W
	Barium alloys, see **Alkaline earth metal alloy, n.o.s.** (UN 1393)												
1854	**Barium alloys, pyrophoric**	4.2				Forbidden		Forbidden		Forbidden			4W
0224	**Barium azide** dry or wetted with less than 50% water, by weight	1.1A (6.1)				Forbidden		Forbidden		Forbidden			1P
1571	**Barium azide, wetted** with 50% or more water, by weight	4.1 (6.1)	Flamm. solid & Toxic	I	E0	Forbidden		Forbidden		451	0.5 kg	A40	3EP
	Barium binoxide, see **Barium peroxide** (UN 1449)												
2719	**Barium bromate**	5.1 (6.1)	Oxidizer & Toxic	II	E2	Y543	1 kg	558	5 kg	562	25 kg		5P
1445	**Barium chlorate, solid**	5.1 (6.1)	Oxidizer & Toxic	II	E2	Y543	1 kg	558	5 kg	562	25 kg		5P
3405	**Barium chlorate solution**	5.1 (6.1)	Oxidizer & Toxic	II III	E2 E1	Y540 Y541	0.5 L 1 L	550 551	1 L 2.5 L	554 555	5 L 30 L	A3 A803	5P 5P
1564	**Barium compound, n.o.s.** ★	6.1	Toxic	II III	E4 E1	Y644 Y645	1 kg 10 kg	669 670	25 kg 100 kg	676 677	100 kg 200 kg	A3 A82	6L 6L
1565	**Barium cyanide**	6.1	Toxic	I	E5	Forbidden		666	5 kg	673	50 kg		6L
	Barium dioxide, see **Barium peroxide** (UN 1449)												
2741	**Barium hypochlorite** with more than 22% available chlorine	5.1 (6.1)	Oxidizer & Toxic	II	E2	Y543	1 kg	558	5 kg	562	25 kg		5P
1446	**Barium nitrate**	5.1 (6.1)	Oxidizer & Toxic	II	E2	Y543	1 kg	558	5 kg	562	25 kg		5P
1884	**Barium oxide**	6.1	Toxic	III	E1	Y645	10 kg	670	100 kg	677	200 kg		6L
1447	**Barium perchlorate, solid**	5.1 (6.1)	Oxidizer & Toxic	II	E2	Y543	1 kg	558	5 kg	562	25 kg		5P
3406	**Barium perchlorate solution**	5.1 (6.1)	Oxidizer & Toxic	II III	E2 E1	Y540 Y541	0.5 L 1 L	550 551	1 L 2.5 L	554 555	5 L 30 L	A3 A803	5P 5P
1448	**Barium permanganate**	5.1 (6.1)	Oxidizer & Toxic	II	E2	Y543	1 kg	558	5 kg	562	25 kg		5P
1449	**Barium peroxide**	5.1 (6.1)	Oxidizer & Toxic	II	E2	Y543	1 kg	558	5 kg	562	25 kg		5P
	Barium selenate, see **Selenates** ★ (UN 2630)												
	Barium selenite, see **Selenites** ★ (UN 2630)												
	Barium sulphate					Not Restricted		Not Restricted		Not Restricted			
	Barium superoxide, see **Barium peroxide** (UN 1449)												
3292	**Batteries, containing sodium** †	4.3	Dang. when wet		E0	Forbidden		Forbidden		492	No limit	A94 A183	4W
	Batteries, dry †					Not Restricted		Not Restricted		Not Restricted		A123	

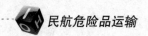

续表

UN/ID No.	Proper Shipping Name/Description	Class or Div. (Sub Hazard)	Hazard Label(s)	PG	EQ see 2.6	Passenger and Cargo Aircraft Ltd Qty Pkg Inst	Max Net Qty/Pkg	Pkg Inst	Max Net Qty/Pkg	Cargo Aircraft Only Pkg Inst	Max Net Qty/Pkg	S.P. see 4.4	ERG Code
A	B	C	D	E	F	G	H	I	J	K	L	M	N
	Butylphenols, liquid, see **Alkylphenols, liquid, n.o.s.** (UN 3145)												
	Butylphenols, solid, see **Alkylphenols, solid, n.o.s.** (UN 2430)												
	Butyl phosphoric acid, see **Butyl acid phosphate** (UN 1718)												
1914	**Butyl propionates**	3	Flamm. liquid	III	E1	Y344	10 L	355	60 L	366	220 L		3L
	p-tert-Butyl-toluene, see **Butyltoluenes** (UN 2667)												
2667	**Butyltoluenes**	6.1	Toxic	III	E1	Y642	2 L	655	60 L	663	220 L		6L
1747	**Butyltrichlorosilane**	8 (3)	Corrosive & Flamm. liquid	II	E0	Forbidden	Forbidden	Forbidden	Forbidden	876	30 L	A1	8F
2956	**5-tert-Butyl-2,4,6-trinitro-m-xylene**	4.1				Forbidden		Forbidden		Forbidden			3E
2352	**Butyl vinyl ether, stabilized**	3	Flamm. liquid	II	E2	Y341	1 L	353	5 L	364	60 L	A209	3L
	Butyl vinyl ether, unstabilized					Forbidden		Forbidden		Forbidden			
	But-1-yne, see **Ethylacetylene, stabilized** (UN 2452)												
	2-Butyne-1,4,-diol, see **1,4-Butynediol** (UN 2716)												
2716	**1,4-Butynediol**	6.1	Toxic	III	E1	Y645	10 kg	670	100 kg	677	200 kg		6L
1129	**Butyraldehyde**	3	Flamm. liquid	II	E2	Y341	1 L	353	5 L	364	60 L		3L
2840	**Butyraldoxime**	3	Flamm. liquid	III	E1	Y344	10 L	355	60 L	366	220 L		3L
2820	**Butyric acid**	8	Corrosive	III	E1	Y841	1 L	852	5 L	856	60 L	A803	8L
2739	**Butyric anhydride**	8	Corrosive	III	E1	Y841	1 L	852	5 L	856	60 L	A803	8L
	Butyrone, see **Dipropyl ketone** (UN 2710)												
2411	**Butyronitrile**	3 (6.1)	Flamm. liquid & Toxic	II	E2	Y341	1 L	352	1 L	364	60 L		3P
	Butyroyl chloride, see **Butyryl chloride** (UN 2353)												
2353	**Butyryl chloride**	3 (8)	Flamm. liquid & Corrosive	II	E2	Y340	0.5 L	352	1 L	363	5 L		3C
	Cable cutters, explosive, see **Cutters, cable, explosive †** (UN 0070)												
1572	**Cacodylic acid**	6.1	Toxic	II	E4	Y644	1 kg	669	25 kg	676	100 kg		6L
2570	**Cadmium compound ★**	6.1	Toxic	I	E5	Forbidden		666	5 kg	673	50 kg	A3	6L
				II	E4	Y644	1 kg	669	25 kg	676	100 kg	A5	6L
				III	E1	Y645	10 kg	670	100 kg	677	200 kg		6L
1407	**Caesium**	4.3	Dang. when wet	I	E0	Forbidden		Forbidden		487	15 kg		4W
2682	**Caesium hydroxide**	8	Corrosive	II	E2	Y844	5 kg	859	15 kg	863	50 kg		8L
2681	**Caesium hydroxide solution**	8	Corrosive	II	E2	Y840	0.5 L	851	1 L	855	30 L	A3	8L
				III	E1	Y841	1 L	852	5 L	856	60 L	A803	8L
1451	**Caesium nitrate**	5.1	Oxidizer	III	E1	Y546	10 kg	559	25 kg	563	100 kg	A803	5L
	Caffeine, see **Alkaloids, solid, n.o.s. ★** (UN 1544) or **Alkaloids, liquid, n.o.s. ★** (UN 3140)												
	Cajeputene, see **Dipentene** (UN 2052)												

附录B
IATA《危险品规则》"包装说明"节选

包装说明 353

国家差异： BEG-03、SAG-01
经营人差异： AM-03、CX-02、FX-02、IR-06、KA-02、KZ-07、LD-02

本说明适用于客机运输的包装等级为Ⅱ级无次要危险的易燃液体。
必须满足5.0.2的一般包装要求。

相容性要求
物质必须按5.0.2.6的要求与它们的包装相容。

封口要求
封口必须满足5.0.2.7的要求。
不允许单一包装。

组合包装		
内包装（见6.1）	每个内包装的净数量	每个包装件的总净数量
玻璃	1.0 L	5.0 L
金属	5.0 L	
塑料	5.0 L	

外包装														
类型	桶					方形桶			箱					
名称	钢	铝	胶合板	纤维	塑料	其他金属	钢	铝	塑料	钢	铝	木材	胶合板	再生木材	纤维板	塑料	其他金属
规格	1A1 1A2	1B1 1B2	1D	1G	1H1 1H2	1N1 1N2	3A1 3A2	3B1 3B2	3H1 3H2	4A	4B	4C1 4C2	4D	4F	4G	4H1 4H2	4N

包装说明 449

国家差异：USG-04
经营人差异：5X-01、EK-02、FX-02、KZ-07、MK-12、NH-06、TG-02
本说明适用于仅限货机运输包装等级为Ⅲ级的易燃固体。
必须满足 5.0.2 的一般包装要求。

相容性要求
- 物质必须按 5.0.2.6 的要求与它们的包装相容。
- 金属包装必须耐腐蚀或具有对第 8 类次要危险物质的防腐蚀措施。

封口要求
封口必须满足 H.5.0.2.7 的要求。

附加包装要求
- 包装必须满足Ⅱ级包装性能标准。
- 纤维、纤维板、木材和胶合板单一包装必须装有合适的衬套。

允许组合和单一包装。

组合包装		
内包装（见6.1）	每个内包装的净数量	每个包装件的总净数量
玻璃	5.0kg	100.0kg
金属	10.0kg	
塑料	10.0kg	
塑料袋	5.0kg	

外包装														
类型	桶					方形桶		箱						
名称	钢	铝	胶合板	纤维	塑料	其他金属	钢	铝	塑料	钢	铝	木材	胶合板	再生木材	纤维板	塑料	其他金属
规格	1A1 1A2	1B1 1B2	1D	1G	1H1 1H2	1N1 1N2	3A1 3A2	3B1 3B2	3H1 3H2	4A	4B	4C1 4C2	4D	4F	4G	4H1 4H2	4N

单一包装														
类型	桶					方形桶		箱						气瓶
规格	钢	铝	胶合板	纤维	塑料	其他金属	钢	铝	塑料	钢	铝	木材	胶合板	再生木材	纤维板	塑料	其他金属	
规格	1A1 1A2	1B1 1B2	1D	1G	1H1 1H2	1N1 1N2	3A1 3A2	3B1 3B2	3H1 3H2	4A	4B	4C1 4C2	4D	4F	4G	4H2	4N	如5.0.6.6允许的

复合包装											
类型	桶					箱					
名称	钢	铝	胶合板	纤维	塑料	钢	铝	木材	胶合板	纤维板	塑料
规格	6HA1	6HB1	6HD1	6HG1	6HH1	6HA2	6HB2	6HC	6HD2	6HG2	6HH2

IATA《危险品规则》"包装说明"节选

包装说明 659

经营人差异：2K-10、5X-01、7L-04、AV-10、AY-04、BR-02、CA-10、CX-02、CX-05、EK-02、FX-02、GU-10、JL-08、KE-07、KZ-07、L7-11、LA-06、LA-17、LD-02、LD-05、LP-11、LR-10、M3-11、M6-01、M7-11、NH-06、OZ-08、QT-09、TA-10、TG-02、UC-11、WC-10

本说明适用于仅限货机运输包装等级为Ⅱ级的6.1项液体。

必须满足5.0.2的一般包装要求。

相容性要求

物质必须按5.0.2.6的要求与它们的包装相容。

封口要求

封口必须满足5.0.2.7的要求。

允许组合和单一包装。

	组合包装	
内包装(见6.1)	每个内包装的净数量	每个包装件的总净数量
玻璃	1.0 L	5.0 L
金属	5.0 L	
塑料	1.0 L	

外包装													
类型	桶					方形桶			箱				
名称	钢	铝	胶合板	纤维	塑料	钢	铝	塑料	钢	铝	木材	胶合板	再生木材	纤维板	塑料	其他金属
规格	1A1 1A2	1B1 1B2	1D	1G	1H1 1H2	3A1 3A2	3B1 3B2	3H1 3H2	4A	4B	4C1 4C2	4D	4F	4G	4H1 4H2	4N

单一包装							
类型	桶				方形桶		气瓶
名称	钢	铝	塑料	其他金属	钢	铝	塑料	
规格	1A1	1B1	1H1	1N1	3A1	3B1	3H1	如5.0.6.6中允许的

复合包装										
类型	桶					箱					
名称	钢	铝	胶合板	纤维	塑料	钢	铝	木材	胶合板	纤维板	塑料
规格	6HA1	6HB1	6HD1	6HG1	6HH1	6HA2	6HB2	6HC	6HD2	6HG2	6HH2

包装说明 851

经营人差异:5X-01、AA-01、AM-08、AS-02、BR-12、BW-01、BY-01、CI-04、CX-02/05、EK-02、FX-02、JJ-07、KA-04/05、KE-07、LD-02/05、LD-06、TU-11、UX-04

本说明适用于客机运输包装等级为Ⅱ级的第8类液体。

必须满足5.0.2的一般包装要求。

相容性要求

- 物质必须按5.0.2.6的要求与它们的包装相容。
- 金属包装必须耐腐蚀或具有防腐蚀措施。
- 只有在第8类物质无氢氟酸时,才允许该物质装在玻璃或陶瓷的内包装内。

封口要求

封口必须满足5.0.2.7的要求。

不允许单一包装。

组合包装		
内包装(见6.1)	每个内包装的净数量	每个包装件的总净数量
玻璃	1.0 L	1.0 L
金属	1.0 L	
塑料	1.0 L	

外包装													
类型	桶						方形桶			箱					
名称	钢	铝	胶合板	纤维	塑料	其他金属	钢	铝	塑料	钢	铝	木材	胶合板	再生木材	纤维板	塑料	其他金属
规格	1A1 1A2	1B1 1B2	1D	1G	1H1 1H2	1N1 1N2	3A1 3A2	3B1 3B2	3H1 3H2	4A	4B	4C1 4C2	4D	4F	4G	4H1 4H2	4N

包装说明 855

经营人差异:2K-10、5X-01、7L-04、AV-10、AY-04、BR-12、CA-10、CI-04、CX-02、CX-05、EK-02、FX-02、FX-04、FX-17、JL-09、KE-07、L7-11、LA-17、LD-02、LD-05、LR-10、M3-11、M6-01、M7-11、MK-12、NH-06、OZ-08、QT-09、TA-10、TG-02、UC-11、WC-10

本说明适用于仅限货机运输包装等级为Ⅱ级的第8类液体。

必须满足5.0.2的一般包装要求。

相容性要求

- 物质必须按5.0.2.6的要求与它们的包装相容。
- 金属包装必须耐腐蚀或具有防腐蚀措施。
- 只有在第8类物质无氢氟酸时,才允许该物质装在玻璃或陶瓷的内包装内。

封口要求

封口必须满足5.0.2.7的要求。

允许组合和单一包装。

组合包装		
内包装(见6.1)	每个内包装的净数量	每个包装件的总净数量
玻璃	2.5 L	30.0 L
金属	2.5 L	
塑料	2.5 L	

附录B
IATA《危险品规则》"包装说明"节选

外包装														
类型	桶						方形桶			箱				
名称	钢	铝	胶合板	纤维	塑料	其他金属	钢	铝	塑料	钢	铝	木材	胶合板	再生木材	纤维板	塑料	其他金属
规格	1A1 1A2	1B1 1B2	1D	1G	1H1 1H2	1N1 1N2	3A1 3A2	3B1 3B2	3H1 3H2	4A	4B	4C1 4C2	4D	4F	4G	4H1 4H2	4N

单一包装								
类型	桶				方形桶			气瓶
名称	钢	铝	塑料	其他金属	钢	铝	塑料	
规格	1A1	1B1	1H1	1N1	3A1	3B1	3H1	如5.0.6.6中允许的

复合包装										
类型	桶					箱				
名称	钢	铝	胶合板	纤维	塑料	钢	铝	木材	胶合板	纤维板	塑料
规格	6HA1	6HB1	6HD1	6HG1	6HH1	6HA2	6HB2	6HC	6HD2	6HG2	6HH2

附录C
IATA《危险品规则》"特殊规定"节选

"特殊规定"列在危险品表中 M 栏为相关条目的附加规定。在某一特殊规定与联合国规章范本的相应规定等效时,UN 特殊规定编号将显示在航空方式特殊规定号后面的括号中。

A1 该物品或物质只有预先得到始发国及经营人国有关当局的批准,并按照该有关当局制定的书面条件才可以用客机运输。批准文件包括数量限制和包装要求,且必须有一份伴随货物运输。该物品或物质可以按照 4.2 危险品表的 K 栏和 L 栏的要求用货机运输。如始发国及经营人国以外的其他国家在其国家差异中规定按本特殊规定运输的危险品,必须事先得到其同意,则必须取得这些国家的批准。

注意:当特殊规定 A1 适用于 4.2 中的一个条目,并在页左边的空白处印有"手"型"☞"标志时,则这些条目在 得到批准并事先与经营人做好安排的情况下,可以装在货机上运输。

A2 该物品或物质只有预先得到始发国及经营人国有关当局的批准,并按照该有关当局制定的书面条件才可以用货机运输。如始发国及经营人国以外的其他国家在其国家差异中规定按本特殊规定运输的危险品必须事先得到其同意,则必须视情从运输中转国、飞越国、目的国获得批准。在每一种情况下,批准的文件包括数量限制、包装要求,必须有一份伴随货物运输。

A3(223)某物质的化学或物理性质,如果在测试时,不符合 C 栏列出的类别、项别或其他任何类别、项别的定义标准,则该物质不受本规则限制。

A4 蒸气吸入毒性Ⅰ级的液体,禁止使用客货机运输。气雾吸入毒性Ⅰ级的液体,禁止使用客机运输,如果他们按照Ⅰ级包装物质的包装说明进行包装,并且每个包装件的最大净数量不超过 5 升,该液体可以用货机运输。依照本特殊规定运输时必须在托运人申报单中注明。按照本特殊规定运输并且与其他危险品包装在一个外包装中时,用来计算 Q 值的每个包装件的最大数量必须是在本特殊规定中指定的净数量。

A5 吸入毒性Ⅰ级的固体,禁止使用客机运输。如果他们按照包装等级Ⅰ级物质的包装说明进行包装,并且每个包装件的最大净重不超过 15 公斤,该固体可以用货机运输。依照本特殊规定运输时必须在托运人申报单中注明。按照本特殊规定运输并且与其他危险品包装在 一个外包装中时,用来计算 Q 值的每个包装件的最大数量必须是在本特殊规定中指定

附录C

IATA《危险品规则》"特殊规定"节选

的净数量。

A6(43)当托运的货物属于杀虫剂时,这些物质必须按有关的杀虫剂条目运输,并且要符合有关杀虫剂的规定(见 3.6.1.7 和 3.6.1.8)。

A7 不用。

A8(322)当以不易碎裂的片状运输的时候,应归为包装等级Ⅲ级。

A9 以体积计酒精含量未超过 70%,盛装于不超过 5 升的容器内,并按货物托运时,不受本规则限制。

A10(39)该物质的含硅量在 30% 以下或不低于 90% 时,不受本规则限制。

A11(305)这些物质如浓度低于 50mg/kg(ppm)则不受本规则限制。

A12(45)以总重计,砷含量不超过 0.5% 的硫化锑和氧化物不受本规则限制。

A143(321)必须始终认为这些储存系统载有氢。

A144 机组人员使用的含有小型化学氧气发生器的呼吸保护设备(PBE),如满足包装说明 565 并符合以下条件的,可以用客机运输:

(a)呼吸保护设备必须是可用的并封装在制造商生产的原始未打开过的内包装内(即真空密封包装和防护容器);

(b)如果呼吸保护设备已经失效或已被使用,根据有关适航和运行规则,需要进行替换以恢复规定的呼吸保护设备的数量,此时呼吸保护设备只能由经营人或其代表办理托运;

(c)每一包装件最多只能装两个呼吸保护设备;

(d)"符合特殊规定 A144 的机组人员呼吸保护设备(防烟罩)"应在托运人危险品申报单上和包装上的运输专用名称旁边注明。若满足以上规定,无须按照特殊规定 A1 申请批准。必须遵守其他所有的有关化学氧气发生器的规定,但不得粘贴"仅限货机"标签。

A145 废弃的气溶胶禁止空运。

A802 尽管 E 栏无包装等级,此条目所列物质或物品必须包装在符合包装等级Ⅱ级的联合国规格包装容器中。此规定不适用于按有限数量规定运输的气溶胶。

注意:不管表 4.2 和申报单上显示的包装等级,要求选择上述性能标准高的包装等级。

A803 尽管 E 栏包装等级为Ⅲ级,此条目所列物质必须包装在符合包装等级Ⅱ级的联合国规格包装容器中。此规定不适用于按有限数量规定运输的物质。

注意:不管表 4.2 和申报单上显示的包装等级,要求选择上述性能标准高的包装等级。

A804 尽管 E 栏包装等级为Ⅲ级,此条目所列物质必须包装在符合包装等级Ⅰ级的联合国规格包装容器中。

注意:不管表 4.2 和申报单上显示的包装等级,要求选择上述性能标准高的包装等级。

附录D

IATA《危险品规则》C.1表节选第4.1项的自反应物质

表 C.1　目前已划归为 4.1 项自反应物质品名表

自反应物质	浓度/%	控制温度/℃	临界温度/℃	联合国编号	备注
Acetone-pyrogallol copolymer 2-diazo-1-naphthol-5-sulphonate	100			3228	
Azodicarbonamide, formulation type B, temperature controlled	<100			禁止	1,2
Azodicarbonamide, formulation type C	<100			3224	1
Azodicarbonamide, formulation type C, temperature controlled	<100			3234	1
Azodicarbonamide, formulation type D	<100			3226	1
Azodicarbonamide, formulation type D, temperature controlled	<100			3236	1
2,2′-Azodi(2,4-Dimethyl-4-methoxyvaleronitrile)	100		+5	3236	
2,2′-Azodi(2,4-Dimethyl-valeronitrile)	100	−5	+15	3236	
2,2′-Azodi(Ethyl 2-methylpropionate)	100	+10	+25	3235	
1,1′-Azodi(Hexahydrobenzonitrile)	100	+20		3226	
2,2′-Azodi(Isobutyronitrile)	100		+45	3234	
2,2′-Azodi(Isobutyronitrile), as a water based paste	≤50	+40		3224	
2,2′-Azodi(2-Methylbutyronitrile)	100		+40	3236	
Benzene-1,3-Disulphonylhydrazide, as a paste	52	+35		3226	
Benzenesulphonyl hydrazide	100			3226	
4-(Benzyl(methyl)amino)-3-ethoxybenzenediazonium zinc chloride	100		+45	3236	
4-(Benzyl(ethyl)amino)-3-ethoxybenzenediazonium zinc chloride	100		+40	3226	
3-Chloro-4-Diethylaminobenzenediazonium zinc chloride	100			3226	
2-Diazo-1-Naphthol-4-Sulphonyl chloride	100			禁止	2
2-Diazo-1-Naphthol-5-Sulphonyl chloride	100			禁止	2
2-Diazo-1-Naphthol sulphonic acid ester mixture, type D	<100			3226	5
2,5-Dibutoxy-4-(4-Morpholinyl)-Benzenediazonium, tetrachlorozincate(2:1)	100			3228	
2,5-Diethoxy-4-Morpholinobenzenediazonium tetrafluoroborate	100		+35	3236	
2,5-Diethoxy-4-Morpholinobenzenediazonium zinc chloride	67~100	+30	+40	3236	
2,5-Diethoxy-4-Morpholinobenzenediazonium zinc chloride	66	+35	+45	3236	
2,5-Diethoxy-4-(4-Morpholinyl)-Benzenediazonium sulphate	100	+40		3226	
2,5-Diethoxy-4-(Phenylsulphonyl)Benzenediazonium zinc chloride	67		+45	3236	
Diethylenglycol bis(allyl carbonate)+Di-isopropyl-peroxydicarbonate	≥88+≤12	+40	0	3237	
2,5-Dimethoxy-4-(4-Methylphenylsulphonyl)Benzenediazonium zinc chloride	79	−10	+45	3236	
4-(Dimethylamino)-Benzenediazonium trichlorozincate(−1)	100	+40		3228	
4-Dimethylamino-6-(2-Dimethylaminoethoxy)toluene-2-Diazonium zinc chloride	100	+40	+45	3236	

注意：

（1）关于对偶氮二酰胺配方的分类的详细说明，请参见联合国《规章范本》2.4.2.3.3.2。

（2）要求粘贴"Explosive（爆炸品）"次要危险性标签，任何情况下，禁止空运。

（3）具有一种相容的稀释剂，其沸点不低于 150℃。

（4）须得到有关国家当局的批准（见 3.4.1.2.5）。

（5）该条适合 2-重氮-1-萘酚-4 磺酸和 2-重氮-1-萘酚-5-磺酸的酯混合物，满足联合国《关于危险货物运输的建议书》2.4.2.3.3.2d 的标准。

（6）这条用于(Z)同分异构体的以一定浓度溶解于正丁醇所形成的混合物。

附录E

IATA《危险品规则》C.2表节选

表 C.2 目前已划归为 5.2 项有机过氧化物品名表

有机过氧化物	浓度/%	A型稀释剂/%*	B型稀释剂/%**	非活性固体/%	水/%	控制温度/℃	临界温度/℃	联合国编号（一般项）	备注
Acetyl acetone peroxide	≤42	≥48			≥8			3105	2
Acetyl acetone peroxide	≤32, 糊状							3106	20
Acetyl cyclohexanesulphonyl peroxide	≤82				≥12	−10	0	禁止	3
Acetyl cyclohexanesulphonyl peroxide	≤32		≥68			−10	0	3115	
tert-Amyl hydroperoxide	≤88	≥6			≥6			3107	
tert-Amyl peroxyacetate	≤62	≥38						3105	
tert-Amyl peroxybenzoate	≤100							3103	
tert-Amyl peroxy-2-ethylhexanoate	≤100					+20	+25	3115	
tert-Amyl peroxy-2-ethylhexyl carbonate	≤100							3105	
tert-Amylperoxy isopropyl carbonate	≤77	≥23						3103	
tert-Amyl peroxyneodecanoate	≤77	≥23				0	+10	3115	
tert-Amyl peroxyneodecanoate	≤47	≥53				0	+10	3119	
tert-Amyl peroxypivalate	≤77	≥23				+10	+15	3113	
△ tert-Amylperoxy-3,5,5-trimethylhexanoate	≤100							3105	
tert-Butyl cumyl peroxide	>42~100							3109	
tert-Butyl cumyl peroxide	≤52		≥48					3108	
n-Butyl-4,4-Di-(tert-butylperoxy)valerate	≤52		≥48					3108	
n-Butyl-4,4-Di-(tert-butylperoxy)valerate	>52~100							3103	
tert-Butyl hydroperoxide	>79~90				≥10			3103	13
tert-Butyl hydroperoxide	≤79				>14			3107	13, 23
tert-Butyl hydroperoxide	≤80	≥20						3105	4, 13
tert-Butyl hydroperoxide	≤72				≥28			3109	13
tert-Butyl hydroperoxide with Di-tert-Butyl peroxide	<82+>9				≥7			3103	13
tert-Butyl monoperoxymaleate	>52~100							禁止	3
tert-Butyl monoperoxymaleate	≤52		≥48					3108	
tert-Butyl monoperoxymaleate	≤52, 糊状							3108	
tert-Butyl monoperoxymaleate	≤52	≥48						3103	
tert-Butyl peroxyacetate	>52~77	≥23						禁止	3
tert-Butyl peroxyacetate	>32~52	≥48						3103	
tert-Butyl peroxyacetate	≤32		≥68					3109	
tert-Butyl peroxybenzoate	>77~100							3103	
tert-Butyl peroxybenzoate	>52~77	≥23						3105	
tert-Butyl peroxybenzoate	≤52		≥48					3106	
tert-Butyl peroxybutyl fumarate	≤52	≥48						3105	
tert-Butyl peroxycrotonate	≤77	≥23						3105	
tert-Butyl peroxydiethylacetate	≤100					+20	+25	3113	
tert-Butyl peroxy-2-ethylhexanoate	>52~100					+20	+25	3113	
tert-Butyl peroxy-2-ethylhexanoate	>32~52		≥48			+30	+35	3117	
tert-Butyl peroxy-2-ethylhexanoate	≤52		≥48			+20	+25	3118	
tert-Butyl peroxy-2-ethylhexanoate	≤32		≥68			+40	+45	3119	
tert-Butyl peroxy-2-ethylhexanoate with 2,2-Di-(tert-butylperoxy)butane	≤31+≤36	≥33				+35	+40	3115	

续表

有机过氧化物	浓度 /%	A型稀释剂 /%*	B型稀释剂 /%**	非活性固体 /%	水 /%	控制温度 /℃	临界温度 /℃	联合国编号（一般项）	备注
tert-Butyl peroxy-2-ethylhexanoate with 2,2-Di-(tert-butylperoxy)butane	≤12+≤14	≥14		≥60				3106	
tert-Butyl peroxy-2-ethylhexylcarbonate	≤100							3105	
tert-Butyl peroxyisobutyrate	>52~77		≥23			+15	+20	禁止	3
tert-Butyl peroxyisobutyrate	≤52		≥48			+15	+20	3115	
tert-Butyl peroxy isopropyl carbonate	≤77	≥23						3103	
1-(2-tert-Butylperoxy isopropyl)-3-isopropenylbenzene	≤77	≥23						3105	
1-(2-tert-Butylperoxy isopropyl)-3-isopropenylbenzene	≤42			≥58				3108	
tert-Butyl peroxy-2-methylbenzoate	≤100							3103	
tert-Butyl peroxyneodecanoate	>77~100					−5	+5	3115	
tert-Butyl peroxyneodecanoate	≤77		≥23			0	+10	3115	
tert-Butyl peroxyneodecanoate	≤52,水中的稳定分散体					0	+10	3119	
tert-Butyl peroxyneodecanoate	≤42,水中的稳定分散体（冷冻）					0	+10	3118	
tert-Butyl peroxyneodecanoate	≤32	≥68				0	+10	3119	
tert-Butyl peroxyneoheptanoate	≤77	≥23				0	+10	3115	
tert-Butyl peroxyneoheptanoate	≤42,水中的稳定分散体					0	+10	3117	
tert-Butyl peroxypivalate	>67~77	≥23				0	+10	3113	
tert-Butyl peroxypivalate	>27~67		≥33			0	+10	3115	
tert-Butyl peroxypivalate	≤27		≥73			+30	+35	3119	
tert-Butylperoxy stearylcarbonate	≤100							3106	
tert-Butyl peroxy-3,5,5-trimethylhexanoate	>37~100							3105	
tert-Butyl peroxy-3,5,5-trimethylhexanoate	≤42			≥58				3106	
tert-Butyl peroxy-3,5,5-trimethylhexanoate	≤37		≥63					3109	
3-Chloroperoxybenzoic acid	>57~86			≥14				禁止	3
3-Chloroperoxybenzoic acid	≤77			≥6	≥17			3106	
3-Chloroperoxybenzoic acid	≤57			≥3	≥40			3106	
Cumyl hydroperoxide	>90~98	≤10						3107	13
Cumyl hydroperoxide	≤90	≥10						3109	13,18
Cumyl peroxyneodecanoate	≤52,水中的稳定分散体					−10	0	3119	
Cumyl peroxyneodecanoate	≤77		≥23			−10	0	3115	
Cumyl peroxyneodecanoate	≤87	≥13				−10	0	3115	
Cumyl peroxyneoheptanoate	≤77		≥23			−10	0	3115	
Cumyl peroxypivalate	≤77		≥23			−5	+5	3115	
Cyclohexanone peroxide(s)	≤91				≥9			3104	13
Cyclohexanone peroxide(s)	≤72,糊状							3106	5,20
Cyclohexanone peroxide(s)	≤72	≥28						3105	5
Cyclohexanone peroxide(s)	≤32			≥68				豁免	29
([3r-(3r,5as,6s,8as,9r,10r,12s,12ar**)]-Decahydro-10-methoxy-3,6,9-trimethyl-3,12-epoxy-12h-pyrano[4,3-j]-1,2-benzodioxepin)	≤100							3106	
Diacetone alcohol peroxides	≤57		≥26		≥8	+40	+45	3115	6
Diacetyl peroxide	≤27		≥73			+20	+25	3115	7,13
Di-tert-Amyl peroxide	≤100							3107	
2,2-Di-(tert-amylperoxy)butane	≤57	≥43						3105	
1,1-Di-(tert-Amylperoxy)cyclohexane	≤82	≥18						3103	
Dibenzoyl peroxide	>36~42	≥18			≤40			3107	
Dibenzoyl peroxide	>52~100			≤48				禁止	3
Dibenzoyl peroxide	>77~94				≥6			禁止	3
Dibenzoyl peroxide	≤77				≥23			3104	

附录E IATA《危险品规则》C.2表节选

注意：

(1) A型稀释剂始终可替代B型稀释剂。B型稀释剂的沸点至少比有机过氧化物的SADT高60℃。

(2) 可用氧≤4.7%。

(3) 要求(见图7.3.A)粘贴"Explosive(爆炸品)"次要危险性标签,任何情况下,禁止空运。

(4) 稀释剂可用"二叔丁基过氧化物"替代。

(5) 可用氧≤9%。

(6) 含有机过氧化氢≤9%;可用氧≤10%。

(7) 只允许使用非金属包装。

(8) 可用氧>10%且≤10.7%,有水或无水。

(9) 可用氧≤10%,有水或无水。

(10) 可用氧≤8.2%,有水或无水。

(11) 参见3.5.2.6。

(12) 已不使用。

(13) 要求粘贴"Corrosive(腐蚀性)"次要危险性标签(见图7.3.V)。

(14) 过氧乙酸配方,符合D型有机过氧化物的标准。

(15) 过氧乙酸配方,符合E型有机过氧化物的标准。

(16) 过氧乙酸配方,符合F型有机过氧化物的标准。

(17) 向此种有机过氧化物加水会降低其热稳定性。

(18) 浓度低于80%则不要求粘贴"Corrosive(腐蚀性)"次要危险性标签。

(19) 含过氧化氢、水和酸性物质的混合液。

(20) 含A型稀释剂,有水或无水。

(21) A型稀释剂和苯乙烷的质量均≥25%。

(22) A型稀释剂和甲基·异丁基(甲)酮的质量均≥19%。

(23) 有<6%的二叔丁基过氧化物。

(24) 有≤8%的1-异丙基过氧化氢-4-异丙基羟基苯。

(25) B型稀释剂的沸点高于110℃。

(26) 过氧化氢的含量<0.5%。

(27) 浓度高于56%时,要求粘贴"Corrosive(腐蚀性)"次要危险性标签(见图7.3.V)。

(28) A型稀释剂中的可用活性氧≤7.6%,在220～260℃温度范围的蒸发点为95%。

(29) 第5.2项可以不受该规则要求的约束。

(30) 沸点≥130℃的稀释的B型。

(31) 活性氧≤6.7%。

参 考 文 献

[1] 肖瑞萍.民用航空危险品运输[M].北京：科学出版社,2011.
[2] 李芙蓉.民航危险品运输[M].北京：清华大学出版社,2017.
[3] 白燕.民用航空危险品运输基础知识[M].北京：中国民航出版社,2010.
[4] 曲倩倩.民航危险品运输[M].北京：人民交通出版社,2019.
[5] 杜珺,陆东.民航危险品运输[M].北京：中国民航出版社,2015.
[6] 王益友.航空危险品运输[M].北京：化学工业出版社,2013.
[7] IATA.Dangrous Goods Regulations 62th,2021.
[8] ICAO. Technical Instruction for the Safe Transport of Dangerous Goods by Air,2021.